本书由吉林师范大学学术著作出版基金资助。

社会道德风尚的现代性阐释

郭长军　苏永利　著

中国社会科学出版社

图书在版编目(CIP)数据

社会道德风尚的现代性阐释 / 郭长军，苏永利著 . —北京：中国社会科学出版社，2022.9
ISBN 978-7-5227-0690-0

Ⅰ.①社… Ⅱ.①郭…②苏… Ⅲ.①社会主义精神文明建设—研究—中国 Ⅳ.①D648

中国版本图书馆CIP数据核字（2022）第144565号

出 版 人	赵剑英
责任编辑	刘 洋
责任校对	郝阳洋
责任印制	王 超

出　　版	中国社会科学出版社
社　　址	北京鼓楼西大街甲158号
邮　　编	100720
网　　址	http://www.csspw.cn
发 行 部	010-84083685
门 市 部	010-84029450
经　　销	新华书店及其他书店
印　　刷	北京明恒达印务有限公司
装　　订	廊坊市广阳区广增装订厂
版　　次	2022年9月第1版
印　　次	2022年9月第1次印刷
开　　本	710×1000　1/16
印　　张	18.5
字　　数	276千字
定　　价	98.00元

凡购买中国社会科学出版社图书，如有质量问题请与本社营销中心联系调换
电话：010-84083683
版权所有　侵权必究

前　言

　　现代性是近代工业文明发展以来逐渐在世界范围内展开的人类文明样态，它不是固定地对应某种社会制度和文化，而是反映了人的存在方式的改变。现代性是相对于传统性而言的，现代性代表了一种世俗化力量，它去除了人身上的神性，消解了社会的超越和信仰的维度。在科学上，现代性意味着进化论对宗教神学的胜利；在哲学上，现代性意味着实证主义对形而上学的胜利；在价值取向上，现代性意味着工具理性对价值理性的胜利。随着世俗化时代的到来，道德回归人本性、现实性和平凡性，在人的道德情感中的神圣感、无限感和终极感随之消失。

　　以现代性的视角阐释社会道德风尚的变迁，以现代性反思的视角阐释这种变迁给社会带来的影响，针对影响，探讨塑造积极向上、文明健康的社会道德风尚的路径是本书所要研究的主要问题。本书第一部分从现代性与现代化的区别与联系出发，阐述了理解现代性的不同视角，现代性所带来的人的思维方式和价值取向的变化，以及对现代性思维方式和价值取向的反思和批判。本书第二部分从伦理道德内涵出发，阐释了社会道德风尚的特点和影响因素。对社会道德风尚影响因素的分析，紧扣从传统到现代过程中人的存在状态的改变对人的价值取向和道德情感的影响。第三部分从现代性转向的标志出发，阐释了我国现代性转向的特征以及现代性转向中社会道德风尚的演变，集中探讨了我国在现代性转向过程中对资本主义现代性的经验教训的吸收和借鉴，对道德风尚的演变的阐释紧密结合现代性转变中人的存在方式的转变以及由此带来的现代性思维方式对社会价值取向的影响。第四部分从幸福标准的物化、功利主义的泛化、个体本位的滥觞、价值取向的多元、存在的形而上缺失、文化的娱乐化等方面阐释了当代社会道德风气存在的问题及其影响。第五部分从健康社会人的需要出发，全方位、多角度阐释了培育积极向上、文明健康的道德风尚的路径。

  本书写作历时两年多时间，在写作过程中参阅了大量国内外相关文献资料，这些文献资料给作者提供了写作的灵感和文献参考，对这些文献的作者表述感谢，与其说本书的写作有所创新和发现，不如说是对已有研究的阐释和归纳。本书的出版要感谢中国社会科学出版社的耐心指导和帮助，感谢吉林师范大学出版基金的出版资助。我们将以此为契机，在今后进一步就相关问题展开深入细致的探讨和研究。

目 录

第一章 现代性与现代性反思的维度 …………………………（1）
    第一节 现代性理解的多重视角 ……………………………（1）
    第二节 现代性的缘起………………………………………（11）
    第三节 现代性的思维范式…………………………………（16）
    第四节 现代性反思的维度…………………………………（35）

第二章 社会道德风尚的特征及其影响因素 ………………（55）
    第一节 社会道德的内涵……………………………………（55）
    第二节 社会道德风尚的特征………………………………（64）
    第三节 社会道德风尚的影响因素…………………………（70）

第三章 现代性转向与社会道德风尚的演变 ………………（83）
    第一节 现代性转向…………………………………………（83）
    第二节 现代性转向的标志…………………………………（90）
    第三节 中国现代性转向的特征……………………………（103）
    第四节 当代中国现代性转向过程中社会道德
           风尚的演变…………………………………………（109）

第四章 当代社会道德风气存在的问题及其影响 …………（127）
    第一节 幸福标准的物化对人生态度的影响………………（127）
    第二节 实利主义的泛化对价值观念的影响………………（143）

  第三节 个体本位的滥觞对人际关系的影响 …………（149）
  第四节 价值取向的多元对社会整合的影响 …………（156）
  第五节 存在的形而上缺失对人的心态的影响 ………（160）
  第六节 文化艺术娱乐化对文化功能的影响 …………（167）

第五章 培育文明健康的社会道德风尚的路径选择 ………（177）
  第一节 符合精神健康要求的人的需要 ………………（177）
  第二节 文明健康的社会道德风尚的内涵 ……………（185）
  第三节 培育文明健康社会道德风尚的路径选择 ……（218）

参考文献 ……………………………………………………………（286）

第一章　现代性与现代性反思的维度

第一节　现代性理解的多重视角

现代化这个概念对大多数人来说并不陌生，实现现代化是包括中国在内世界各国人民的奋斗目标，现代化是全人类共同的事业。但是究竟怎样来理解现代化并不是一件容易的事情，更不用说现代性这一概念了。德国哲学家于尔根·哈贝马斯通过考察"现代"一词的概念史，发现"现代"一词首先是在审美批判领域出现的，即在18世纪的"古今之争"中，主张现代的一派反对古典派的自我理解，"他们把亚里士多德的'至善'概念和处于现代自然科学影响之下的进步概念等同起来。他们从历史批判论的角度对模仿古代范本的意义加以质疑，从而突出一种有时代局限的相对美的标准，用以反对那种超越时代的绝对美的规范，并因此把法国启蒙运动的自我理解说成是一个划时代的新开端"[①]。对超越时代的绝对观念的反对就是对进步观念的崇尚，对古代范本和古典风格的拒绝就是对当代的推崇，对科学和进步的强烈信念是现代的特征。

现代、现代化和现代性这三个词既有区别又有联系。现代是相对于古代而言，当我们说一个国家"走向现代"，就是说这个国家逐渐实现了从传统到现代的社会变迁过程，即现代化过程。现代化是社会

[①] [德] 于尔根·哈贝马斯：《现代性的哲学话语》，曹卫东译，译林出版社2011年版，第9—10页。

的总体变迁，包括经济、政治、文化和社会等诸多方面。所谓现代性就是指在总体变迁过程中社会日益呈现出现代的精神气质和特征，是对现代社会所蕴含的价值理念和精神风貌的统称，现代性价值理念体现在现代社会经济、政治、文化和社会建构的方方面面。要想理解现代社会的价值理念就要分析从传统社会向现代社会的变迁。

从经济来看，现代性意味着从传统农业文明向现代工业文明的转变。18世纪工业革命的发生使人类进入现代化，人类现代化进程经历了两个阶段，第一个阶段就是从农业文明向工业文明转变，第二个阶段就是从工业文明向后工业文明转变，所谓后工业文明就是以知识经济、信息经济和生态经济为主的社会文明形态。工业化，即从农业经济转向工业经济是现代化的标志，在这一过程中科学技术革命发挥了重要作用，科学技术在经济社会发展中的作用日益凸显，成为经济社会发展的主要源泉。工业化极大地促进了人类社会生产力的发展，它使生产和市场冲破了狭隘的地域性和民族性的限制，不同国家和不同地区之间的经济依赖度增强，从而使经济全球化成为现代性的重要特征，经济全球化使生产和消费都成为世界性的了。从农业文明转向工业文明意味着人对自然的依赖被人对科学技术的依赖所取代，人与自然的和谐关系被打破，人的主体性得以张扬。

从政治来看，现代性是指从"君权神授"向"主权在民"的转变。随着商品经济的发展，封建等级的人身依附的专制社会逐渐瓦解，人成为自由而平等的存在。这样，统治的合法性基础就由"出身"转变为"同意"，由"君权神授"转变为"主权在民"。洛克最早阐述了政府权力来自被统治者的认可的思想，洛克描述了一个统治存在之前的无政府的自然状态，其中，每个人都是自由平等的个体性存在，由于没有公共权威，人们都是自身案件的裁判者，每个人都有权去惩罚犯罪来保全自己或他人。当一个罪犯违反了自然法侵害别人权利的时候，也就脱离了理性的支配，即是对上帝的不敬和对人类的挑战，那么每个人都有权利对其进行制止或惩罚，以使其遵守自然法。每个人作为自身案件的裁判者，难免会出现不公正的偏私情况，为了公平起见，人们一致同意组成政府，把自身自然权利的一部分让渡给政府，组成政府权力，由政府统一行使公共裁判权来约束人们的偏私和暴力。"人们充当自己案件的裁判者是不合理的，自私会使人们偏袒自己和他们的朋友，而在另一方面，心地不良、感情用事和报复心理都会使他们过分地惩罚别人，结果只会发生混乱和无秩序"，因此"公民政府是针对自然状态的种种不方便情况而设置的正当救济办法"。①

与约翰·洛克一样，卢梭也认为政府的权力来自被统治者的认可。卢梭反对君权神授思想，认为每个人都生而自由平等，任何人对于自己的同胞都没有天然的权威，依靠强制力量不能产生任何权利，人们对强力没有服从的义务。卢梭认为，强力是一种"物理力量"，不能成为合法性的基础。屈服于强制力量，最多不过是一种"明智"的行为，而不是一种"意志"的行为，因为强制是违背人的意志的。只有约定才能成为一切合法权威的基础，国家是由全体个人根据社会契约结合在一起所形成的公共人格，结合者的集体称为人民，人民的意志是国家的最高的意志，国家主权是人民意志的运用，人民就是主权者；法律是人民意志的宣告，政府是由人民委任的，政府是人民的办事员。在政府为人民服务这个问题上是不能讲条件和代价的，也不能利用政府权力为自己提供便利；行使公共权力是一种责任和担当，而不是一种"便宜"，行政权力是公权力，是不能用来为个人和集团谋取特殊利益的。"行政权力的受任者绝不是人民的主人，而只是人民的官吏……而且在承担国家所赋予他们的职务时，他们只不过是在履行自己的公民的义务，而并没有以任何方式来争论条件的权利。"②

从文化来看，现代性意味着理性主义、个体主义和功利主义的价值处于中心位置。社会存在决定社会意识，经济、政治和社会的现代转型也使人们的价值观念发生转变，在现代文化中，理性主义、个体主义和功利主义的价值处于中心位置。理性主义代表了一种乐观主义

---

① ［英］洛克：《政府论》（下篇），叶启芳、瞿菊农译，商务印书馆1964年版，第10页。
② ［法］卢梭：《社会契约论》，何兆武译，商务印书馆1980年版，第127—128页。

态度，人类对自身理性能力的信赖增强了人类改造自然和社会的信心。从人与自然关系来看，理性主义是人类了解、控制和改造自然的心智能力，这种能力使世界能够按照人类的需要和欲望进行塑造。从人与自身关系来看，理性主义使人成为自身命运的主人，理性代表了一种解放的力量，理性意味着对知识的探索，对知识的不懈追求是批判性精神的结果，因此理性反对对权威的盲从；在理性主义看来，每个人都被赋予了为自己思考的理智能力，因此所有人都是平等的，对理性的这种平等主义信仰使理性与个人自由紧密联系在一起。"在启蒙运动中，理智使人从错误中解放出来，从迷信及对教会和贵族的传统权力的屈服中解放出来，理智使人成为其自身命运的主人，使人去追求个人和集体的幸福。"①

个体主义是一种现代现象，随着现代社会的到来，自我实现的价值观念才成为社会的基本价值。在前现代社会，个人依附于自己所属的共同体，无论是在共同体之间还是共同体内部，社会流动是受到限制的，因为一个人的社会地位不是后天选择的结果，而是"先赋的"，终身不会改变。而在现代社会，个人摆脱了对共同体的人身依附，获得人身自由，一个人的社会地位不是天赋的，而是后天选择和努力的结果，也就是说生活机会更为开放。马蒂内利认为个体主义立基于自由和平等原则，自由既表现为消极的自由，即免于强制的自由；也表现为积极的自由，即有能力做某事的自由。"平等首先被定义为公民权利和义务的平等及法律面前人人平等，但是它很快也变成机会和生活机会的平等，因此它开启了通往进步的自由主义、社会民主和福利政策的观念之路。"个体主义和主体性不是完全相同的，对现代性进行积极解释的学者往往使用前一个术语，而主体性在对"中产阶级注重实际的计算、对金钱的无灵魂追求和缺乏道德激情"的批评中被使用。②

---

① ［意］艾伯特·马蒂内利：《全球现代化——重思现代性事业》，李国武译，商务印书馆2010年版，第25—26页。
② ［意］艾伯特·马蒂内利：《全球现代化——重思现代性事业》，李国武译，商务印书馆2010年版，第28页。

马蒂内利认为,民主社会孕育出功利主义价值观念。对个人而言,民主是一种解放的力量,它使个人摆脱了对他人的人身依附,实现了人身自由,同时也释放了人自身的欲望,人们终于可以为了自己而活着,为了实现自己的欲望而奋斗。对社会而言,民主作为一种决策程序,它服从的是多数人的意志,在制定和实施政策和法律时要考虑最大多数人的最大利益和幸福。

从社会来看,现代性意味着社会生活的结构分化。传统社会秩序属于超越性秩序,即社会道德和制度规范来源于超验的存在——天、神、上帝等,这并不是说传统社会没有世俗秩序,而是说世俗秩序被超越秩序所控制,在中世纪的西方表现为教会对世俗社会的控制。现代性意味着世俗秩序取代超越秩序,即人性取代神性成为道德和社会规范的源泉;这种取代并不意味着超越秩序彻底消失了,而是说它退出了世俗社会和公共领域。随着超验世界图景的瓦解,社会生活的各个方面,例如政治、艺术、哲学、教育等领域摆神秘力量的控制,回归科学和理性,人们由追求彼岸世界的超越转向追求现世生活的幸福。

经济领域同政治与道德领域的分离。所谓经济与政治的分离,是指市场决定资源的配置,政府不直接干预经济,政府的经济职能与社会管理职能分开。按照传统道德理论,只有利他主义才能被称为道德行为,道德行为不能掺杂私利,因此道德与逐利行为是不相容的,道德不食人间烟火。如果沿着这样的思路,逐利性的市场经济发展就失去了合法性,从亚当·斯密开始,自利与利他之间不再是对立的两极,因为市场被看作具有自我调节功能的经济发展机制,利益追求这种市场的驱动力有利于公共善的实现。具体而言,个人经济行为可能完全出于自利,但是私人劳动必须转化为社会劳动,即你生产的产品和提供的服务必须被市场和社会所需要和认可,也就是必须满足人们需要,完全出于自利的行为就具有了利他的性质。这样,经济发展就摆脱了传统道德主义的束缚,市场经济被赋予合理性,经济学理论认为通过竞争性的市场提供消费品,在满足人们所需时更有效率。

人口与传统农村社区的分离。现代性意味着工业化和城市化,城市化使人口大量向城市集中，集中化就是城市化。城市化被描述为由人格化的社区向非人格化的社会的过渡，使个人的社会关系受制于大型非人格化群体，"巨大的迁移过程使数以百万计的人口离开他们的农村家乡，集中在功能上复杂、文化上多元、社会上同质的城市之中"①。由熟人构成的乡土社会被陌生人构成的大众社会所取代，在现代生活中人们与之打交道的基本上都是陌生人，我们对他们知之甚少。现代性摧毁了传统的农村社区，使人们失去了根；据此，马克斯·韦伯把无家可归看作现代性的标志，这里所说的无家可归不是指因贫穷而没有居所，而是指人的一种陌生感，缺乏精神寄托。乔·萨托利认为，因人们生活中基层保护伞的消失所带来的"空虚感养育了异化和失范"。

从治理方式来看，现代性意味着从"德治"向"法治"的转变。传统社会的治理方式主要是德治，被封建统治者奉为正统思想的儒家思想就强调德治，儒家的德治主张以道德教育感化人，即通过对人心理上的改造，使人趋善避恶，知耻明理而无奸邪之心。德治说到底就是人治，因为在德治社会，人们信赖的是人自身，而不是规范的制度体系；人们都希望统治者大公无私、开明豁达、贤明睿智。在人治社会中，民众普遍具有"清官情结"："当官不为民做主，不如回家卖红薯"；统治者则普遍具有救万民于水火的"救世主意识"，当其掌握的资源越多，权力越大，这种意识就越强烈。对于统治来说，其当然离不开统治者的道德和智慧，做人与做事是分不开的，但是把一个国家的前途命运仅仅寄托在对统治者个人的道德和智慧的信任上，将会带来极大的不确定性和风险，"好人政治"往往会使社会陷入"人存政举，人亡政息"的怪圈。历史已经证明，权力的集中将会给人性的弱点以极大的诱惑，仅仅依靠道德是限制不了权力的滥用的。另外，对社会管理来说，道德发挥作用往往局限于封闭的熟人社会，这种社会使休戚与共的利他主义成为人的一种本能反应，也就是说人际

---

① [意] 艾伯特·马蒂内利：《全球现代化——重思现代性事业》，李国武译，商务印书馆2010年版，第21页。

交往越频繁、越固定,人们就越在意他人对自己的评价,道德的监督成本就越低;在一个缺乏流动性的社会中,一个人在群体中可能最害怕的事情就是被他人所唾弃和孤立。

现代社会的治理方式主要是法治,法治是现代文明的重要标志。在前现代专制社会,君主的权力来自"神授",例如中国古代的皇帝被称为"天子",君主与民众之间是主奴关系,在人格上是不平等的。现代民主社会奉行的是主权在民的原则,公权力来自"民授",民众把自己的天赋权利让渡出一部分给政府以组成公共权力,形成公共权威以保障人民的民主权利和自由,民众与政府在这种权利的让渡中呈现出力量的此消彼长的关系,政府的权力越大,民众的权利就越小,因此限制政府权力,防止权力滥用是主权在民原则的应有之义。权利的让渡行为是一种委托—代理(代表)关系,在这种关系中的道德承诺是靠法律来维系的,在此意义上,法律既是对民众权利的保障和行为的规范,也是对政府权力的限定和对政府行为的规范。如果说在前现代社会法律是维护专制统治的工具,因而权大于法,那么在现代社会法律则是维护公民的权利和自由,因而法大于权。民主社会消灭了主奴关系,使人们服从法律而不是人。法律是人民意志的体现,人民服从法律就是服从自己的意志;建立在具有普遍性的公意基础上的法律创造了平等的社会条件,把人们置于相同的条件下:由普遍的、抽象的规则组成的法律对所有的人都一视同仁,特殊对待是不允许的。

如果说德治的前提假设是人性善,认为人是可进行道德教化的,那么法治的前提假设就是人性恶,认为道德教化的作用有限。从人性善出发强调自律和道德对人的教化作用,因而德治针对的是君子式的"好人",道德劝人为善;从人性恶出发强调他律和法律惩戒的作用,因而法治针对的是"坏人",法律禁止人作恶。大卫·休谟认为,在构建社会控制手段时必须把人假想成"恶棍",大卫·休谟的这句话的意思不是说人都是恶棍,而是说法律不是对人道德境界的要求,即不是要求人们应当做什么,而是给人们划了底线,不允许人们做什么;它考虑的不是人可能会做什么"善事",而是人可能会做什么"恶事"。因此,在制度设计时要尽量考虑人作恶的各种可能性,从制度设计上防范人去作恶,从制度上告诉人们什么能做,什么不能做。另外对社会管理来说,必须发挥法治的规范和调节作用,现代社会是一个陌生人的社会,传统社会那种由于休戚与共关系所形成的自发的信任感消失了,人们更加相信明确界定权利义务关系的契约以及由法律来保障的承诺。陌生人之间的信任是一种普遍主义的信任,这种信任与其说信任的是个人,不如说信任的是普遍性的制度规则。吉登斯认为,现代制度所提供的日常生活中的安全的普遍性条件是对抽象体系的信任,而不是对个人的信任。

从个人与共同体的关系来看,现代性是指从身份社会向契约社会的转变。传统的农业社会是建立在宗法血缘关系基础上的身份社会,我们可以从两个方面来理解身份社会:在身份社会中,人不能后天选择自己的社会地位,一个人的社会地位是由自己的出身带来的,农民的儿子天生就是农民,贵族的儿子天生就是贵族;在身份社会,人缺乏主体独立性,依附于其所出身的共同体,个人只是共同体的某种功能,人只有通过自己扮演的社会角色来认识自己。在身份社会人们是没有主体意识和权利观念的,列奥·施特劳斯认为,前现代社会是以自然义务为取向的社会,即使人们关注权利,也把它看作是由义务派生而来的。

而在现代契约社会,个人对共同体的人身依附关系被打破,人们获得人身独立和自由。对平等自由的向往使等级身份观念被人权观念所取代,人权观念强调人生而自由平等,人权作为人本身就具有的原初的权利,是先于社会就具有的天赋权利,它不是谁恩赐的,自然任何人也不能将其剥夺。人权观念把人作为个体所拥有的权利先验化、绝对化,这样传统的以自然义务为取向的价值观念就被现代的以自然权利为取向的价值观念所取代。现代性唤醒了人的主体性意识和权利意识。

契约社会存在两个契约,一个是政府与人民之间的契约,这个契约规定了政府的权力来自人民,其权力的行使是为了保障人民的权利和自由。另一个契约是人与人之间的契约,契约是平等主体之间基于平等协商建立起来的自由合意的关系。契约关系发生于平等主体之间，契约是对人身依附的否定，是对人格平等的尊重，"契约以当事人双方互认为人和所有人为前提"，"契约双方当事人互以直接独立的人相对待，所以契约从任性出发"。契约是一种自由合意的关系，契约双方当事人签订契约无非是为了实现自己的利益，因此契约是一个契约双方当事人讨价还价直至双方合意的过程，即形成共同意志的过程，在合意状态双方矛盾得以解决。"契约是一个过程，在这个过程中表现出并解决了一个矛盾，即直到我在与他人合意的条件下终止为所有人时，我是而且始终是排除他人意志的独立的所有人。"[1] 契约关系是一种利益关系，契约规定双方当事人的权利和义务，双方信任关系的建立主要不是基于对人本身的信任，而是对抽象的规则体系的信任，这种信任被称为普遍主义信任，普遍主义信任不同于特殊主义信任。特殊主义信任是乡土社会中熟人之间的信任，这种信任存在着亲疏远近之分，与自己越近的人越容易被信任，陌生人往往得不到信任。信任度越低的社会对外开放程度就越低，合作范围就越狭窄。而普遍主义信任是现代开放的大社会中的陌生人之间的非人格化的信任，这种信任是建立在对具有普遍性的共同规则的遵守的基础之上。也就是说现代社会的信任是一种非人格化的信任。

从信任关系来看，现代性意味着信任关系由人格化转向非人格化。传统社会是一个封闭的小社会，所谓"小"是指社会是由相对独立的小群体构成，在封闭的小群体中，共同的目标和感受支配着人们的活动。传统社会的封闭性，是由自然经济的特点所决定的。自然经济是一种自给自足的经济形式，分工往往限于家庭、家族和行会内部，交易活动不活跃且范围很窄。社会的封闭性使人际交往比较固定，在频繁的交往中逐渐形成了不假思索的信任关系："我们大家都是熟人，还用得着多说吗？"也就是说，人们之间的信任不是建立在对共同规则的认同和遵循而是血缘和亲缘关系的基础上；这种人格化的信任是一种特殊主义信任，人们只信任相互了解的同胞，不信任陌生人，信任半径狭小，家族式企业就是基于特殊主义信任而形成的。

---

[1] ［德］黑格尔：《法哲学原理》，范扬、张企泰译，商务印书馆1961年版，第81页。

费孝通先生把这种熟人之间的信任称为乡土社会的信任,乡土社会是一个差序结构的社会,在差序结构中,人们往往以自己为中心,以与自己关系的亲疏远近区别对待人,普遍性的抽象规则在这种社会结构中是行不通的。正因为如此,社会的信任半径很难突破熟人圈子,公共生活中的合作水平低下,这种特殊主义信任在社会上很容易滋生裙带关系和圈子文化。

现代社会是一个开放的大社会,商品经济的发展使分工与合作关系超出狭隘的血缘和地缘限制,合作范围不再仅限于相互了解和信任的同胞之间。社会化的分工与合作使秩序得以扩展,互以邻居相待的小群体被非人格化的大群体所取代。伯杰把现代化的力量比喻为一柄摧毁习俗社会的巨大铁锤,"那种使人们具有亲密的面对面的关系且能解决大部分生活问题的结构,大部分已被摧毁或被削弱了,以至个人的'社会关系'越来越受制于大型工厂、国民经济、大城市和民族国家等仅涉及人们生活的极抽象部分的大型非人格化群体"[1]。这一过程就是工业化和城市化过程,分散的小型社区人口向人口集中的大城市转移,在城市中,旧的社区——氏族、村庄、部落、地区等——给人的那种亲密感一去不复返,离开了有机体,没有了共同目标和感受,人与人之间变得冷漠化。"在我们的经济活动中,我们既不了解我们所满足的那些需求,也不了解我们所获得的物品的来源。我们所服务的人,我们几乎全不认识,甚至我们不在乎他们的生存。同时我们的生活,也要依靠不断接受另一些我们一无所知的人所提供的服务。"[2] 随着熟人社会被陌生人社会所取代,因休戚与共关系所产生的近乎本能的利他主义倾向被理性的利己主义倾向所取代,每个人只关心自己是传统的有机共同体瓦解的代价,社会的日益原子化割断了人与人之间的传统纽带,人们聚合在一起往往也是出于自利和相互利用的需要。在这种扩展秩序中,待人如待己的人格化的信任不再发挥作

---

[1] [美]大卫·雷·格里芬:《后现代精神》,王成兵译,中央编译出版社2011年版,第30页。
[2] [英]弗里德里希·奥古斯特·冯·哈耶克:《致命的自负》,冯克利、胡晋华等译,中国社会科学出版社2000年版,第11页。

用，熟人之间那种不假思索的信任被"有话说到前面"的理性盘算和协商所取代，信任不是出于对人本身的信任，而是出于对抽象的普遍规则的信任。哈耶克把普遍抽象的规则称为扩展秩序的规则，这种规则限制人们的本能道德情感和反应。现代社会被称为契约社会，契约把出于互利需要的个人聚合在一起，契约关系是一种自由合意关系，契约双方经过利益博弈最终达成共同意志，这种合意具有法律效应，换言之，承诺是由法律制度作为保障的。我们说契约社会人人都应当具有契约精神，所谓契约精神就是规则意识和法治精神。一般认为法治精神包括理性精神、崇法精神、权利义务对等精神、依法维权的精神。理性要求人们客观公正地看问题，在人们对事物的评价和判断中要摒弃成见、情欲与个人利益。尊法守法精神的形成源于人们对法律权威的尊重。在崇尚权力的社会中，权大于法，人们不相信普遍性的规则；而在崇尚法律的社会中，法大于权，人们信任普遍性的规则，而不是权力。没有无权利的义务，也没有无义务的权利，权利和义务是对等的，人们要对权利的行使承担相应的责任，履行相应的义务。如果只想享受权利，而不愿意去履行公民义务，将会造成社会秩序的破坏。随着权利意识的觉醒，人们的维权意识显著增强，当人们的权益受到损害的时候，懂得依法维护自己的权益。

第二节 现代性的缘起

现代性肇始的标志就是人的自我意识的觉醒和理性精神的张扬。在前现代社会，人类处于蒙昧状态，屈服于神意安排的秩序。按照雅各布·布尔克哈特的描述，在黑暗的中世纪，人类的意识处于"半梦半醒状态"，因为人类的意识被一层由信仰、幻想和幼稚的偏见组成的纱幕所遮蔽。在中世纪思想中，人类是不能把握自己命运的，因为历史被理解为由神明干预和启示所设定的事件；而且神嫉妒人的成就，要求人保持谦卑心，人类的野心和傲慢只会给自己带来灾祸。这就是古代社会无限进步的观念不能在社会中占主导地位的原因：人类惧怕神的嫉妒和报复。这种谦卑心体现在"原罪"学说中，就是人生来是有罪的，依靠自己的努力无法达到道德上的完美，赎罪和救赎的观念由此而产生。

促进社会的进步和发展，就必须把人从神的束缚中解放出来，肯定人的价值和尊严，使人成为自己命运的主人。弗洛姆认为，人对自我的发现和肯定始于同不合理权威的斗争，"因为我怀疑，我抗议，我反抗，我体验到了作为'我'的自己。即使我屈服了，认输了，我也体验到了作为'我'的自己——失败的我。但是，如果我意识不到自己的屈服或反抗，如果我受到无名权威的支配，我便丧失了自我感，我成了'它'（指无形权威）的'一个分子'"①。在人类自我发现的旅程中，文艺复兴、宗教改革和启蒙运动发挥了重要的作用。

文艺复兴是借助复兴古希腊罗马的文化来反对天主教权威，用约翰·伯瑞的话说，就是通过"呼唤古代世界的精神来驱逐黑暗时代的幽灵"，或者说用古代人的权威代替教会的权威，这样，人——尽管是古代人——而不是神成为世俗文化研究的对象，这就使文艺复兴运动促进了人文主义精神的发展。复兴古希腊罗马文化，尤其是恢复对柏拉图的研究，虽然有对过去的文明顶礼膜拜之嫌，但是这一过程却包含着自由的成分，因为复兴古希腊罗马文化并不是对过去文化形式的简单的"注解"和"校对"，文艺复兴促使了人们对柏拉图和亚里士多德的"直接"的"真正"的研究，而不是对死板的经院哲学体系的遵循。黑格尔认为，在文艺复兴时期，古代艺术和科学的复兴，是由精神的自然的觉醒带来的，精神的自然觉醒的结果是理性和信仰之间产生对立。所谓精神的自然的觉醒，是指精神要求在超感性的世界和直接的自然界发现和认识自己，成为现实的自我意识：

"表面看来这好像是一种返老还童的现象，但其实却是一种向理念的上升，一种从出自本身的自发的运动……从这里面就产生出了所有的努力和发明，引起了美洲的发现和东印度航线的发现，特别是对于所谓异教的科学的爱好又复苏了：人们转而面向古人的作品。这些

---

① ［美］艾里希·弗洛姆：《健全的社会》，孙恺祥译，上海译文出版社2011年版，第126页。

作品变成了研究的对象。这些作品被当作人文科学,在其中人的兴趣和行为都受到了认许,而与神圣的东西对立起来……与此相联还有另一面:由于经院哲学家的那种形式上的精神教养变成普遍的东西,——结果必定是思想在自身之内发现和认识自身;由此就产生了理性和教会学说或信仰之间的对立。"[1]

精神自然觉醒的结果是理性和信仰之间产生对立,文艺复兴时期的人文主义思想不同程度地蕴含着反宗教的倾向。中世纪宗教哲学对人的理解是目的论的,即在自然的等级系统中,所有事物都有其特定的等级位置,它们的目的是根据它们在等级体系中所占的位置来确定的,它们都必须在上帝的控制范围内服从这些目的。人在这个"伟大的存在之链"中的位置极其特殊,人在动物之上,而在上帝和天使之下。是什么使人如此特殊呢?宗教哲学的回答是:是上帝把我们放在了存在之链的独一无二的位置上。文艺复兴时期的哲学家反对对人的这种目的论理解,转而称颂人类本质的可塑性,颂扬人的可塑性也就赋予了人选择自由。文艺复兴时期人文主义的代表人物皮科在《关于人的尊严的演讲》中对人在存在之链中的位置提供了另一个版本的解读:上帝在创造人类的时候,发现存在之链中每个空隙都被某种东西填满了,于是上帝允许人类选择一个属于他们自己的位置,并告诉人们可以运用自己的选择和荣耀,按照自己喜欢的形式来塑造自己,"你可以堕落到低等动物的形式之中,或者通过你的灵魂的理性攀升到一个更高的神圣的本性上去"。这就是说,人的尊严不在于他或她被上帝安排在多高的位置上,而在于这个位置是不是人自己选择的结果,换言之,人的尊严在于他能不能成为自己命运的主人。

尽管文艺复兴时期的人文主义思想潜藏着反宗教的含义,但是文艺复兴并没有把人从教会的权威中解放出来。这一解放是由宗教改革来完成的。在中世纪,人们不能以个人身份直面上帝,个人与上帝之

---

[1] [德]黑格尔:《哲学史讲演录》第 3 卷,贺麟、王太庆译,商务印书馆 1959 年版,第 336 页。

间隔着教会,教会成为代表上帝负责人类救赎的机构。中世纪的社会是二元结构,教会与国家相抗衡,教会垄断信仰,负责民众的精神救赎;在道德上,教会高出于国家的意志之上。在宗教改革中,马丁·路德把个人从教会的控制中解放出来,赋予人在宗教事务中以独立性,从而使信仰变成了个人的私事,信仰和救赎成为一种个人的主观体验。约翰·加尔文则强调个人道德努力的重要性,"在加尔文主义后来的发展中,强调圣洁生活和不断努力的重要性占据了上风,尤其是一个观念认为,作为这种努力的结果,世俗生活的成功便是得救的一个标志"[①]。信仰上帝与追求世俗成功不再发生冲突,只有追求世俗成功才能证明自己是上帝的选民,要想得到终极救赎,就必须追求成功。为自己而努力就是为上帝而努力,不是由上帝彰显人的荣光,而是由人来彰显上帝的荣光。这样,经过宗教改革,新教由"出世"哲学变成一种"入世"的哲学,也可以说新教就是基督教的世俗版本,宗教被世俗化。

如果说宗教改革针对的是教会的腐败,使个人直面上帝,那么启蒙运动则把矛头直接对准宗教神学和上帝,以人权代替神权,为个人解放和自由提供了哲学基础。所谓启蒙就是把人们从蒙昧状态中唤醒,使人们获得道德的自信和理性的自主,启蒙的祛除神魅运动就是知识代替幻想,使理性精神得以张扬。以知识替代幻想,那么知识的来源和基础是什么?无论是经验主义哲学,还是理性主义哲学都从个人出发探讨这个问题。经验主义哲学认为我们的心灵是一张白纸,我们所有关于外部世界的知识都来自我们个人的感觉经验,我们每个人都能确信我们自己经验的正确性,要相信你自己的经验,而不是任何外部权威对于真理的保证。在经验主义哲学面前,任何不经个人经验检验的信条都是值得怀疑的,任何来自外部的真理的保证都是不值得信赖的。自由思想之所以诞生于英国,是因为经验主义世界观在英国占支配地位,"经验主义倾向于试验",允许人们犯错误,哈耶克称其

---

① [美]艾里希·弗洛姆:《逃避自由》,刘林海译,上海译文出版社2015年版,第60页。

为文明进步发展的试错机制。经验主义热衷于零敲碎打式的改革,反对通过集体动员来实施某种宏伟蓝图。因此经验主义把自发性和没有强制看作自由的精髓。

经验主义把认识的来源归结于人的感觉经验,理性主义则认为认识外部事物不能仅仅靠感官,而要凭借符合逻辑的理性推理能力。笛卡尔相信每个人都拥有"为自己思考"的理性能力,正是这种能力使我们把自身与野兽区别开来。这种理性能力是一种人的自主认知能力,"认知的自主来自任何权威都不能免受批判的原则,无论这权威多稳固和多有威望"[①]。在启蒙时期,理性主义在社会智识层面上播撒了普遍怀疑的情绪,不过这种怀疑不是为了怀疑而怀疑,而是为了摆脱成见,获得普遍而必然的真理。笛卡尔认为我们要想摆脱成见,就要"把我们稍稍感到可疑的东西一律加以怀疑"。笛卡尔把怀疑看作获得真理的前提,这体现了一种科学精神。恩格斯指出:任何事物都是不断变化发展的,我们要从发展的"暂时性"来看待事物,所谓辩证法就是"不崇拜任何权威"。笛卡尔式的怀疑张扬了人的主体性,因为是"我"在怀疑,而我们不能够怀疑的就是正在进行怀疑的"我"的存在:我疑故我思,我思故我在。这样,绝对确定的"我"的存在就成为认识的出发点,近代理性主义哲学的认识论转向——转向意识主体自身——把人们的注意力从认知的对象转向认知的主体。正如波舒哀所说,按照笛卡尔的"我思故我在",人代替上帝成为宇宙的主宰,人身上的"神性"被"人性"所取代,人性以及人的需要成为社会制度和道德规范的源泉。

原罪说使人把自己的命运寄托在超验的存在——上帝——和来世,放弃现世努力,而启蒙运动把人还原为独立的存在,并把上帝的力量赋予人,只要通过教育就可以开发蕴藏在人身上的理性力量,从而获得无限的进步和道德的完满。对进步的信仰成为理性主义时代最鲜明的特征,孔多塞为此而热情讴歌激烈反传统——理性主义的特

---

① [法]茨维坦·托多罗夫:《启蒙的精神》,马利红译,华东师范大学出版社2012年版,第16页。

征——的法国大革命，即使成为法国大革命的受害者，也没有阻挡他对人类理性进步的信仰，他在长达九个月的逃亡生涯中写成了《人类精神进步史表纲要》。从孔多塞开始，人类对进步的期待就成为一种信仰，而不仅仅是一种希望。

第三节 现代性的思维范式

从传统社会转向现代社会，人的思维方式发生了深刻的变化。从物我不分转向主客二分，使人的主体性得到张扬；从形而上学转向实证主义，使唯科学主义兴盛起来；从有机论转向机械论，使人的个体性存在的意义得以凸显；从超越之维转向世俗之维，使道德失去了超越色彩。

一 从物我不分转向主客二分

主客二分是相对于物我不分思想而言的，是指在处理人与自然关系的问题上，人把自身看作主体、把自然当作客体，当作认识和改造的对象来看待。"客体"这个词来自拉丁语 ob-jectum，"意即眼下就被抛到或摆在面前（before-hence）的东西——因此，是一种必须加以征服，进行操纵和改变的障碍"[1]。根据《存在的遗骸：形上学之后的诠释学存在论》的作者圣地亚哥·扎巴拉的考察，主体这种表述不是近代以来才有的，在古希腊罗马时期就有主体这个概念，在当时主体又被称为"基质"，但是与"我"意义上的主体毫不相干，它可以指任何东西。在"我"意义上来理解主体是近代以来的事情。

近现代自然科学的发展在人与自然、主体与客体之间挖出一道深沟，形成人与自然之间的清晰切割线，而笛卡尔思想正是对这种分裂的表达。笛卡尔的认识论哲学转向使主体具有了"我"的意义，从而使主体成为指称"我"的术语。哲学的认识论转向是指自笛卡尔开始

---

[1] ［美］威廉·巴雷特：《非理性的人》，段德智译，上海译文出版社2012年版，第307页。

哲学关注的问题由"世界是什么"转向"我能认识什么",即通过探索思想本身,看一看人的认识能力及其界限。这样,哲学就转向意识主体——"我"。笛卡尔转向意识主体、转向自我的方式比较独特,从怀疑开始,发现"我",然后由"我"来终止怀疑。

笛卡尔认为,凡是真理都必须具有绝然确定性,都要经得起怀疑。怀疑不是为了怀疑而怀疑,怀疑主义不是追求真理所应具有的态度,怀疑是为了把可疑的知识排除出去,从而获得绝然确定性的知识,因此笛卡尔主张清除一切稍有疑窦的东西。笛卡尔通过系统普遍的怀疑,发现只有认识的主体或者说思维的主体,即自我是确定无疑的,是最具真实性的存在;我可以怀疑世界上的一切事物,但是唯有一件事情是毋庸置疑的,即"我在怀疑"。我可以怀疑一切,但是我不能怀疑"我在怀疑"。从中我们可以看出,人是在怀疑和反叛外在权威的过程中发现自我的,不是在听从外在的声音,而是在听从自己的心声中发现自我的。这个自我不是知识的对象,而是认知的主体,是知识的先决条件,所有的知识都必须建立在"我思"这个基础之上。"自莱布尼茨、笛卡尔之后,在一切现代思维之中,人类已经开始把自身经验为'我'。在我和世界的关系上,'我以下述形式把世界带到自己面前:在表征之间正确建立的关联,即判断,因此,我就把自身置于世界对象的对立面。'"①

笛卡尔的机械论自然观使人的主体地位得到张扬。机械论哲学和科学的出现是自然被祛魅的产物,或者说是自然被工业化生产模式解构的产物;机械论哲学把自然由复杂的有机系统还原为机械零部件,把自然比喻为一部机械,自然也就失去了灵性,失去灵性的自然成为没有内在情感和价值的呆板的、单调的存在。它可以按照人的需要来拆分和组装。"笛卡尔认为,物质世界仅是一部机器,没有目的、生命和精神。自然界根据力学原则而运动,物质世界中的一切现象均可以根据其组成部分的排列和运动加以解释。这一机械论的自然观,成

---

① [意]圣地亚哥·扎巴拉:《存在的遗骸:形上学之后的诠释学存在论》,吴闻仪、吴晓番、刘梁剑译,华东师范大学出版社2015年版,第51页。

了后来科学的主导范式。直到 20 世纪物理学急剧变化之前，各门科学均在其指导下观察现象和总结理论，17—19 世纪的科学，包括牛顿的伟大综合在内，不过是笛卡尔观念的发展而已。笛卡尔奉献给科学界一个基本框架，就是把自然看作一台完美的、被精确的数学规则控制着的机器。"[1]

笛卡尔通过普遍系统的怀疑发现只有在思维的"我"是绝然确定的东西，而康德通过批判经验主义哲学发现绝然确定东西并不是来自外部世界，而是来自人的精神固有的结构，康德的哥白尼式革命把人的主体性提高到新的高度。

经验主义哲学的基本观点就是知识来自人的感官经验，经验主义反对"天赋观念"，认为知识不是人脑固有的，人出生时，大脑是一张有待书写的白纸，通过人的感官经验，外部物质世界的信息书写在这张白纸上，"感觉产生记忆"，"记忆再产生观念"。经验主义主张一种被动的反映论，即否定人的感觉具有选择性，否定人是在设定条件的情况下去感知事物，人的感官大门完全敞开，外界信息蜂拥而入。从经验主义出发，必然得出真理的符合论，即认识正确与否关键看它是否符合外部对象，经验主义反映论将人的认识的主导权交由外在的感觉经验。

康德反对经验主义反映论，认为经验告诉我们的只是片面的感觉和现象，因此经验不能带来任何具有内在必然性的普遍真理。那么是不是我们由感性认识上升到理性认识就能够发现这些普遍真理呢？康德认为，必然性并不是外部事物本身所固有的，必然性并不是我们的理性所"发现"的，而是我们的理性所"赋予"它的，它是我们看待事物的方式而已。因此真理不能向外求，只能在内部找；它并不存在于外部世界中，而是来自我们精神的固有结构，来自我们精神生活的不可避免的方式。在康德看来，对来自外部的刺激，人的大脑并不是被动的；人的大脑先天就具有选择和协调能力，对杂乱无章的信息

---

[1] ［美］弗·卡普拉：《转折点：科学·社会·兴起中的新文化》，冯禹、向世陵、黎云编译，中国人民大学出版社 1989 年版，第 46 页。

进行分类排序。"大脑分配空间感和时间感,把它们归于各类物体、现在或过去。空间和时间不是人们觉察到的东西,而是知觉的方式。空间和时间是先验的,因为一切经过整理的经验都和它们有关。没有它们,感觉永远不可能升华为知觉。正因为它们是先验的,所以,它们的规律——数学规律,也是先天的、绝对的和必然的。"① 这就是说,世界秩序并不是自然生成的,是我们把世界看作是井然有序的,事物通过遵循思维的规律而被我们所认识。从这一逻辑出发,康德颠覆了基于经验主义反映论的真理观,即真理不是使心灵符合对象,而是使对象符合心灵,符合主体的"先天认识形式",因为思维的规律就是事物的规律。这样,康德就赋予了人的主体性自然立法的权利。

海德格尔认为造成主客二分的思维方式的原因是自然科学的对象化思维方式使存在被人遗忘。

在海德格尔看来,西方文明发展的历史就是"遗忘存在"的历史,或者说把存在日益看作存在者的历史。实际上海德格尔所说的就是工业文明取代农业文明所造成的"天人合一"状态被打破,自然被人对象化的文明发展史。何为存在?存在就是主客不分的混沌状态。存在不是某种具体的特殊的东西,具体的东西被称为存在者,存在也不是存在者的具体特征。存在之被遗忘的表现就是把"存在"对象化地表象为某种"存在者",存在之被遗忘源于自然科学的发展使人类形成的对象化的思维方式,对象化的思维方式是建立在主体与客体分裂的基础上的,存在被分为主体和客体,主体即是人自身,而客体即是有待主体去发现、去认知、去征服的对象。海德格尔认为,人的主体性表现在作为主体的人成为客体对象的尺度和中心;当人成了主体,世界则变成了图像,海德格尔把世界成为图像和人成为主体看作现代性具有决定意义的两大进程:"'图像'一词意味着:表象着的制造之构图。在这种制造中,人为一种地位而斗争,力求他能在其中成为那种给予一切存在者以尺度和准绳的存在者。因为这种地位确

---

① [美] 维尔·杜兰特:《哲学的故事》,肖遥译,中国妇女出版社2004年版,第180页。

●●● 社会道德风尚的现代性阐释

保、组建和表达自身为世界观,所以,现代的与存在者的关系在其决定性的展开过程中成为各种世界观的争辩,而且不是任意的世界观的争辩,而且只是那些世界观的争辩——这些世界观已经占取了具有最终坚决态度的人的极端的基本立场。为了这种关于世界观的斗争,并且按照这种斗争的意义,人施行其对一切事物的计算、计划和培育的无限制的暴力。"①

海德格尔的学生汉娜·阿伦特进一步阐发了海德格尔这一思想,认为现代的信念是人只认识和理解他所制造的东西,这一信念在笛卡尔那里得到了清晰的表述:"从笛卡尔怀疑中得出的最可靠后果之一就是,放弃理解自然的企图,更一般地说放弃认识非人造事物的企图,完全转向那些其存在归因于人的事物。"这一信念导致行动向制造的转化,制造取代行动,导致两个后果,一个是使暴力扮演重要角色,例如城市化工业化过程中的开山毁林,围湖造田;英国工业革命时期用暴力手段把农民赶出农田,再以暴力手段把在城市流浪的农民赶入工厂等。制造取代行动的另一个后果是手段至上论,要达到目的,必须追求手段,只要能达到目的,任何手段都是合理的,手段完全为目的服务。"所有现代语言中流行的谚语都异口同声地建议我们,'谁要达到目的,也就必须追求手段','不打碎鸡蛋就无法做煎蛋饼'。这样的思想迫使人们承认,一切手段只要有效,就是允许的,对追求某些被定为目标的东西来说是正当的。"②

主客二分的思维方式高扬了人类的主体性,人类主体性的张扬颠覆了人与自然的关系,对于恢复人类的尊严发挥了积极作用。在农业文明时代,"天人合一"思想反映了人类对自然的依赖和敬畏,人们还没有意识到自己在自然面前的主体地位。近代以来,从农业文明向工业文明的转变,颠覆了人与自然之间的关系,自然中心主义被人类

---

① [德]海德格尔:《海德格尔存在哲学》,孙周兴等译,九州出版社2004年版,第278页。
② [美]汉娜·阿伦特:《人的境况》,王寅丽译,上海人民出版社2009年版,第236页。

中心主义所取代，自然万物失去了独立的存在和内在的价值，其存在的价值和意义由人类来赋予，人类按照自己的需要和利益评价和安排万事万物，人成为万物的尺度。如果说传统农业文明社会人们顺应自然，正所谓"人法地，地法天，天法道，道法自然"，那么工业文明社会人们遵循的却是"人为自然立法"。百科全书派的狄德罗因此而为人类中心主义辩解道：假如把人从地球上驱逐出去，那么自然将变得凄凉和沉寂，"正是人的出现才使得其他事物的存在获得了意义"，那么我们为什么不使人成为一个"共同的中心"呢？应当说，高扬人的主体性的人类中心主义有利于恢复人的自尊。在西方中世纪，人是上帝的奴仆，人生下来就有罪。与此类似，在中国古代皇帝是代表天进行统治的天子，民众则是皇帝的奴仆。在基督教世界观中，人的原罪是与生俱来的，就像人的基因一样会遗传给下一代，人类是无法依靠自己的力量拯救自己的。近代科学的发展和理性主义的启蒙运动摧毁了上帝的信仰，人们不再信仰上帝，拯救的希望落在人自己身上，上帝的位置被人类填补。近代科学的发展，尤其是托勒密天文学的发展，使人类连其生存于其中的地球被驱逐出宇宙的中心，在茫茫宇宙中变成了微不足道的尘埃。"漂浮于广漠天宇间的微不足道的孤岛上"的人类成了自己命运的主宰，离开上帝的"庇护"，走出上帝的"阴影"，也就去除了约束和畏惧，未来向人类敞开，一切皆有可能；人不再受终极因和原罪的束缚，人的理性能够为人类绘就未来美好的蓝图，按照自己的计划并凭借自己的努力——而不是上帝的恩赐——去实现蓝图。

二 从形而上学转向实证主义

最初使用"实证主义"一词的是法国空想社会主义者圣西门，孔德则用它来为自己的思想体系命名。在孔德关于人类思想发展的三阶段论中，实证主义是神学、形而上学之后的第三个阶段，形而上学被称为"物理学之后"，那么我们可以把实证主义称为"形而上学之后"，不过，实证主义不是对形而上学的进一步发展，而是对形而上学的否定和排斥。被实证主义所否定和丢弃的形而上学是什么？实证主义为什么否定和丢弃形而上学问题？

我们可以把形而上学理解为关于"形而上"问题的学说，"形而上"的问题是不能通过经验实证的关于事物的终极意义和本质的问题。胡塞尔认为，形而上学问题或是明确地或是在它们的意义中暗含地包含着理性的问题，"在这里，理性是'绝对地'、'永恒地'、'超时间地'、'无条件地'有效理念和理想的名称。如果人成了'形而上学的'问题，特别是成了哲学的问题，那么它就是作为理性的存在被考察了"①。这些永恒、绝对的问题显然是不能依赖我们的经验观察和在实验室里做实验得出答案的，这些问题也超出我们的常识理解的范围。经验告诉我们世间到处充斥着不断循环流变的事物，一切都是无常的，不存在永恒的事物，即使是孕育我们的地球以及地球运行于其间的太阳系乃至银河系也有寿终正寝的一天。经验告诉我们的是现象，它不能超出事物的"物理表现"去探求那些无形的力量和终极的原因。大多数人每天都依靠常识生活，并没有感觉到有什么不妥，一个人对自己当下如何生活有着清楚的认识。如果你问他"人生苦短，如何才能有意义地度过一生，如何才能超越自己的有限性？"那么立刻就会使对方陷入困惑，或者是被对方嘲笑。这说明形而上学的终极问题已经远远超出常识范围，在常识范围内，"我不说，你明白"，"我一说，你就糊涂"。这些玄思之学之所以在前现代社会能够流行，是因为前现代社会秩序是一种依靠信仰维系的超越秩序，人的价值、信念和制度规范的正当性来自超越世界，也就是说，前现代社会是一个被附魅的社会。"人类意识的两个方面——内心自省和外界观察都一样——一直是在一层共同的纱幕之下，处于半梦半醒状态。这层纱幕是由信仰、幻想和幼稚的偏见织成的，透过它向外看，世界和历史都呈现出一种奇怪的色彩"②，由此而使人执着于超验对象。

近代以来，自然科学的发展使世界被祛除神魅，人类的思想进入

---

① ［德］胡塞尔：《欧洲科学的危机与超越论的现象学》，王炳文译，商务印书馆2001年版，第21页。
② ［美］艾里希·弗洛姆：《逃避自由》，刘林海译，上海译文出版社2015年版，第28页。

科学实证主义时代。实证主义取代形而上学,人们不再通过对永恒之物的沉思来理解自然和摆脱自然的制约,而是通过经验性的考察和事实的联系来获得对自然的知识和有计划地利用自然。科学实证主义遵循经验主义的认识路线,把经验看作认识的唯一来源。通过经验考察获得的是关于事物现象的知识,而关于现象的知识是相对的,不是绝对的,因为无论是经验观察,还是科学实验,都是在设定条件下进行,我们在一定时期内的实践活动是受限制的,因此实证主义不可能获得绝对的知识。经验考察的对象是具体的个别的事物,因此实证主义不可能达到我们对现存世界的整体理解和超越。实证知识追求精确性,也就是可量化,可量化的知识便于操作,是"有用之知",它是为了满足人的生活的物质需要,使人的生活更加舒适和便利。实证主义对知识的探求是为了解决人类生存的具体生产生活问题,因此精确性、客观性、清晰性是对知识的基本要求。正如雅斯贝尔斯所说:"代表这个世界的精神态度已被称为实证主义。实证主义者不想高谈阔论,而是要求知识;不想沉思意义,而是要求灵活的行动;不是感情,而是客观性;不是研究神秘的作用力,而是要清晰地确定事实。"①

《后现代精神》的作者大卫·雷·格里芬认为,实证主义的出现是近代以来超自然主义从一神论转向自然神论,再从自然神论转向无神论的结果。依据自然神论,上帝在创世之后就不再干预世界秩序,从一神论转向自然神论就使神秘主义和宗教狂热遭到排斥。而从自然神论转向无神论则实现了向世俗主义的过渡。格里芬认为,世俗主义并不意味着宗教狂热的衰落,它仅仅意味着人们虔诚的对象发生了改变,即从超验的对象转向了现实的经验对象,或者说由不确定性的东西转向了确定的东西。用海因里希·罗门的话来说,实证主义代表了近代唯科学主义心灵的那种典型态度:满足于对真实存在的东西的单纯探究,崇拜现实。实证主义的胜利"乃是形而上学遭到根本破坏的

---

① [德]卡尔·雅斯贝斯:《时代的精神状况》,王德峰译,上海译文出版社2013年版,第20页。

结果，乃是康德式的批评和经验主义逐渐稀释基督教遗产的结果。近代思想的这些趋势之直接后果是某种不可知论和怀疑论的相对主义，其受到挫折的英雄主义表现为对于'事实'的几乎是苦行僧般的、带有幻灭感的追寻，表现为其对于神学和形而上学时代的蔑视"①。实证主义之所以会出现，归根结底是因为自然科学的发展使世界被祛幻，从而改变了人们对世界的看法。实证主义的兴起使得其他学科，尤其是哲学和社会科学产生了自卑感，以至于如果不采取科学的求实态度就无法证明自己存在的合理性，这就对人们产生了一种诱惑，即把自然科学方法应用于其他所有学科领域中。

实证主义只是在经验范围之内探讨"是什么"的客观事实问题，而不涉及"应是什么"的价值和意义问题，为了达到对事物的客观认知，各种主观因素被排除掉。实证主义的创始人孔德为了排除人的主观性对外部世界的"歪曲"，把人的大脑比作如实映射外部世界的一面镜子。实证主义之所以专注于探究事实，把人的理智仅仅限于回答和解决经验范围内的问题，是因为它继承了经验主义的基本原则。经验主义把经验看作知识的唯一来源：人的心灵就像一张白纸，知识是外部对象在人的心灵中映射留下的印记，我们可以称之为"图章效应"；经验主义使人们相信眼见为实，在经验主义世界观中，概念和对象是不可分的，二者是等值的，循着经验主义和实证主义的路线，哲学问题也就变成常识问题，哲学失去对现实的批判功能。

实证主义把世界还原为真值函数世界，真值函数世界的问题是知识论问题，由科学来回答；而价值和意义这类形而上的问题并不包含在真值世界中，它们不是科学知识应当回答和解决的问题，因此被排除在外，或者对其采取道德中立的态度，这就意味着科学认识与道德评价之间的联系被割裂。对于科学实证主义将道德排除在经验世界之外，伊利斯默多克写道："'价值'并不存在于真值函数世界，即科

---

① ［德］海因里希·罗门：《自然法的观念史和哲学》，姚中秋译，上海三联书店2007年版，第120页。

学和事实假设的世界之中。因此，它必然存在于其它某个地方，而后以某种方式如影随形般与人的意志连在一起"，而"从前系于天国的价值土崩瓦解……不再存在超越的实体。善的理念依然悬而未决，空洞无物，以待人的选择的填充"。① 离开了道德约束和道德评价，科学也就失去了"科学性"而走向唯科学主义。真正科学的态度并不排斥价值判断，科学态度并不是对现实不加批判地证实的态度，证实是为了使人摆脱对权威的盲目崇拜，而不是为了使人屈服于现实，黑格尔说存在的就是合理的，是告诉人们这是理性主义的思想方式，而不是认可一切现实存在。科学探索是为了使人类不断超越自我，而不是把人从高处拉下来，摧毁其存在的超越性维度。科学的态度应是一种谦卑的态度，认识到自己的无知是科学探索的前提，它承认人的认识的有限性，人不可能穷尽真理，也不可能依靠科学知识解决一切问题，仪器设备只能发现人的肉体器官的病灶，却发现不了人的精神世界的困惑和迷茫。真正科学的知识具有可证伪性，因为我们不可能穷尽所有经验，我们所获得的结论都具有或然性，随着时间的推移会被人们不断修正，甚至被颠覆。

唯科学主义把科学神化，它摧毁了宗教，却把科学推向神坛，唯科学主义实质上就是科学万能主义，这种对科学的乐观主义态度缺乏对现实的反思；它创造了进步的神话，使人类片刻不停、不知疲倦地往前奔跑，而不是停下脚步，回首看看自己走过的路。它使人相信只要高高举起科学技术大旗，人类前途将是一片光明。这种乐观主义态度使科学的"合理性边界"被模糊，把人生的所有问题都还原为科学技术问题，还原为人与物的关系。先是把事实与价值割裂开来，使真值函数世界失去道德的监护，接着就是把价值问题物化、相对化，只有"是"，而没有"应当"。在唯科学主义视野中，我们需要的不是敬畏，而是力量，对人类力量的限制也只是暂时的，一切都等待着我们去发现和征服。唯科学主义助长了人类的盲目乐观情绪，使人类在

---

① ［英］安东尼·阿巴拉斯特：《西方自由主义的兴衰》，曹海军等译，吉林人民出版社 2004 年版，第 19—20 页。

认识外部世界与自我的关系上出现严重偏颇。

三 从有机论转向机械复合论

在个人与社会的关系问题上，现代性的思维范式是机械论的，而不是有机论的。如果把个人比作身体的四肢，那么有机论强调的是个人的不完整性和不充分性，他被赋予生命是因为他作为整体不可分割的一部分而存在，也就是说有机论的社会观强调人的社会构成性：不是人构成社会，而是社会构成人。在亚里士多德看来，任何离开社会而独立存在的人，不是野兽，就是神，根本不是社会共同体的一部分，因此人类个体的自治是不可能的，更不是人们可欲的。按照有机论的社会观，我们的需要、我们的兴趣、我们的目的并不是既定的，而是生成的，是社会塑造了我们，社会通过教育塑造了人，也就是社会通过教育使人成为人。按照有机论的社会观，集体不是其部分的总和，它要大于这种总和，正如卢梭在《社会契约论》中所说，"大自然教给一切人的，就应该有一种普遍的语言，那将是人们互相交通的普遍工具；就应该有一种共同的神经中枢，可以用于所有各部分之间的通讯。公共的利害就不仅仅是个人利害的总和，像是在一种简单的集合体里那样，而应该说是存在于把他们结合在一起的那种联系之中；它会大于那种总和"[1]。

直到中世纪晚期，有机论的社会观都左右着人们在认识和处理个人和社会关系时的价值取向，人们对自我的理解具有群体主义倾向。自我不是作为自给自足的抽象的个体性存在意义的自我，而是群体内发挥着某种群体功能，扮演着某种社会角色的自我，人与其社会角色是一致的。这是一种公共的"大我"，而不是私人性的"小我"，人们是在"我们"的意义上来理解"我"的，我和我们是分子与分母的关系，"私人的东西服从于公众的东西"，人是通过自己所扮演的社会角色来认识自己的。

在机械论思维范式下，部分可以离开整体而单独存在，但是整体

---

[1] ［法］卢梭：《社会契约论》，何兆武译，商务印书馆1980年版，第188—189页。

如果离开部分就失去了整全性和完整性。如果以机械论视角来看待个人与社会的关系，那么个人就不是社会共同体不可分割的一部分，而是成为可以脱离整体的独立存在。机械论的社会观通过把社会还原为它的最基本组成单元——个人，否认人的社会构成性，认为不是社会构成人，而是人构成社会，进一步说，我们不能用社会来说明人，而只能由人来说明社会，个人的属性决定社会的性质。这就像把一堵墙拆掉，剩下的就是一块块的砖头一样，我们可以再把这些砖头垒成墙。按照机械论的社会观，个人是不依赖于社会共同体的实体性存在，所谓实体就是仅凭自己就成为自己的东西，也就是非社会性的抽象存在；人的目的、兴趣和需要不是社会塑造的，而是生而有之的既定存在。按照机械论的社会观，整体是其部分的总和，公共利益是个人利益的总和，离开个人利益，就不存在所谓的公共利益。换言之，只有个人和个人利益是最真实的存在，所谓公共利益只是个人追求自身利益的副产品。卢克斯认为，这种理解社会的思维范式的最早阐释者是霍布斯，霍布斯认为要想了解事物就必须把它分解还原为其最终组成部分，通过事物的组成要素来了解事物；认识社会就必须认识组成社会的个人，霍布斯的思想成就了个人主义的社会解释模式。社会被看作机械复合体，从机械论的社会观出发，人们对自我的理解具有了个人主义倾向，"对于从霍布斯到康德的所有近代自然法理论家来说，'先在的个人主权乃是团体权力最终的和唯一的来源，共同体不过是每个个人的意志和权力的或紧或松的集合——一种联盟'；所有这些思想家都认为，'社会生活的所有形态都是个人的创造'，'只能认为是实现个人目的的手段'"[①]。

对自我的理解从整体主义转向个人主义，在哲学上的表现就是近代哲学在认识论转向中创造了一种关于自我的主体性哲学。17世纪发生了哲学的认识论转向，哲学家由优先考虑"存有"的问题转向优先考虑人的"认识"问题：人类认识的来源、界限和性质等问题。为了

---

① ［英］史蒂文·卢克斯：《个人主义》，闫克文译，江苏人民出版社2001年版，第68—69页。

获得绝然确定性的知识，笛卡尔提出了探究和怀疑的方法，他的第一条逻辑规则是决不把任何我没有明确地认识其为真的东西当作真的加以接受，因此对凡是我能想出其中稍有疑窦的意见一律加以排斥。笛卡尔的知识探究的怀疑方法对促进启蒙的进步观的形成发挥了重要作用，他把人们的头脑从对外在权威的盲从中解放出来，"理性的至高无上的地位动摇了皇权，而权威和传统正是凭借这种权力对人们的思维加了绝对的控制。笛卡尔的哲学思想无异于宣告了人的独立地位"①。但同时这种怀疑方法也将不可避免地使人陷入"唯我论"的泥潭，因为如果我不接受任何不确定的事物，那么是否也包括进行怀疑的我的存在呢？笛卡尔的"我思论证"否定了人们对"自我"的怀疑。"我思故我在"的意思就是我可以怀疑任何事情，但是我不能怀疑"进行怀疑的我"的存在。也就是说，本身既确定又真实的东西就是进行怀疑的人的存在，除了自己的心灵以外拒绝承认任何其他事物的真实存在。可以说，笛卡尔对自我存在的证明是西方文明史上不受拘束的个人主义的极致。

如果说笛卡尔把"我思"作为认识的坚实的基础，那么费希特则把"自我的本原行动"作为一切知识的基本根据。笛卡尔通过怀疑来发现思想状态的"我"是不可怀疑和决然确定的，费希特则通过发明了一个专有动词"设定"使自我成为自我和自我之外的非我的直接根据。费希特的"自我学说"把自我看作存在的生产者，自我的存在是因为"自我的设定"，"自我设定自己本身"，"自我设定非我"。费希特从同一律"A = A"推导出"我是我"，自我不是以存在为根据，而是来源于自身，即"自我设定自我本身"，费希特说："自我的存在完全在于自己把自己设定为存在者的那种自我就是作为绝对主体的自我。既然它设定自己，所以它是（或，存在）；既然它是，所以它设定自己。"② 费希特从逻辑学的同一律找到了确认自我的原则，即自我除了是自我与自我的联系外，不是任何别的东西，被设定的东西与进

---

① ［英］约翰·伯瑞：《进步的观念》，范祥涛译，上海三联书店2005年版，第46页。
② ［德］费希特：《全部知识学的基础》，王玖兴译，商务印书馆1986年版，第12页。

行设定的东西是同一的。自我是"自我"的根据,也是自我之外的"非我",即与"主体"相对的"客体"的根据,在自我认识的行为中,出现在我的直观面前的东西,被直观为非我。这样客体变成依赖主体而存在的东西,现实性成为对意识而存在的他物,只有在这种情况下,作为主体的"我"才能确认到"自我"。

个人主义价值观已经渗入人与社会、人与人、人与自身以及人与自然的关系之中。

从人与社会的关系上来看,现代社会把个人看作是比社会更为根本性的存在,正如《西方自由主义的兴衰》的作者安东尼·阿巴拉斯特所说,在本体论意义上,个人被看作是第一位的存在,是比社会更为真实的存在,而社会则成为第二位的存在,是"逻辑上的虚构"。阿巴拉斯特认为,这种本体论个人主义的思维习惯在冒充历史的场面中表现出来,"其中人被假定从自然状态经由某种社会契约形式进入社会从而实现进步"。启蒙运动时期的社会契约论预设了一个在逻辑上先于社会的自然状态,在这种状态中,人被设想成在社会之前就已经存在了,这实际上就否定了自亚里士多德以来就形成的对人的认识的传统,即人天生的社会性:"人天生是政治的动物","城邦之外,非神即兽"。否定人的社会性意味着有关个人的特征都是既定的,有着既定的兴趣、目的和需要,而不是在社会环境中生成的,或者说是社会赋予的。对人的社会性的否定,就是否定人的合群性,否定人只有在社会中才能独立,抽象地承认人的"分离""独立"和"自足"。人的不合群性的表现不同,从中推导出的社会政治生活的原则也是不同的。例如,英国哲学家霍布斯就把人看作是具有反社会倾向的人,人与人之间就像"狼"一样,人的生活孤独、贫困、卑污、残忍而短寿。在这种情况下,人们为了确保自己已经拥有的生命和生活就有了对权力和力量的无限欲望,在霍布斯看来,在人的事务中,并不存在私人利益与公共利益的一致,每个人都去做符合自己利益的事,"这种利己主义直接导致了竞争、敌对状态,永久性的不安全,最糟糕的则是导致没有限制的暴力冲突"①。霍布斯对个人主义者自私贪婪的论述显然带有悲观主义色彩,正是这种对人性的悲观主义看法使霍布斯渴望秩序和权威。霍布斯为此设计了一个单一主权控制下的国家"利维坦"。

卢梭认为,霍布斯所描述的实际上不是"野蛮人",而是"社会人"。卢梭写道:"再也没有比自然状态中的人更温和的了,自然给他们定立的位置,距离动物的愚昧和文明人不幸的智慧同样遥远。原始人受到本能和理性的同等制约,一心考虑对自己安全所可能产生的种种威胁,天然的同情心约束着他不去做任何伤害他人的事情,甚至在他受到伤害的时候也不会想到报复。"②从自然状态进入社会状态,是因为卢梭把社会看作能够以共同力量来保护个人的人身、财富和自由的自愿结合形式,当自然状态中的不利局面超过了个人自存的力量,人们就自愿达成协议组成社会。社会是这样一种结合形式:"它能以全部共同的力量来卫护和保障每个结合者的人身和财富,并且由于这一结合而使得每一个与全体相结合的个人又只不过是在服从其本人,并且仍然像以往一样地自由。"③在卢梭那里,由契约组成的社会是奉行"主权在民"原则的公意统治下的法治社会,法律是人民意志的体现。在洛克那里,通过社会契约所组建的公民社会是为了"避免并补救自然状态的种种不方便",洛克所说的"不方便"指的是由于自然状态缺乏人们可以向其申诉的公共裁判者而带来的"偏私"和"暴力",人做自己案件的裁判者难免受到私心、感情用事和报复心的影响而带来不公。于是人们通过协议让渡一部分自然权利组成政府,然后由政府约束人们的偏私和暴力。洛克所设想的公民社会也是一个法治社会,但不同于卢梭主张主权的统一,而是强调主权的分立,即立法、行政、外交权分立。

从中我们不难看出,个人主义思想不是把社会共同体看成首要的

---

① [英]安东尼·阿巴拉斯特:《西方自由主义的兴衰》,曹海军等译,吉林人民出版社2004年版,第172页。
② [法]卢梭:《论人类不平等的起源》,高修娟译,上海三联书店2009年版,第55页。
③ [法]卢梭:《社会契约论》,何兆武译,商务印书馆2003年版,第19页。

东西，而是把社会理解为独立的个人为达到某种目的而自愿地结合在一起的聚合体。也就是说社会不是有机体，在有机体中个人从属于整体，只是整体的功能，而是机械复合体，有着如同一加一等于二的结构，社会有如砖头垒成的墙，当我们把墙拆掉，最终只剩下一块块的砖。按照机械复合论来看社会，人的所有特征不是社会赋予的，而是人自身本来就具有的，"人就像蘑菇一样，仿佛是突然间从地底下长出来的，并逐渐趋于成熟，彼此没有任何事先的约定"。马克思指出："通过契约来建立天生独立的主体之间的关系和联系的'社会契约'……只是大大小小的鲁滨逊一类故事所造成的美学上的假象。其实，这是对于16世纪以来就作了准备、而在18世纪大踏步走向成熟的'市民社会'的预感。在这个自由竞争的社会里，单个的人表现为摆脱了自然联系等等，而在过去的历史时代，自然联系等等使他成为一定的狭隘人群的附属物。"①

从人与人的关系来看，英国法律史学家梅因把从传统社会向现代社会的转变理解为从身份到契约的运动，"运动发展的过程中，其特点是家族依附的逐步消灭以及代之而起的个人义务的增长。'个人'不断地代替了'家族'，成为民事法律所考虑的单位"。在传统社会中，社会的基本单元是家族，人的一切关系都被概括在家族关系中，在现代社会中，社会的基本单元是个人，个人与个人之间的关系是一种契约关系，契约关系因个人的"自由合意"而产生。② 自由合意的契约关系的产生，说明在现代社会人们摆脱了人身依附关系成为具有身份自由的独立存在，不是出身决定他的权利和义务，只有基于他自己的意志而产生的具有法律效力的契约能够规定他的权利和义务。自由合意的契约关系的产生，说明在现代社会人们摆脱了尊卑贵贱的等级身份限制，实现了人身平等自由。这就使契约关系成为一种自由合意基础上的平等互利关系，人们互相尊重对方的权利和合理的利益诉求。这种平等的身份关系确立的经济基础就是商品经济的发展，商品

---

① 《马克思恩格斯选集》第2卷，人民出版社1995年版，第1—2页。
② [英] 梅因：《古代法》，沈景一译，商务印书馆1959年版，第96页。

●●● 社会道德风尚的现代性阐释

交换奉行等价交换的原则，商品作为交换价值是等价物，那么作为交换主体的商品所有者之间的关系就是平等关系，这种平等关系与交换主体的出身、地位和种性等没有关系。正如马克思所说，等价交换反映了人与人之间的平等关系，"主体只有通过等价物才在交换中彼此作为价值相等的人"，"交换价值的交换是一切平等和自由的生产的、现实的基础"。①

在普遍交换成为每个人的生存条件的商品经济社会中，契约关系说到底是一种利益关系或者说是物化关系，虽然说人们摆脱了人对人的依赖，但却陷入对物的依赖之中。既然人们的生产生活都离不开交换，而交换关系是通过契约而建立起来的，那么这就使人与人之间的关系变成由冷冰冰的法律规则来维系的契约关系和利益关系。

从人与自身的关系来看，个人主义把个体的人看作没有任何社会规定性的存在，每个人都是自足的存在，是"上帝的代表"，"理性的沃土"。我们知道否定人的社会性就是否定人的合群性，强调人的自给自足性和分立性。由于缺乏群体认同感和社会归属感，导致个人对自我表现出忘乎所以的关注，以自己的利益为准绳来衡量和评价他人和社会。正如马克思对资本主义市民社会所分析的那样："在'市民社会'中，社会联系的各种形式，对个人说来，才表现为只是达到他私人目的的手段，才表现为外在的必然性。"② 马克思从人的社会性出发，认为人是一种具有普遍性的类存在物，而市民社会使人与自己的类生命相分离，成为私人性存在，人的现实的生命活动只能具有私人的意义，而私人必定是利己主义的，以自己为万物的轴心。可以说，现代性重申了普罗泰格拉的格言：人是万物的尺度。

从人与自然的关系来看，个人主义者往往只专注自身利益，而无视他人和社会利益，往往只注重眼前利益，而无视长远利益。这种短视和急功近利表现在对自然的态度上就是为了实现自身利益而无节制地掠夺自然资源，破坏生态环境，给人类的生存和发展带来严重威

---

① 《马克思恩格斯全集》第 30 卷，人民出版社 1995 年版，第 196、199 页。
② 《马克思恩格斯选集》第 2 卷，人民出版社 1995 年版，第 2 页。

胁。按照海德格尔的说法，在人与自然的关系中，人成为中心，人把自己看作能在其中给予一切存在者以尺度和准绳的存在者，在确保这种地位的斗争中，"人实行其对一切事物的计算、计划和培育的无限制的暴力"。启蒙的理性精神唤醒了人类的主体意识，激发了人类的探索和创造热情，特别是第二次世界大战以后，受发展经济学——认为发展等于经济增长——的影响，世界各国片面追求经济增长，以物质财富的生产和消耗来衡量发展水平，给自然资源和生态环境造成巨大的压力和破坏，世界环境与发展委员会在《我们共同的未来》一书中指出："存在着急剧改变地球和威胁着地球上许多物种，包括人类生命的环境趋势。每年有 600 万公顷具有生产能力的旱地变成无用的沙漠，它的总面积在 30 年之内大致等于沙特阿拉伯的面积。每年有 1100 多万公顷的森林遭到破坏，这在 30 年内大致等于印度的面积。"罗马俱乐部在 1972 年发表的研究报告《增长的极限》中发出这样的警告："地球已经不堪重负，人类正在面临增长的极限的挑战，各种资源短缺和环境污染正威胁着人类的继续生存。"只有转变片面追求经济增长的传统发展观，处理好人与自然的关系，地球生态才不会继续恶化。

四 从超越之维转向世俗之维

传统社会秩序属于超越性秩序，在这种秩序中，宗教道德渗入社会生活的各个领域，统摄人们的灵魂，监护人们的世俗生活；宗教道德倡导人的自我超越和自我牺牲精神，通过超越自我与无限建立联系，通过自我牺牲，找到比自己的生命更崇高的价值，前提是相信此生不是唯一存在的生命。在宗教道德下，人们思考和追求的是超验的对象，它拥有三重性质："一是终极感。认为超越世界是经验世界中万事万物的终极源头；二是无限感。经验世界的万事万物都是具体有限的；三是神圣感。当人们想到超越的时候，总是带有崇高敬畏的感觉。"[①] 现代化过程就是一个社会生活的世俗化过程，在马克斯·韦伯

[①] 许纪霖、刘擎：《世俗时代与超越精神》，江苏人民出版社 2008 年版，第 5 页。

看来，理性主义的启蒙运动导致了宗教世界图景的瓦解，世俗文化由此形成；由此可见，所谓社会生活的世俗化就是去宗教化，社会生活的各个方面逐渐消除了宗教世界观的影响，社会生活由超验回归经验，韦伯把这一告别神圣与崇高的过程称为世界的"祛魅"、世界的"解神秘化"。世界的解神秘化经历了两个阶段，第一个阶段，从超自然神论到自然神论。按照超自然神论，上帝不但创造了世界，而且可以任意干预它的运行规律；而按照自然神论，上帝在创世之后就不再干预它的运行，世界按照它自身的规律存在和发展。在这种情况下，世界的运行和发展过程就不再体现上帝的意志，在上帝撒手不管之后，人们在事物的运行发展过程中也就不能直接经验到上帝的存在，电闪雷鸣并不是上帝的震怒，而是自然现象。这样，上帝的存在就变成了个人纯信仰的事情，所有的神秘主义或宗教狂热都遭到了排斥。第二个阶段，从自然神论到无神论。无神论否定上帝的存在，尤其是机械论自然观使自然彻底失去灵性而成为机械的呆板的存在。

在世俗秩序下，人们把希望寄托于尘世，对尘世完善的可能性抱有信念。世俗化导致两大分离。一个是政治与宗教的分离，政治与宗教的分离使宗教从公共领域中退出，变成了纯粹私人的事物，个人可以根据自己的生活体验，从形形色色的宗教中来选择自己所喜爱的"产品"，从而开创了一种将宗教转变为日益"主观"与"私下"的实在过程。宗教的私人化表现为以下四个方面：一是宗教不再承载具有政治色彩的价值，而只是向个人提供属于个人生存之意义（生、死、幸福、苦难等）的选择；二是宗教的去政治化促进了宗教信仰权利由公权向私权的转换，人们因此而享有越来越大的信仰自由，信仰成为个人可以自由决定和处置的事情，不再受教会的管束，也不必通过教会或神职人员这个中介；三是宗教的私人化使宗教成为更加贴近现代人思想和生活的大众文化，从传统社会转向现代社会，"信仰上被强制执行的'忠诚'不得不让位于市场式的竞争，宗教出现了多元化的发展"；四是宗教的私人化加深了个人对社会的关注，"缓解了人们在激烈竞争的时代所面对的种种矛盾和困惑，并对个人功利主义价值观有所平衡"。① 世俗化导致的另一个分离就是经济同道德的分离，这种分离意味着经济从道德中获得了解放。经济活动是以逐利为目的的，尤其是在当代市场经济条件下，人的逐利倾向更加明显，企业是追求利益最大化的法人实体，现代社会中具有社会福利性质的功能一般都从企业剥离出来交给社会，企业一心一意从事生产经营和参与市场竞争；在现代市场经济条件下，人被称为经济人，总是盘算着怎么做才能使自己获得最大利益，回报多而付出少。经济从道德的束缚中获得解放，意味着人们可以不受道德约束来追求自己的利益，人们相信因为市场经济这只"看不见的手"能够把"私恶"引向"公益"。传统道德规范所倡导的"公德"在现代市场社会不是"无私"行为的结果，而是人的"私心"的不经意的产物。个人主义价值观反对以公共利益压制个人自由，认为追求自身利益是个人觉醒和自由的重要表现，这样他们就改变了道德的解读方式，以人的私利来解释道德，在道德中赋予人的自利行为以合理性。

第四节 现代性反思的维度

在开启现代性的理性主义启蒙运动时期，启蒙思想家对理性促进人类进步发展充满了无限的信心和希望。启蒙精神体现了人类对自身理性力量的信心和对进步的坚定信念，这种观念成为今天所谓现代性的主要的思想渊源。对理性的信仰从科学知识领域扩展到社会、政治、道德的领域："阿贝·德·圣皮埃尔是法国作家中明确表示理性可以用来使政府的管理科学更加完善，并促进社会和道德进步。他论证说，理性既可用在自然科学，也可应用于伦理学和政治学。对政府管理科学和管理艺术作理性的改进可以实现黄金时代那样极大的幸福，而且可以消除战争。……爱尔维修认为，人们道德水准的不同是由环境或社会造成的。理论上说，道德可以通过明智的法律、理性的制度和良好的教育来完善。法国大革命时期的孔多塞的作品是当时乐

---

① 韩军：《宗教私人化的现代反思》，《贵州民族学院学报》2010 年第 3 期。

观主义的代表，他认为人的完善以及人类进步的各个方面——物质的、科学的、道德的和政治的——都可以达到尽善尽美。"[1] 发端于18世纪60年代的英国的工业革命在促进社会生产方式的改变和生活方式的改变的同时，也导致人的价值观念发生了深刻的变化："人定胜天"和"发财致富"的观念左右着人们的价值选择。"人定胜天"的观念是建立在主客二分基础上的，它导致人与自然的对立，生态环境遭到破坏。"发财致富"的观念对人的思想的巨大冲击使拜金主义、享乐主义和消费主义在社会上流行，人成为物的奴隶，导致人的异化和物化。面对由主体主义和人类中心主义导致的日益严重的生态环境问题和人的异化，现代性问题引起人们的反思和批判。

一 后现代主义

后现代思想兴起于20世纪60年代的法国和美国。"后现代"这个词极容易被理解为在现代之后，这意味着后现代是人们对现代性发展的未来展望，人类文明的发展的历史分期是前现代、现代与后现代。事实上，后现代不是指在现代之后的一个发展阶段，这里的"后"带有事后"反省"的意思，后现代就是对现代性进行反思性理解的一种尝试，它是对现代性价值观所造成的危机的一种哲学反映。"这一思潮的基本主题是研讨当代西方发达国家的社会特征与文化精神，而后现代主义的一些理论与文化样态表现了当代资本主义的文化矛盾，以及它们力图摆脱、克服文化危机的理论设计。"[2]

由理性主义的启蒙运动开启的现代性对未来持有乐观主义态度，也就是说基于科学和理性的不断进步的强烈观念构成现代性的核心，这种理性主义的乐观态度促使人们以激进的方式推进现代性，人们试图以理性和科学的力量创造现代性奇迹，以实现人类美好的未来。然而随着现代性的展开，理性和科学在为人类创造发展奇迹和进步的神

---

[1] [美]理查德·布隆克：《质疑自由市场经济》，林季红译，江苏人民出版社2000年版，第58—59页。

[2] 邢贲思、李晓兵：《当代世界思潮》，中共中央党校出版社2003年版，第218页。

话的同时，也成为一种破坏力量，造成了意想不到的不良后果。理性主义的启蒙运动催生出两股现代性的力量：一个是以主体性张扬为表征的人类中心主义，另一个就是以工具理性主义为价值引领的唯科学主义。在处理与自然的关系上，人类中心主义打破了人与自然的和谐，从人类的利益和需要出发安排和处置外部世界，从而引发人与自然之间的矛盾和冲突，无节制的工业化和城市化——被视为现代性的标志——造成大气的污染和生态环境的破坏，生态危机和环境危机的爆发直接威胁到人类的生存和发展。两次世界大战给人类文明造成极大的破坏，现代性的野蛮掠夺和破坏性暴露无遗，启蒙的理性主义所倡导的自由、平等、博爱等价值理念并没有导致人类社会的和解，反而让世界充斥了无数的极权、残酷、冲突和战争。虽然冷战已经结束，但是直至今日，核武对人类的威胁依然没有被解除。现代性使理性仅仅被理解为工具理性，工具理性主义的泛滥导致对科学的盲目崇拜，而工具理性主义为价值引领的唯科学主义必然导致人类不断展示自己的力量，这种力量很难受道德的约束。"以试图解放人类的美好愿望开始"的现代性却对人类造成了毁灭性的威胁，"今天，我们不仅面临着生态遭受到缓慢毒害的威胁，而且还面临着突然爆发核灾难的威胁。与此同时，人类进行剥削、压迫和异化的巨大能量正如洪水猛兽一样在三个'世界'中到处肆虐横行"。[1]

面对现代性带来的不良后果，人们把矛头指向了启蒙的理性基础。后现代揭示现代性自身存在的内在矛盾和缺陷，并不是为了摧毁现代性，而是为了超越现代性。

在后现代思想家中，罗蒂把矛头指向了建立在主客二分基础上的主体主义和唯科学主义，为此罗蒂提出了"非认识论"的解释学和教化哲学，德里达则试图以结构主义消解以二元对立的言说方式为特点的逻各斯中心主义。

近代以来法国哲学家笛卡尔开创了哲学的认识论转向，所谓认识

---

[1] [美]大卫·雷·格里芬：《后现代精神》，王成兵译，中央编译出版社2011年版，第74页。

论，就是研究知识的来源和知识的判准标准问题。当代美国哲学家罗蒂把认识论哲学称为镜式哲学。镜式哲学发明了"心"——心是不同于身的非空间性存在——这一概念，把人类的心灵看作反射外部世界的一面镜子，通过心灵再现世界以获得客观真理，也就是说，认识论哲学的目的是获得关于"外部世界"的真理。罗蒂认为，现代西方的分析哲学——主张哲学的任务是用客观的方法对语言进行逻辑分析——虽然使哲学由认识论转向语言学分析，但是仍然没有脱离认识论的范畴，它只不过是把与世界挂钩的东西由思想置换成了语言；分析哲学试图通过语言来再现世界，这与通过思想再现世界没有本质上的区别。认识论的镜式哲学是建立在主客二分基础上的对象化思维方式，这种思维方式在主观与客观、主体与客体之间挖出一道深沟。把人作为认识的主体，人之外的事物就是有待认识的客体和对象，或者说把我作为主体，我之外的存在——包括他人——都是作为客体和对象，实际上我也是我的心灵认识和投射的对象。罗蒂认为镜式哲学使人陷入"自我欺瞒"之中，这种自欺的产生，是由于相信我们通过认知一系列客观的事实而能认识我们自己，殊不知它把人变成了客体。"把哲学的目的看作是真理（即关于为一切人类研究和活动提供最纯公度性的词语的真理），就是把人看作客体而不是主体，看作现存的自在，而非是自为，看作既是被描述的客体，又是描述着的主体。"[①]为了摆脱认识论的镜式哲学使人陷入的自欺，罗蒂提出具有非认识论性质的非镜式哲学，罗蒂称之为解释学。解释学的非认识论性质表现在它不是我们"认识世界"的一种方式，通过这种方式以便客观地再现世界，获得真理，而是一种"表达自我"的谈话方式。我们认识世界仅仅是为发现一种新的表达我们自己的方式，而不是为了占有真理："正确获得（关于原子和虚空，或关于欧洲史）事实，仅只是发现一种新的、更有趣的表达我们自己，从而去应付世界的方式的准备。按照与认识论的或技术的观点相对立的教育观点看，谈论事物的

[①] ［美］理查·罗蒂：《哲学和自然之镜》，李幼蒸译，生活·读书·新知三联书店1987年版，第329页。

方式，比据有真理更重要。"① 罗蒂把这种非认识论解释学称为教化哲学，"教化"这个词代表发现新的更有趣和更有成效的说话方式的构想。教化哲学所关注的不是外部世界，而是人自身，它不是关注人怎样去认识外部世界，而是人自身的发展。人在"对话中"，而不是在"被研究中"来认识自己，"研究"使人置身事外，采取冷冰冰的程式化的"可公度"的语言，而"交谈"使人置身于"由礼仪联合起来的社群中"，使人由"被研究者"变成"参与者"。在交谈中激发人的智慧，促进彼此心灵的沟通，增进彼此的情感，使人的情感和智慧都得到发展。罗蒂对认识论哲学的反对实质上就是对科学实证主义的反对，实证主义作为一种自然科学思维方式已经广泛渗透到其他各门学科当中，成为一种话语霸权，在这种话语霸权中，除了科学知识，世界上不存在与真实事物有关的知识。其他学科如果不打着科学实证主义的旗号，都不好意思说自己研究的是学问，花费大量精力来论证自己学科的科学性是必备的功课。何塞·奥尔特将这称为"实验室恐怖主义"，面对哲学非科学的指控，哲学家缴械投降，并认为唯一值得追寻的哲学主题就来自物理学发现的真理，这样，哲学就被完全科学化了，由昔日的科学之母成为科学的附庸，哲学存在的意义就消失了。罗蒂认为，把"是否是科学的"作为衡量其他文化形式正确与否的标准，"这种思维方式的一个结果是，任何想在这里占有一席之地但又不能提供自然科学所能提供的预见和技术的学科，必须或者装作模仿科学，或者找到某种无须发现事实便能达到认知状态的方法"②。这将不可避免地导致唯科学主义，对科学的崇拜有可能导致科学失去批判和反思的能力。在唯科学主义的挤压下，人文学科有失去"合理性"的危险。为了消除科学与人文学科之间的对立，罗蒂反对科学垄断真理，认为各学科都是平等的，没有高低贵贱之分，从事不同学科的人的地位也是平等的，各个学科都有自己存在的理由和各自

---

① [美] 理查·罗蒂：《哲学和自然之镜》，李幼蒸译，生活·读书·新知三联书店1987年版，第315页。
② [美] 理查德·罗蒂：《后哲学文化》，黄勇译，上海译文出版社2009年版，第76页。

不同的研究目的。罗蒂指出:"我们应当摒弃西方特有的那种将万事万物归结为第一原理或在人类活动中需求一种自然等级秩序的诱惑。"

罗蒂反对科学对知识的垄断,以消除科学与人文的对立,而德里达则试图解构逻各斯中心主义,以消除二元对立的言说方式和形而上学的等级秩序。二者的努力方向和理论旨趣是一致的。逻各斯是由古希腊哲学家赫拉克利特最早提出并引入哲学的一个概念,"赫拉克利特用它专门表示'说出的道理',并且认为正确的道理表达了真实的原则。就逻各斯是人所认识的道理而言,它可被理解为'理性'、'理由'等;就逻各斯是世界的本原而言,它又可被理解为'原则'、'规律'、'道'等"①。简言之,逻各斯就是指能够被人们认识和把握的支配万物的规律。逻各斯中心主义指的就是西方哲学传统的形而上学。形而上学与经验主义和唯物主义哲学不同,它对世界的理解不是依靠经验,而是理性,以理性把握世界不是为了解释事物的现象以及现象之间的关系,而是为了深入事物的背后探究事物的终极目的和终极原因。因此研究形而上学问题的理性不是对感性的抽象能力,例如黑马、白马、红马、高马、矮马、胖马……都是马,即去掉特殊性,归纳出共同性的思维。形而上学问题涉及的理性是先验的,而不是经验的,经验是有条件的,而先验是无条件的,所有形而上学涉及的问题都超出了事实的世界,这样的问题往往是不能用事实去证实或证伪的。

德里达把逻各斯中心主义称为"在场"的形而上学,在场的形而上学把事物看作是二元对立的,即把事物区分为客观与主观、现象与本质、物质与精神、真理与谬误。吊诡的是,虽然"在场"的形而上学把事物看作是二元"对立"的,但是它拒斥矛盾性而主张统一性,认为是就是"是",非就是"非",不能既是"是"又是"非"。拒斥差异性而主张同一性,形而上学思维方式所把握的同一性不是从对立中来的,而是无差别性的"抽象同一"。在一元论中具有差异性的东西之间的统一或同一是很好理解的,例如唯物主义一元论强调世界统

---

① 赵敦华:《西方哲学简史》,北京大学出版社2001年版,第14页。

一于物质,精神根源于物质。那么在二元世界中,彼此独立的事物是如何实现统一的呢?虽然客观与主观、现象与本质、物质与精神是彼此独立的,但是它们之间不是平行关系,而是"从属的等级关系",一方统治着另一方。处于统治地位的是"在场一方",以"言语与文字"为例,文字的作者不在场,而正在言说者却在场,因此言语优于文字,支配文字。德里达试图解构并颠倒这种形而上学的等级秩序。德里达从语言入手解构"在场"的形而上学,"在场"的形而上学的言说方式把言说和文字对立起来,用言说压制文字,因为言说使言说者"在场"。德里达认为,只有颠倒书写与言说的先后次序,才能解构"在场"的形而上学。德里达认为,与言说相比,虽然文字的作者不在场,但书写比言语更具有永久意义的"出场性",因为书写以物质形态——图书——保留了人们的思想,人们的每一次阅读都能感受到作者的"出场",而获得无穷的意义。

二 保守主义

作为对法国大革命的反思和批判而出现的保守主义思想最早出现于18世纪末英国著名政治家和思想家埃德蒙·柏克的著作中,虽然柏克本人以"老自由派"自居,但是他却被公认为保守主义思想的开创者。柏克在1790年出版了《法国革命论》一书,这篇保守主义思想的宣言书或者说是"反革命宣言"书被认为是保守主义诞生的标志。

柏克激烈地批评法国大革命,是因为法国大革命以抽象的人权的名义进行暴力革命,对人的理性能够带来文明无限进步的信仰导致人们彻底否定传统,离开了传统的羁绊和制约,法国大革命的领袖们成为无拘无束的人,他们随时准备运用理性的力量把自由和平等的抽象观念推向逻辑的极端。法国大革命中的雅各宾派中的激进势力曾提议以对理性的崇拜取代对上帝的崇拜,并在巴黎圣母院举办了理性节。可以说,法国大革命是启蒙运动对理性崇拜的产物,或者说法国大革命是对启蒙运动所倡导的空想的、抽象的、思辨的政治主张的激进实践。柏克对法国大革命的批判实际上就是对现代性盲目崇拜理性的反思和批判。

理性主义的启蒙运动开启了现代性进程。启蒙唤醒世界，使人们看到理性进步的无限光明前景，对理性的乐观主义催生出现代的进步神话，现代的进步神话使人们对传统采取否定和批判的态度，并沉醉于对新颖性的追求。这种敌视过去的未来主义，用马克思在《共产党宣言》中的话来说，就是"一切固定的僵化的关系以及与之相适应的素被尊崇的观念和见解都被消除了，一切新形式的关系等不到固定下来就陈旧了"。在施特劳斯看来，现代性用进步与否的标准取代了好坏的标准，按照这样的逻辑，就是把"好的"标准等同于"新的"，越新的就是越好的，从而，现代性的本质必然地就是不断地否定传统，不断地革命和创新。在阿诺德·盖伦看来，"在当代文化中凡是最新的总是在树立着典范。在一切领域里，最受崇拜的就是创新者，是那些开辟了新的途径和作出了新发现的人以及那些革命者"①。为什么前现代文明尊重传统，而现代文明却向往未来？吉登斯认为，在前现代文明中，过去之所以受到特别尊重，是因为在前现代文明中，反思在很大程度上被限制在对传统的解释和阐明上，而不是对传统的质疑和反抗上。现代文明之所以向往未来，是因为反思被引入系统的再生产的每一基础之内，致使思想和行动总是处在连续不断的彼此相互反映的过程之中，这样新发现就被不断地返回到社会实践之中，实践总是不断地受到关于这些实践本身的新认识的检验和改造，现代性反思的这种特征导致确定性的丧失，对整个反思性的认定使现代性呈现出求新求异的特征。

保守主义批判现代性的反传统倾向，既不是在一味地维护传统，也不是在一味地排斥改革创新。保守主义试图在"常"与"变"之间寻求和谐统一，防止文明发展的链条被人为割断，传统的链条被割裂的结果必然造成否定民族文化传统和历史发展的历史虚无主义。柏克对极端地反传统倾向作了这样的精彩的反驳："明天会是什么样子，

---

① ［德］阿诺德·盖伦：《技术时代的人类心灵——工业社会的社会心理问题》，何兆武、何冰译，上海科技教育出版社2008年版，第35页。

主要取决于今天是什么样。"无论民族的传统多么令人难堪,但是要想将其后果彻底清除,那是很难的。我们进行革新,但却不是全新;我们有所保守,但却不是陈旧。继承丝毫不排斥革新,既要守住已经取得的东西,也要让人们获得新的东西。"整体绝对不会是老年、中年或青年的变更状态,而是,在恒常不变的状态之中,历经永不休止的衰退、亡覆、革新和前进这种多样化的进程向前推进。"①柏克认为,耐心会比暴力取得更多的成果,立法者应当谨慎和小心,谨慎是立法者应该具有的美德,而不应该像巴黎的那些革命家,以为只要对理性充满自信并具有推进抽象原则的决心和勇气,就可以成为"完美的立法者",真正的立法者应该尊重和爱护自己的民众,敬畏自己的传统,而不能为了实现所谓的美好蓝图,牺牲一代代人的生命和福祉。换言之,立法者不应该铁石心肠,而应该侠骨柔肠。

保守主义把现代性激烈的反传统倾向归罪于理性主义,与理性主义相比较,经验主义更尊重传统和人的自由,在西方启蒙运动中,来自苏格兰的经验主义思想更受第二次世界大战后兴起的新自由主义思想的青睐。经验主义从现实经验出发,而理性主义则从抽象的先验理论出发,并倾向于把现实改造成理性的反映,当现实与抽象理论不符,理性主义者就倾向于从头开始,重新组织一切。保守主义虽然反对理性主义,但是却不反对理性,因此我们不能简单地把保守主义称为浪漫主义或者是非理性的"神圣发作"。柏克反对的是在纯粹逻辑层面抽象地运用人的理性,在纯粹逻辑层面,理性就会变成漫无边际的想象,"理性,若不与情感联袂,不被道德收束,就有可能沦为强猛而狂戾的激情的俘虏"。我们知道,理性离开了道德约束,就会变成工具理性主义,追求效用最大化的工具理性主义把所有问题都还原为纯粹技术性问题;把所有问题都还原为纯粹技术性问题,人就会失去敬畏心,它倾向于把一切东西都工具化,包括人自身。

在保守主义阵营中,哈耶克以反对重新组织一切的理性主义而著

---

① [英]埃德蒙·柏克:《自由与传统》,蒋庆、王瑞昌、王天成译,商务印书馆2001年版,第122页。

称。哈耶克把这种同近代科学的兴起联系在一起的理性主义称为"建构主义"或"唯科学主义"。这种特殊形式的理性主义是从笛卡尔那里传给现代的，它"不但抛弃传统，甚至声称不需要任何这样的媒介，单纯的理性就可直接为我们的欲望效力，它仅凭自己的力量，就能够建立一个新世界、一种新道德、新法律，甚至能建立一种全新的纯洁语言"[①]。运用理性不但能够建立一个全新的世界，而且能够消灭一切不可取的现象。哈耶克之所以反对建构理性主义，是因为他认为文明不是理性设计出来的，而是非理性的进化的结果，"文明是经过反复试验而累积产生的结果；它是经验的总和，其中一部分是作为明确的知识而代代相传，更大一部分则体现在已被证明比较优越的工具和制度之中"[②]。文明的进步不是按照预先的设计而展开的，而是一个反复试验的试错过程，在这一过程中学习和模仿发挥了决定性的作用。在文明进化过程中少数先行者在反复试验中摸索出成功的道路，为后来者铺设出道路，后来者通过模仿和学习成功的制度和习俗来进行选择，在学习和模仿的过程中激起的欲望是进一步努力的动因之一。从文明的累积进化论出发，必然得出对传统的尊重以及对未经设计的惯例和准则的服从；我们之所以在这个世界上不致迷路，都是因为我们遵守了这些我们并不了解的惯例和准则，甚至我们根本没有意识到它们的存在。哈耶克反对理性的设计论，但是他并不反对理性，在哈耶克看来，理性是人类最宝贵的财富，但是理性不是万能的，我们的理性不足以掌握复杂现实的全部细节，它既不能预知未来，也不能着意塑造未来。如果人们相信理性是万能的，便有可能摧毁理性。哈耶克说他的工作就是呼吁人们必须明智地使用理性，为了防止人们滥用理性，就必须为非控制和非理性的东西保留一块独立的发源地。

[①] [英] 弗里德里希·奥古斯特·冯·哈耶克：《致命的自负》，冯克利、胡晋华等译，中国社会科学出版社2000年版，第52页。
[②] [英] 弗里德里希·奥古斯特·哈耶克：《自由宪章》，杨玉生、冯兴元、陈茅等译，中国社会科学出版社1999年版，第91页。

三 社群主义

社群最早是由德国社会学家斐迪南·滕尼斯提出的一个与（大众）社会相对立的概念。社群是前现代的处于相对封闭状态的"有机"共同体，共同体的边界清晰；而社会则是现代的处于相对开放状态的"机械"集合体，大众社会的边界不甚清晰。社群类似于早期的人们之间有着亲密关系的农村社区，而社会则是由城市化带来的由陌生人组成的松散的大众社会，在集合体中人成为无根的存在。滕尼斯为社群——"为个体提供更大的道德源泉"——的消失而感到惋惜，从传统走向现代，社会取代了社群，即群体主义被个人主义所取代，使社会走向疏离化和碎片化。"社会是与现代性的消极方面（理性化、个体化、工业主义、去魅）相联系的，社群则更成功地表达了情感需求以及团结、信任与自主的要求。"[1]

社群主义是作为对现代性的个人主义倾向的反思和批判而出现的政治哲学思想。对于现代性的个人主义倾向，大卫·雷·格里芬作了这样的说明：现代性的解释者都不约而同地强调个人主义的中心地位，现代性使人们对自我的理解由群体主义转向个人主义。个人主义主要包括以下四种内涵。

1. 个人的至上性。个人主义否认人是合群的社会性动物，认为个人是先于社会而存在的，不是社会构成人，因为社会不是人的内在规定性和构成性要素，而是人构成社会，在现代性语境中，"社会是为达到某种目的而自愿地结合到一起的独立的个人的聚合体"，社会是实现个人目的的手段。与社会相比，个人是更真实的存在，社会应当将更高的价值赋予个人，而不是社会或集体。个人的价值和利益是第一位的，社会利益是由个人利益派生出来的。

2. 个人的自足性。个人主义把个人看作是不依赖于他人的"整全性存在"，是自给自足的，是自我运转的小宇宙。个人主义视野中

---

[1] ［英］杰拉德·德兰蒂：《现代性与后现代性——知识，权力与自我》，李瑞华译，商务印书馆2012年版，第173页。

的个人犹如莱布尼茨所说的"单子",单子没有部分,也就是说单子不能被分解,单子是不可分的终极存在,单子也不是由更复杂的东西分解而来的,单子也不能与其他单子相结合形成他物,也就是说单子是完全独立和自足的。个人主义否认人的社会性就是否认人只有在社会中才能独立,也就是否认人的生存和发展需要来自他人的合作和帮助。在阿伦特看来,现代性摧毁了人的存在的超越性维度,并没有把人抛入世界,而是把人抛回自身,使人对自我的关注达到忘乎所以的程度。

3. 自我的占有性。自17世纪以来,自我的占有性成为个人主义核心信仰的表达,简单地讲,就是个人是自己生命的所有者,他可以按照自己的意志随心所欲地处置自己的财产。

4. 欲望的至上性。欲望被自由个人主义者视为不容改变的人性事实,人的行为的强大驱动力,不是人的理性,而是人的内在欲望和贪婪。理性不是人的欲望的主人和看护者,而是人的欲望的奴仆,它到处搜寻着满足人的欲望的途径和方法。借用叔本华的话来说,就是人是先有欲望和需要,才去寻找需要的理由,而不是相反。

社群主义反对割断人的社会纽带,把个人"原子化"和"孤立化",这将把个人拽向自身,封闭在内心的孤独之中。社群主义主要代表人物查尔斯·泰勒认为,离开他人和社会来谈自我实现,这种"独白式"的理想是当代个人主义文化模式中的自挖墙脚之处。对话特性是人类生活的一般特点,自我认同和自我实现的观念不是"内在生成"的,而是在与他人的交流中生成的;在与他人的交流中感觉到自己与他人的不同,才能产生自我的观念,定义我自己意味着找到我与他人差异中的重要东西。没有他人的在场并进行有效的交流,我们是不能被引导到"自我""自我实现""自我认同"这些语言中来的;我们在与他人交流中都有想表达自己意见的愿望,经常说的一句话就是"我认为……",以表示与他人的不同。我们"能够理解我们自身,并因此能够定义一个同一性,是通过我们获取丰富的人类表达语言。……没有任何人独自地获得自我定义所需要的语言。通过与那些跟我们有关系的他人——乔治·赫伯特·米德称之为'重要的他人'——的交流，我们被引导到这些语言中"①。自我的同一性依赖于我与他人的对话关系："我对我的统一性的发现，并不意味着我独自创造了它，而是说，我通过与他人的、部分公开、部分内化的对话，订立了这个统一性。这就是为什么内在生成同一性之理想的发展，赋予了认同一种新的和关键性的重要性。我自己的统一性根本上依赖于我与他人的对话关系。"② 从中我们看出社群主义强调人的社会性，强调自我的社会情境性，社会性是人的内在的构成性特征，离开了社会情境，人是不可能产生自我观念的。

离开了他人和社会，自我实现不但是不可能的，而且这种独白式的个人主义主张将不可避免地滑向相对主义。相对主义的逻辑是：每个人都有选择他的生活形式的权利，我们应当尊重他们的选择；在何为对自己重要的事情的问题上，个人都是自己的最佳判断者，彼此之间没有好坏之分。相对主义助长了关于价值判断的主观主义的倾向，即事物重不重要，不在于本身，而在于我们的需要和判断，也就是我们的主观判断。麦金泰尔认为正是这种主观主义导致当代人类的道德实践处于深刻的危机之中，这种危机的表现就是在当代的道德文化中由于缺乏非个人的客观的道德标尺，致使道德纷争无法得到合理的解决。在日常生活中，之所以到处充斥着没完没了的道德争论，麦金泰尔认为，根源在于现代个人主义价值观把个人抽象化，即抽掉了个体之间得以进行对话和情感交流的共同生存的社会和文化背景，从而使自我成为没有任何社会规定性的自我。这样的自我没有任何社会情感和集体意识，说得好听些是具有叛逆精神，说得不好听些就是一个无论做什么都是从主观偏好出发的自私自利者。"道德判断的标准只能出于自己，对任何事物都可以从自我所采取的任何观点出发，每个人都可以自由选择那种他想成为的人以及他所喜欢的生活方式。这种自我可以是任何东西，可以扮演任何角色，采纳任何观点。因为他本身什么都不是，自我不过是角色之衣借以悬挂的'衣夹'。这种社会现

---

① ［加］查尔斯·泰勒：《本真性的伦理》，程炼译，上海三联书店2012年版，第41页。
② ［加］查尔斯·泰勒：《本真性的伦理》，程炼译，上海三联书店2012年版，第59页。

实导致了道德的解体和道德相对主义。"① 在这种情形下，传统的具有非个人的客观标准的道德就失去了容身之地。麦金太尔认为，正是因为现代性摧毁了把人们联结在一起并使人们有着某种共同价值追求的共同体——例如家庭、氏族、部落和城邦等，使人们成为没有身份归属感的孤立的存在，社会的原子化和碎片化导致人们在道德理论和实践中难以达成广泛共识。为了解决现代性道德危机，麦金泰尔希望建立某种教团式的共同体以保持传统德性。

四 马克思主义

马克思是全世界无产阶级的革命导师和精神领袖，马克思所写的《资本论》被称为无产阶级的圣经。马克思的阶级立场决定了他对资本主义的态度，马克思通过对资本主义的无情批判和揭露，为人类展现了一幅未来理想社会——共产主义社会——的图景。可以说，当代西方现代性批判理论家都不同程度地受到马克思对资本主义现代性批判的启发和影响，在对现代性进行理性反思和批判的过程中，马克思是无法绕过的。马克思对资本主义现代性的批判态度是辩证的否定，马克思在《共产党宣言》中肯定了资本主义在促进工业化和经济全球化方面发挥的作用。"资产阶级在它的不到一百年的阶级统治中所创造的生产力，比过去一切世代创造的全部生产力还要多，还要大。自然力的征服，机器的采用，化学在工业和农业中的应用，轮船的行驶，铁路的通行，电报的使用，整个整个大陆的开垦，河川的通航，仿佛用法术从地下呼唤出来的大量人口，——过去哪一个世纪料想到在社会劳动里蕴藏有这样的生产力呢？"② 随着生产力的发展，市场规模突破了地域和民族的限制，自给自足状态被打破，经济全球化得以发展，"生产和消费都成为世界性的了"。

在肯定资本主义现代性取得的成就的同时，马克思对资本主义现

---

① [美] A. 麦金泰尔：《德性之后》，龚群、戴扬毅等译，中国社会科学出版社1995年版，译者前言第6页。
② 《马克思恩格斯选集》第1卷，人民出版社1995年版，第277页。

代性的弊病作了深入的剖析。

马克思对商品拜物教的批判。马克思认为,拜物教就是在商品世界里,人手的产物表现为赋有生命的、彼此发生关系并同人发生关系的独立存在的东西,就是把物人格化,把生产关系物化。同人发生关系的物成为控制人的东西,自身充满了宗教似的魔力。举例来说,我们经常斥责的拜金主义就是货币拜物教的表现,在商品经济社会,人们要想获得任何东西都得通过交换,而交换的媒介就是货币,如果我们不付钱,得不到任何自己想要的东西,正所谓"一分钱难倒英雄汉",这就产生了人们对货币的依赖。货币的符号化和虚拟化使货币更具有魔力,可以交换任何东西,可以无限量储藏,正所谓"钱多不咬手",似乎是货币给了人一切,使人对未来的预期有了安全感,货币成了拯救人的"上帝"。"由于有了这种角色,货币据说已经成了真正的上帝,因为它成了通过显示力量实现了对我的中介的统治。它的仪式成了宗教本身。人和他的对象之间的中介物是那些用'真正的力量'控制他的东西。"① 再比如资本,资本既剥削工人,也支配资本家。资本家是人格化的资本,资本家的活动是执行资本的职能,去实现资本增殖的贪婪本性,"如果有10%的利润,它就保证到处被使用;有20%的利润,它就活跃起来;有50%的利润,它就铤而走险;为了100%的利润,它就敢践踏一切人间法律;有300%的利润,它就敢犯任何罪行,甚至冒绞首的危险"。② 对工人来说,是资本雇佣劳动力,而不是劳动力雇佣资本;在被剥削的过程中,工人倾向于把生产资料与指挥他们的人混淆起来,"人们认为需要工人的是机器,而工厂则因为造成了无产阶级那种无法忍受的生活状况而备受谴责"③。

商品拜物教现象的发生,是因为在商品交换过程中,人与人之间的关系通过交换被表现为物与物之间的关系,私人劳动的社会性质与

---

① [美]奥尔曼:《异化:马克思论资本主义社会中人的概念》,王贵贤译,北京师范大学出版社2011年版,第249—250页。
② 《马克思恩格斯选集》第2卷,人民出版社1995年版,第266页。
③ [美]奥尔曼:《异化:马克思论资本主义社会中人的概念》,王贵贤译,北京师范大学出版社2011年版,第245页。

私人劳动者的社会关系被掩盖。因此，商品拜物教必然发展为普遍的物化现象，无论什么东西只有具有交换价值才有意义，或者说有意义的东西必须具有交换价值。在这种情况下，作为交换的媒介的一般等价物——货币——也具有了拜物教的性质，从而把人与人之间的关系归结为货币关系，除了冷酷无情的"现金交易"，人与人之间再没有任何联系了。"它把宗教虔诚、骑士热忱、小市民伤感这些情感的神圣发作，淹没在利己主义打算的冰水之中。它把人的尊严变成了交换价值，用一种没有良心的贸易自由代替了无数特许的和自力挣得的自由。"①

马克思对资本主义私有制的批判。生产资料私有制与社会化大生产之间的矛盾是资本主义社会的基本矛盾，正是这一基本矛盾导致生产过剩的经济危机以及由此带来的生产力的破坏。在高度分工与合作的社会化大生产环境下，要求整个社会生产必须保持一定的比例关系，可是在私有制条件下企业生产什么、生产多少却由自己说了算，资本主义奉行"守夜人"式的自由市场经济，政府充当守夜人，管的最少的政府就是好政府，政府不干预市场竞争，企业之间自由竞争。自由竞争理论尊奉"斯密教条"——自利行为导致利他结果——和"萨伊定律"——供给自动创造需求。这就产生了所谓的单个资本家生产的有计划化和整个社会生产无政府状态之间的矛盾，这种矛盾引发了周期性的生产过剩的经济危机，而经济危机的爆发充分地暴露了资本主义生产的非理性。"在商业危机期间，总是不仅有很大一部分制成的产品被毁灭掉，而且有很大一部分已经造成的生产力被毁灭掉。在危机期间，发生一种在过去一切时代看来都好像是荒唐现象的社会瘟疫，即生产过剩的瘟疫。社会突然发现自己回到了一时的野蛮状态；仿佛是一次饥荒、一场普遍的毁灭性战争，使社会失去了全部生活资料；仿佛是工业和商业全被毁灭了"②。私有制是阶级剥削和压迫的根源，在私有制社会，不占有生产资料的劳动者为了生存被迫出

---

① 《马克思恩格斯选集》第1卷，人民出版社1995年版，第275页。
② 《马克思恩格斯选集》第1卷，人民出版社1995年版，第278页。

卖自己的劳动力给资本家，去从事雇佣劳动；他之所以被雇佣，是因为他能满足他的雇主追逐利润的需要，工人是作为"可变资本"来度日的。在雇佣劳动制度下，一个人只有得到他人的允许才能够劳动，也就是只有得到他人的允许才能生存，人与人之间变成互相利用的关系，成为被利用的工具。随着资本有机构成的提高，总资本中可变资本占比下降，出现了机械排挤人的现象，资本主义社会出现了大量产业后备军，这不但有利于资本家的剥削，而且会进一步造成雇佣工人的贫穷，一方面是资本所有者的财富的积累，另一方面是广大劳动人民的贫穷的积累。

马克思对异化的批判。理解异化概念，首先就要从人的类本质说起。马克思认为人是类存在物，人把自己当作"类"来对待，是因为"人把自己当作普遍的因而也是自由的存在物来对待"，自由的有意识的活动是人的类特性。在马克思看来，人的活动之所以是自由的活动是因为人是有意识——有意识的表现是把自身变成自己意识的对象——的存在物，从而把自己同被动适应外部环境的动物区别开来。卢梭曾对人与动物对外部环境的反应作了这样的对比："自然为人和动物制订了法则，动物乖乖顺从，人虽然也受这种力量束缚，但他知道自己能够自主决定是遵守还是违抗。正是他对自由意志的意识使他的心智得以发展。"[1] 之所以动物无法偏离自然给它设定的轨道，是因为动物没有发展出人那样的把自身作为自己意识对象的"自我"观念。马克思通过人的活动与动物的活动的对比，认为人的类特性是通过创造性的实践活动表现出来的：动物的生产直接受肉体需要的支配，真正人的生产活动是不受肉体需要支配的；"动物的产品直接属于它的肉体，而人则自由地面对自己的产品。动物只是按照它所属的那个种的尺度和需要来建造，而人懂得按照任何一个种的尺度来进行生产，并且懂得处处都把内在的尺度运用于对象"[2]。可以说自由就是人按照自己的意志自由地支配自己的生命活动。

---

[1] ［法］卢梭：《论人类不平等的起源》，高修娟译，上海三联书店2009年版，第28页。
[2] 《马克思恩格斯选集》第1卷，人民出版社1995年版，第46—47页。

在资本主义社会中，人丧失了自己的类本质，人与自己的类本质相分离、相异化，"人本身的活动对人来说就成为一种异己的、同他对立的力量，这种力量压迫着人，而不是人驾驭着这种力量"①。人的行为及其后果反过来成为人的主人。在私有制基础上的雇佣劳动中，由于劳动者自己的劳动不归自己支配，这样，劳动就丧失了"人的自我确认"的本质属性而成为外在于工人的东西。"因此，他在自己的劳动中不是肯定自己，而是否定自己，不是感到幸福，而是感到不幸，不是自由地发挥自己的体力和智力，而是使自己的肉体受折磨、精神遭摧残。因此，工人只有在劳动之外才感到自在，而在劳动中则感到不自在，他在不劳动时觉得舒畅，而在劳动时就觉得不舒畅。"②工人之所以逃避劳动是因为劳动是被迫的，迫于肉体生存的需要而被迫出卖自己的劳动力，而且只有得到资本所有者的同意，这种出卖自己劳动力的行为才能发生，也就是说工人只有得到别人的同意才能生存。同这种出卖行为一同发生的是人的尊严的丧失，因为人的生产变成了动物的生产，真正人的生产是自由自主的活动，所谓自主是指劳动是基于人的意愿，是自由意志的体现；所谓自由是指人可以自由面对自己的劳动产品，例如一个画家，如果他从事绘画是为了追求艺术，那么他可以自由发挥自己的想象和天赋，即使他的绘画不为世人所理解，他也乐在其中；如果他从事绘画是为了养家糊口，他就只能迎合顾客的欣赏品味，而无法在作品中表达自己的情怀。

如果劳动者在劳动中不能支配自己的劳动，那么他也无法支配自己劳动的产品，劳动的异化必然导致工人与他的劳动产品相异化。劳动是人的生命活动，通过劳动生产产品就意味着"把自己的生命投入对象"，劳动产品不归工人所有，就意味着"这个生命已不再属于他而属于对象了"。工人在劳动中消耗的力量越多，他创造的反对自己的对象的力量就越强大，"他自身、他的内部世界就越贫乏，归他所

---

① 《马克思恩格斯选集》第1卷，人民出版社1995年版，第85页。
② 《马克思恩格斯选集》第1卷，人民出版社1995年版，第43页。

有的东西就越少。宗教方面的情况也是如此。人奉献给上帝的越多，他留给自身的就越少"。① 这意味着"物的世界的增值同人的世界的贬值成正比"。马克思认为，能够占有工人劳动和劳动产品的资本家也是通过工人异化的、外化的劳动生产出来的，资本家是"对劳动生疏、站在劳动之外的人"。异化现象并不仅仅是发生在工人身上，它也同样发生在资本家身上，只不过资本家与工人对异化的感受不同，马克思在《神圣家族》中写道："有产阶级和无产阶级同是人的自我异化。有产阶级在这种自我异化中感到自己是被满足的和被确认的，它把这种异化看作是自身强大的证明，并在这种异化中获得人的生存的外观。而无产阶级在这种异化中则感到自己是被毁灭的，并在其中看到自己的无力和非人的生存的现实。"② 资本家在异化中获得人的生存的"外观"，无产阶级在异化中看到"非人"的生存的现实，二者都没有达到"人的高度"，都同人的本质相异化。

马克思说"人的根本就是人本身"，"人是人的最高本质"。马克思为之奋斗的一切就是"把人的本质还给人"。马克思通过揭穿人的自我异化的神圣形象，把人从"神的世界"拯救出来，使人回归"人的世界"。现代性的祛魅运动，即对宗教的批判使人不再对彼岸世界抱有幻想，使人能够作为"具有理智的人来思考，来行动，来建立自己的现实；使他能够围绕着自身和自己现实的太阳转动。"③ 消除了宗教对人的本质的异化后，马克思把揭露具有非神圣形象的自我异化作为哲学的迫切任务，即揭露人用异己本质的外观来掩盖自己的本质，现代性使人处于对物的依赖状态之中，从而使"非人"的东西处于根本的位置，人的本质被异化为物。在以私有为基础的商品经济社会中，人们的一切活动都带有逐利性，这就导致在普遍的交换关系中人们之间是一种相互利用甚至是掠夺的关系，人成了手段。资本家为了榨取剩余价值，满足资本吸血的本性，把工人当作工具，支配工人

---

① 《马克思恩格斯选集》第 1 卷，人民出版社 1995 年版，第 41 页。
② 《马克思恩格斯全集》第 2 卷，人民出版社 1957 年版，第 44 页。
③ 《马克思恩格斯选集》第 1 卷，人民出版社 1995 年版，第 2 页。

的劳动，占有工人的劳动果实。致使工人与自己的类本质相异化，失去做人的尊严。资本家把自己的人格尊严寄托在资本上，成为人格化的资本，虽然因拥有资本而支配工人显得强大，但是也只是徒有人的生存的外观，因为资本家是依赖资本这一"物"，而不是人本身的力量，来显示自己的"强大"。

第二章　社会道德风尚的特征及其影响因素

第一节　社会道德的内涵

据《伦理学导论》作者唐纳德·帕尔玛考证，尽管伦理和道德的词源学不同，但是它们的本义却相同。"'伦理'一词来源于古希腊，本义是习俗、风俗或性情。'道德'或'道德的'则来源于拉丁文，本义也是习俗、风俗或性情。"[①] 鉴于此，有的哲学家不加区别地使用这两个概念，而其他一些哲学家在使用这两个词的时候则作出了区分，伯纳德·威廉姆斯认为伦理包含的意义比道德要广泛，D. D. 拉斐尔则认为在哲学史上，道德哲学一词的使用更为广泛，不仅用于个人的私人生活中，而且用于有组织的社会生活中的规范性观念的讨论；尤其是包括了政治和法律哲学。黑格尔在《法哲学原理》中把道德和伦理严格区别开来。在黑格尔看来，道德是自由意志在内心中的实现，道德是主观的，"道德观点，从它的形态上看就是主观意志的法"；伦理是自由意志既通过外物，又通过内心而得到充分的实现，伦理是主观与客观的统一，是客观精神的真实体现。作为"主观的普遍性"的"形式的良心"属于道德范围，作为主观与客观统一的"真实的良心"属于伦理范围。黑格尔认为法和道德本身没有现实性，

---

① ［美］唐纳德·帕尔玛:《伦理学导论》，黄少婷译，上海社会科学院出版社2011年版，第5页。

它们必须以伦理为基础,作为伦理的体现者而存在。在个人层面上,伦理的规定就是个人的实体性,个人之所以具有真实性,是因为他是伦理的实体;在民族层面上,伦理是各个民族风俗习惯的结晶,具有神圣的性质;在国家层面上,国家是自觉的伦理实体。

在我国传统文化中,在"道德"这个词中,"道"与"德"的所指是不同的。"道"是指自然运行与人世共通的真理,"德"是指人世的德性、品行、王道。正如《道德经》中所说:"是以万物莫不尊道而贵德。道之尊,德之贵,夫莫之命而常自然。"换言之,道德蕴含着"天人合一"的思想,天是人间的道德本源。在中国传统文化中,伦理思想与黑格尔意义上的伦理理论也是不同的。在黑格尔那里,正是因为个体是伦理实体,他才是自由的;伦理是自由的理念:"伦理性的规定构成自由的概念,所以这些伦理性的规定就是个人的实体性或普遍本质,个人只是作为一种偶性的东西同它发生关系。"[1] 在此意义上,黑格尔的伦理思想是建立在个体及其自我实现基础之上的。在中国传统文化中,伦理所探讨的是如何维系封建等级秩序和尊卑贵贱关系的规范体系,因此它的着眼点并不是个体的自我实现,而是个体作为其中一部分的整体等级秩序的建立。由于中国传统社会是家国同构型社会,家庭内部的人伦关系规范也必然反映到社会的公共领域中去,例如君臣关系如同父子关系,"君王"就是"君父"。在公共领域中陌生人之间如果发生交往合作关系,人们也倾向于先建立起如同家庭成员之间的私密关系,从而使人伦关系进入交往合作关系中。

马克思主义认为,道德是一种社会意识形态,它是人们共同生活及行为的准则和规范。道德不是一成不变的,不同的时代、不同的阶级有不同的道德观念。例如,资产阶级道德强调个人至上的个人主义价值观,而无产阶级道德强调个人服从集体、当前服从长远、局部服从整体的集体主义价值观。中国封建社会的伦理道德规范是建立在宗法血缘关系基础上的"三纲五常","三纲"是指"君为臣纲""父为

---

[1] [德] 黑格尔:《法哲学原理》,范扬、张企泰译,商务印书馆1961年版,第165页。

子纲""夫为妻纲","五常"是用以调整规范君臣、父子、兄弟、夫妇、朋友等人伦关系的"仁、义、礼、智、信"。可以看出中国封建社会的伦理道德是建立在封闭的自然经济基础上的,宗法等级制度制约着人们的行为,因此封建社会道德是以人格不平等为前提的。而我国现代社会的道德规范是与我国社会主义制度以及社会主义市场经济发展相适应的社会主义核心价值体系和核心价值观。社会主义核心价值观既体现了现代文明共同的精神追求,例如自由、平等、公正、民主、和谐等,也深深蕴含着中华民族精神和中华民族传统美德,例如爱国、敬业、诚信、友善等。

一 从道德规范的根源来看,道德可分为超越性道德、情感主义道德和理性主义道德

在前现代社会,道德的源泉具有超验性质,道德要求被视为一个"更高的存在"所定的戒律,社会的价值规范和道德信念的正当性来自"超越世界"。例如在西方中世纪,上帝及其代理——教会负责人的精神事物,在奥古斯丁看来,虽然创世者上帝超越于这个世界,但又通过他的永恒的律法治理着这个世界。这永恒的律法就是上帝的理性,上帝的理性就是秩序。无论是自然法还是人定法,即实证法,都有着神圣的源头,神圣律法书写在人的心灵中,驻留在人的本性中,在所有人那里都是相同的。[①] 如果以超越性来界定道德的源头,那么道德规范发挥作用主要依靠的是人的信仰,人们的眼光是向上的,即对超验对象的敬畏,对彼岸世界的向往。彼岸世界不是靠自己的现世努力就能达到的,而是靠自己对神圣的超验存在的谦卑和敬畏。

理性主义的启蒙运动瓦解了世界的宗教图景,并由此形成了世俗文化。所谓世俗化意味着政教分离,宗教从社会公共领域中退出,信仰被私人化。随着宗教的退出,社会生活的信仰和超越之维也随之丧失。从笛卡尔的"我思故我在"到康德的"人为自然立法",无不说

---

① [德]海因里希·罗门:《自然法的观念史和哲学》,姚中秋译,上海三联书店2007年版,第34、35页。

明来世信仰的丧失,并没有把人抛回到这个世界,而是把人抛回到自身。人成为自己的主人,道德也就成为个人选择和担当的事情。将道德规范的根源置于"人性"而不再是上帝的"神性"之中,这是启蒙的个人主义的规划,它导致道德词汇被重新界说。正如麦金泰尔所说,近代以来,个人主义的兴起导致幸福与职责逐渐脱离联系,"幸福不再是那支配着生活方式的准则所理解的满足,而是依据个人心理学来界定"。既然道德规范的根源只能到人性中去寻找,那么人性中的哪个方面——感性还是理性——应当起决定作用呢?

情感主义方案。情感主义认为道德判断是个人主观好恶的表达,按照情感主义的观点,任何道德原则都是个人偏好的一种表述,道德原则之所以具有权威性,只是因为它是我所采用的,因此它对我是有权威性的。这意味着相对于具有感受的个人而言,没有客观普遍的道德规范,是非善恶因人而异,因个人所处的不同情境而异。

理性主义方案。康德理性主义道德哲学的任务是分离出一种先验的,因而是不变的道德律令。康德反对从个人偏好出发界定道德规范,因为偏好具有肉体和心理性质,它是与我们作为理性存在者的本性格格不入的,"偏好的王国如同神的戒律一样也是与我们的理性格格不入的"[1]。尽管康德反对从个人偏好出发来界定道德,但是康德坚持道德自由,坚持个人的道德自主权,拒绝任何外在的权威,认为外在的权威不能为道德提供任何标准;康德之所以反对由外在的权威来为道德提供标准,是因为道德是自律的,而不是他律的,有理性的存在者只有对他自己发出道德命令,他服从的才不是别人,而是他自己。这一思想来源于卢梭的公意理论,卢梭认为服从公意就是服从自己,因为公意来源于个人意志。不过康德为了把道德从个人偏好的奴役中拯救出来,提出理性存在者向自己发出的道德命令必须具有普遍性,也就是说它必须是绝对命令,"这些律令在向我发命令时,我能够始终如一地希望所有有理性的存在者都遵从它们。真正的道德命令

---

[1] [美]阿拉斯代尔·麦金太尔:《伦理学简史》,龚群译,商务印书馆2003年版,第259页。

的试金石是,我能否把它普遍化——也就是说,我能希望它是普遍的法则"①。在康德那里,这种对我及他人都普遍适用的道德律令来源于理性,这种理性是先验的,不诉诸任何来自经验的内容,经验的内容是有条件的,情景化的,理性的本质就在于制定具有内在一致性的普遍规范,绝对命令的无条件性使其能够为所有人所遵循。

二 从道德的功能来看,道德可分为德性道德和规范道德

德性道德是用来提升人的思想道德境界,而规范道德是用来规范人的行为。前者体现了道德应然性——对行为主体现有道德水平之超越的品格,后者反映了道德实然性——基于行为主体道德现状的伦理规定的特点。

德性道德是一种使人成为人的道德。德性"是每一种生物特有潜能的表现;就人来说,是表现出他最合人性的状态。所以德性就是人性的实现"。在此意义上,德性道德就是一种使人成为人的道德,德性道德注重的是塑造人的人格和提升人的精神境界,从而使人过上幸福美满的生活。儒家的那种追求"内圣外王"人生境界的伦理道德就是德性道德,儒家伦理道德要求人们通过内心的修养来成就君子圣人的人生境界,这是成就王道的前提,因此德性的道德主张以德服人,以德治天下,这在现代看来,就是典型的人治思想和人治思维。德性道德发挥作用主要靠人的内心的信念和信仰,因为德性道德说到底是人对自我的超越,如果说上帝是人按照自己的形象创造出来的,那么这既说明人对自己的不满,又说明人试图追求崇高。人们通过上帝这个形象来试图在终极意义上超越自我而达到神(圣)性。正如弗洛姆所说:"通过创造,人超越了作为被造物的自己,超乎自身存在的被动性和偶然性上,进入了意义和自由的王国。人对超越的需要是爱、艺术、宗教以及物质生产的根源之一。"② 正是从超越意义上来理解德

---

① [美]阿拉斯代尔·麦金太尔:《伦理学简史》,龚群译,商务印书馆 2003 年版,第 256 页。
② [美]艾里希·弗洛姆:《健全的社会》,孙恺祥译,上海译文出版社 2011 年版,第 28—29 页。

性道德，使许多哲学学家和诗人把信仰看作德性道德的基础。法国启蒙思想家让·雅克·卢梭认为，信仰是道德的基础，没有信仰就没有美德。法国哲学家帕斯卡尔认为，"一个人如果没有信仰就不能认识到什么是美好，也不能认识到什么是真正的正义"。缺乏信仰的人无法获得真正的幸福。英国哲学家弗兰西斯·培根认为，"在肉体方面，人类与禽兽无异；如果在精神上再不追求神圣，那么人与禽兽就毫无区别。人心中具有一种神圣的理想和信仰，就可以激发出无限的意志和力量"。印度爱国诗人泰戈尔认为，"一切的浮华表象不过是过眼云烟，人类应当崇尚的是作为一个人而拥有的美好品德，与奢华的物质或声名显赫的地位毫不相干"。

规范道德就是一种使人如何做人的道德。对于如何做人的问题必须在社会框架下来思考，因为人不是一种抽象存在，人是社会动物，社会性是人的本质属性，按照马克思的话来说，就是人的本质在其现实性上是社会关系的总和。因此如何做人的问题，实际上就是如何在社会中处理好自己与他人和社会的关系问题。规范的道德就是调解人与人以及人与社会关系的行为规范的总和。社会主义核心价值观中涉及个人层面的道德规范，例如诚信友善，就是规范人际关系，促进人际关系和谐的道德规范。规范道德主要是通过社会舆论、传统习俗以及习惯的养成来发挥作用，这些往往都是外部的压力和推动力。在社会生活中，每个人都非常在意自己的形象和面子，社会舆论通过赞誉或谴责声讨使一个人无法在人群中遁形。舆论既可以使一个人获得好名声，赢得公众赞誉，也可以使一个人遭到公众唾弃，换来骂名，从而使其无法在社会中立足和生存。市场经济是一种信用经济，良好的声誉可以使经济活动主体——企业和个人获得市场的青睐，赢得消费者；反之，如果信誉不佳，口碑不好，就会被市场所淘汰。但是现代社会高度的流动性和一次性交往的次数的增多，使人们往往无法把一个人和他的公众形象相挂钩，在这种情况下强制性的契约的存在是舆论发挥作用的重要保证。在这个意义上的道德规范就如同法律规范一样成为他律性的东西。我们经常说道德靠自律，法律靠他律，但是自律往往不会自动发生，或者说不会轻易发生，因为人们对规则有一个从"理性认知"——我要知道有这东西、我遵守它对我有什么影响，到情感认同进而再到形成自觉的行为习惯的过程，在这个过程中人们还要克服机会主义——占便宜心态的行为倾向。所以说，自律实际上是一个习惯长期养成的过程，他律内化而成为自律。用习近平总书记的话来说，就是"法律是成文的道德，道德是内心的法律"。

三 从判断道德善恶的标准来看，道德可分为动机主义道德、结果主义道德和动机结果论道德

动机主义。以卢梭和康德为代表的思想家注重道德动机，动机论又被现代伦理学家称为"义务论"。18世纪法国启蒙思想家卢梭认为，善行是不求报答的行为，为善之乐就在善本身，他把善良的人看作一个喜欢赤身裸体上阵的运动员，即善良的人是不图回报，不追求虚荣的人；人行善而获得的各种奖励和荣耀只会阻碍灵魂力量的发挥。在康德看来，行为的结果并不能被作为判断善或者恶的标准，善或者恶的标准只能从对行为的动机和理由的分析中做出判断，"好的行为之所以好，不是因为它产生了好的结果，而是因为它遵循了内心的责任感与道德准则"，因此"世界上唯一绝对美好的东西是善良的意志——不计个人得失而严守道德准则的意志"。[1] 康德提出，人的这种善良的意志或动机既不是来自人的天性，因为人的天性不可靠，甚至会被邪恶所利用，也不能"出于虚荣心（他们喜欢把自己想成友善的人）或者利己主义（因为他们发现友善的性情能够为他们带来个人利益）"。具有善良意志的人"不是出于本愿，而是出于责任才做出善举"。

义务论者强调动机的纯正性，因此它要求人们有一颗纯然善良的心，也就是康德所说的无条件的善良意志。这种超然于世俗功利和欲望的意志是靠什么来支撑的呢？义务论者认为是依靠信仰来支撑的。所谓信仰就是因相信而仰望，所仰望者乃是能够克服人的有限性的力量，通过它使人获得无穷的力量和意志。卢梭把信仰称为人的内心的

---

[1] ［美］维尔·杜兰特：《哲学的故事》，肖遥译，中国妇女出版社2004年版，第183页。

"神圣的召唤",在卢梭看来,正是神圣的信仰使得柔弱的人类显得高大,"没有你,我在自己身上就感受不到任何可以高出兽类的东西,而只能在这样的可怜特权:在无规则的知性和无原则的理性的帮助下,惶惑于错误之中"。康德的善良意志理论是以牺牲人的现世幸福和世俗欲望为代价的,康德认为做好人不图回报,但却应当得到奖赏,但这种奖赏却不是在当下和今世,因此他认为实践理性——道德的先决条件是信仰上帝和灵魂不死。需要上帝给德性戴上幸福桂冠,灵魂不死使"平衡"得到恢复,"今生慷慨送人一杯水,来世将得到百倍的回报",只有这样,是非观念才能得以长存。从中我们可以看出功利主义的影响有着多么强大的力量,信仰在康德那里也带有了功利色彩:不是今世得到回报,而是来世,条件是灵魂不死和上帝的存在。伏尔泰在这个问题上就更为直接,他说,即使没有上帝,也要创造出一个上帝来。

结果主义。结果主义与康德是背道而驰的,结果论者认为"任何行为的道德价值都取决于这一行为带来的好处"[①]。当人们用"有用"还是"没用"来衡量行为的标准,或者说我们这么做对我有什么好处时,他们就是一个结果主义者,结果主义者都是功利主义者。结果论是典型的现代世俗主义观点,所谓结果论就是无论动机如何,关键看能不能产生好的道德效果,任何行为的道德价值都取决于这一行为带来的好处。行为的动机只是达到行为者希望的好的结果的手段,手段是为目的服务的,只要能够产生有利于他人的道德效果,我们甚至可以颂扬和利用人的自私的动机。这种学说的代表是《蜜蜂的寓言》的作者、荷兰医生伯纳德·曼德维尔,在曼德维尔那里,私欲的"恶之花"结出的是公益的"善之果",这就是著名的曼德维尔悖论——"私恶即公益"。这一思想的继承者是《国富论》的作者、英国经济学家亚当·斯密。亚当·斯密从人性恶——人都是自私的出发,认为自私的行为——以为自己盈利为唯一目的的商业行为——却自发地产

[①] [美]唐纳德·帕尔玛:《伦理学导论》,黄少婷译,上海社会科学院出版社2011年版,第122页。

第二章　社会道德风尚的特征及其影响因素

生了利他的效果，这一思想的极端表达就是认为好事从来不是那些富有同情心、心地善良的人做出来的，对社会有益的人是那些"居心不良"的人。这样的思想实际上是在为资本主义发展辩护，在封建社会末期出现了资本主义萌芽，商人、手工业者逐渐成长为中产阶级，可是封建的和宗教的思想道德传统却阻碍了资本主义发展，中产阶级要想成长壮大，就必须为自己的利益正名，为资本牟利进行道德辩护。在教会那里自私是累及后世的人的"原罪"，而在资产阶级代言人那里自私则具有了积极的进步意义，在教会那里，负有原罪之人需要接受末日审判，等待上帝的救赎，而在资产阶级代言人那里，则成为获得世俗成功以证明自己是上帝选民的自我救赎的强大动力。

动机与结果结合论。动机与结果结合论的代表是黑格尔，黑格尔主张动机与结果、主观意志与客观行为的统一。他认为把行为的客观方面与行为的内在方面（主观动机）割裂开来，片面地强调动机或片面地强调结果，两者都属于抽象理智所作的空洞主张。"论行为而不问其后果这样一个原则以及另一个原则，即应按其后果来论行为并把后果当作什么是正义和善的一种标准，两者都属于抽象理智。"① 黑格尔认为，康德实践哲学的功绩就是着重指出了尽义务的意义：我在尽义务时，我心安理得而且是自由的。但是黑格尔反对空谈尽义务，特别是反对康德把纯粹的不受制约的意志的自我规定作为义务的根源，而不使之向伦理的概念过渡，因为这是把道德科学贬低为关于为义务而尽义务的修辞或演讲，这种演讲尽管激励人心、开拓胸襟，"但是如果谈不出什么规定来，结果必致令人生厌。精神要求特殊性，而且它对它拥有权利"②。善作为抽象的东西，只有得到特殊化的规定才能得到实现。尤其是那种把客观目的只是看作达到主观满足的手段的主张，在黑格尔看来是一种"恶毒而有害的主张"。动机固然重要，但在黑格尔看来，我们不能把欲望的满足与尽义务对立起来，如果完全反对为了满足欲望而尽义务，难道人们就要否定一切欲望

---

① ［德］黑格尔：《法哲学原理》，范扬、张企泰译，商务印书馆1961年版，第120页。
② ［德］黑格尔：《法哲学原理》，范扬、张企泰译，商务印书馆1961年版，第139页。

吗？黑格尔说："人有权把他的需要作为他的目的。生活不是什么可鄙的事，除了生命以外，再也没有人们可以在其中生存的更高的精神生活了。"

第二节 社会道德风尚的特征

社会道德风尚又被称为社会道德风气，社会道德风气有好与坏以及健康与不健康之分，好与坏的标准是看其是否符合一个社会所倡导的主流价值观念，是否有利于维护社会的公序良俗，是否与时代发展和社会进步的要求相适应。蒲松龄在《聊斋志异·夏雪》中写道："世风之变也，下者益谄，上者益骄。"这是形容世风日下，人心不古；与之形成鲜明对比的是世风日上，民风淳朴。在这里要注意的是，新出现的，甚至被相当一部分人所遵循并在一定时期内成为风尚的价值观念，也不一定就是好的和健康的，例如拜金主义和享乐主义等。可见，社会道德风尚是一个社会文明进步程度的风向标，它反映了一定时期内社会大多数成员的道德水准和社会文明程度，它是社会民众处理人与人之间以及人与社会之间关系的思想道德水准和文明素养的集中反映。

理解社会道德风尚的内涵必须把握社会道德风尚的基本特征，社会道德风尚具有流行性、两面性和时代性等特征。

流行性。在某种社会心理的驱动下或在某种价值观念的引导下所形成的社会风气往往表现出一种普遍的流行性，而只有普遍流行的东西才能被称为风尚。某种社会风尚的流行与大众效应密不可分，所谓大众效应又被称为狼群效应，是指群体中多数人的思想行为往往影响和左右着人们的选择，我们经常把人的这种心理称为集体无意识的从众心理。从众效应表明，在集体无意识作用下，相较于独处的人，身处群体之中的人更易于接受建议和受到感染。在群体中，群众踏平一切，它不愿意容忍独立与卓越。"个人对存在的追求被牺牲掉了，因为某种虚构的一般品质占据了支配地位。……群众的统治影响了个人的行为与习惯。执行某种在某一方面将被视为对群众有用的功能已变成义务。"① 按照一般的理解，现代社会是一个自由的社会，人应当有自己的独立的意志和理性判断能力，事实与此恰恰相反。对于现代社会中人的从众心理，弗洛姆认为从众是因为人害怕得不到他人的认同而陷入焦虑和不安。现代社会打破了人的身份束缚而使人走向独立和自由的同时，也逐渐使人产生了孤独无力感，因工业化和城市化的发展聚合而成的大众社会并不能给人带来身份认同感和群体归属感，因为大众是由不定型的人群组成的社会，公众只是被暂时整合在一起的。犹如舞台演出一样，来自四面八方互不相识的人聚在同一个演出大厅里，观看同一台戏剧，人们之间时不时相视而笑，当演出结束时人们各奔东西，曲终人散。

  人是社会动物，需要有归属感。传统社会那种基于血缘亲情基础上的归属感和部族身份感已不复存在，人们发展出一种新的群体身份感来取代个性形成之前的部族身份感："我不是与众不同，我跟别人差不多，别人承认我是'一个规矩的人'，因为这，我感到我是'我'。"② 通过别人看到自己，把自我看作别人期待的自我，这种自我是人的"伪自我"。这种趋同不是传统社会那种因休戚与共关系而形成的共同目标和感受，而是怕得不到认同的焦虑心作用下的趋同；如果说前者是人的本能反应，带有利他性，那么后者则有着基于自我利益的理性算计的成分，因此人表面上可能是一个样，实际上可能是另一样。现代人的自我是由名声和财富来支撑的，现代人往往从我有什么，我能占有什么来理解自我，这样就使追求成功成为唯一的人生选择。就犹如市场上的产品被消费者认可一样，在成功的道路上人们也必须得到他人和社会的认可。就如产品为了占有市场就必须迎合消费者品位一样，人为了获得人生成功就必须迎合大众，寻求他人和社会的认可，并按照社会文化模式设计的角色和评价标准来打扮和装点自己，结果就是人们在社会中无论做什么都害

---

  ① ［德］卡尔·雅斯贝斯：《时代的精神状况》，王德峰译，上海译文出版社2013年版，第11页。
  ② ［美］艾里希·弗洛姆：《健全的社会》，孙恺祥译，上海译文出版社2011年版，第50页。

怕自己与他人不同。

马尔库塞认为,现代社会使拒绝"随大溜"的思想情绪显得神经过敏和软弱无力。现代社会使人的内心向度被削弱,所谓内心向度,就是区别于甚至敌对于外部要求的人的理性批判力量的家园,是涵养否定性思考力量的私人空间。如今这一私人空间已经被社会的技术现实所侵占,结果是个人通过模仿而与社会一致化。个人被大众社会所同化是"免于匮乏的自由"逐渐增大的结果。对社会采取不顺从态度的各种自由属于较低生产力阶段,"穷山恶水出刁民"这句话在这里派上了用场,反抗和不顺从是因为社会无视人的需要,不能满足人的需要。赫伯特·马尔库塞认为,人对自由的要求取决于他的生存状态,取决于社会满足人的欲望和需求的程度,当人衣食无忧,活得舒舒服服、平平稳稳的时候,他的反抗社会的自由要求就越来越少。"当一个社会按照它自己的组织方式,似乎越来越能满足个人的需要时,独立思考、意志自由和政治反对权的基本的批判功能就逐渐被剥夺。……在生活水准不断提高的条件下,对制度本身采取不顺从态度,看来对社会是毫无助益的;当它给社会带来明显的经济和政治的不利并威胁到整个社会的顺利运转时,就更是如此。的确,至少就生活必需品而言,我们似乎没有理由一定要通过个人自由的竞争性协作来生产和分配商品和服务设施。"[1]

在现代社会的思想文化中,虽然也存在着否定和批判的因素,即与社会相异化的因素,但是技术的合理性逐渐弥合了它与日常社会秩序之间的距离,使其成为在现有社会制度框架和秩序下可选择的替代方案,"异化作品被纳入了这个社会,并作为对占优势的事态进行粉饰和心理分析的部分知识而流传"[2]。技术合理性使否定因素变成有利于维系现有社会秩序的力量,技术合理性的大众社会削平了一切,使人都变成了海德格尔笔下的按照别人意见生活的"常人"。人们自以

---

[1] [美]赫伯特·马尔库塞:《单向度的人——发达工业社会意识形态研究》,刘继译,上海译文出版社2008年版,第3—4页。

[2] [美]赫伯特·马尔库塞:《单向度的人——发达工业社会意识形态研究》,刘继译,上海译文出版社2008年版,第52页。

第二章　社会道德风尚的特征及其影响因素

为在作出选择，实际上并不知道自己真正需要什么，把跟风和追求流行时尚作为自己的目标。道德风气上的从众心态的形成是由于缺乏能动的自觉意识和理性的判断能力，"大家都是这样，我也必须这样"。在现代大众社会，对民众精神气质影响最大的不一定是官方的主流文化，官方主流文化是一种带有精英气质的理性反思性文化。这种文化对长期生活在世俗化环境中追求现实利益和世俗功利的民众来说，影响力可能不如那些以商业运作为基础，以满足大众感官享乐为特征的大众消费文化。我们经常听到这样的言论：现代人都有个性和自己的生活，不要再采用说教的方式向人们灌输大道理。虽然人们反对公开的权威，但是大众文化却在利用匿名权威——广告的暗示，网络舆论的侵蚀——的力量左右着人们的选择，影响着人们的价值取向。

两面性。社会道德风尚既是指那些在社会上得到普遍认可的积极向上的道德风尚；也是指那些在社会上出现的不符合时代发展和道德要求的消极陈腐的风气。良好的社会道德风尚促进社会的健康发展，促进了人的如下能力的发展："爱他的同胞，创造性地工作，发展他的理性与客观性，获得自我感。"而不健康的社会则"造成人们相互之间的憎恨与不信任，将人变成供他人利用与剥削的工具，剥夺他的自我感，直至他屈从于他人，或者变成一个机器人"[①]。在现代社会，同一社会道德风气可能会产生不同的结果，例如现代社会中的竞争现象，竞争提高了经济发展的效率，同时培养了人的忧患意识，激励人们不断拼搏和奋斗，正所谓"生命不息，奋斗不止"。但是竞争也有它的另一方面，所谓竞争就是对有限资源的"争夺"，它遵循的是"适者生存"的法则，因此竞争必然造成社会分化和对抗，人际关系变得疏远和冷漠。正如弗洛姆在《逃避自由》中所说：显然，竞争对手之间的关系必须以人与人之间的相互漠不关心为基础。否则，任何一个人都会寸步难行，无法完成其经济任务，即相互斗争。如有必

---

① ［美］艾里希·弗洛姆：《健全的社会》，孙恺祥译，上海译文出版社2011年版，第58—59页。

要，人们在实际的经济斗争中毫不留情地摧毁对方。于是我们看到，在繁荣背后却是社会人际关系的疏远和冷漠。再比如人们对自身利益的追求。维护自身的生存是人性的首要法则，每个人所做的一切都与他的利益相关；追求和实现自身利益，是人的自我觉醒以及自立自强的重要标志，追求利益被视为市场经济发展的原动力。但是对利益的追逐在竞争性的市场经济环境下也助长了利己主义之风的蔓延，使人养成了精于算计和功利主义的品性。"在利益原则的支配下，市场具有通约一切的神奇力量，将所有一切无法估价的东西都变成可以计价道德商品，如权力、学问、艺术、情感、人格乃至生命。"① 也可以说逐利性使人格具有了交易倾向。现代社会是一个个人本位的社会，强调个人的自我实现，这对于调动人的积极性和创造性，增强社会的活力具有积极意义；但是对个人价值的过度强调将不可避免地导致个人主义的泛滥，个人主义价值观使人变得自私狭隘，把个人利益与他人利益和集体利益对立起来。

时代性。正如黑格尔所说，每个人都不能超出他的时代，正如每个人都不能超出他的皮肤。我们的思想观念不是天生固有的，而是通过我们的经验后天习得的；我们的实践经验都是在一定的时代背景下进行的，因此我们每个人的思想观念都不可避免地被打上时代的烙印，都或多或少地反映了时代的气息。每个时代的社会风气都是不同的，因为不同时代的经济社会运行方式、社会的结构和组织方式以及人的存在方式是不同的。例如，传统社会秩序是一种超越性秩序，也就是宗教和形而上学所体现的价值理性统治下的秩序，价值理性关注的是对人性的终极关怀和对人生意义的追问，它使人执着于超验的事物，因此价值理性统治下的社会秩序赋予人的存在以超越和信仰的维度。现代社会秩序是一种世俗秩序，也就是科学实证主义所体现的工具理性统治下的秩序，工具理性从效用最大化出发来考虑手段的合理性，它蔑视人的情感和精神价值。因此，工具理性主义统治下的社会秩序摧毁了人的存在的超越和信仰维度，赋予人的存在以现实性和平

---

① 喻文德：《论世俗道德的特点及其困境》，《伦理学研究》2008年第1期。

第二章　社会道德风尚的特征及其影响因素

凡性。道德规范的根源由超验的存在转向经验的存在，即由心理学来解释和说明人性和人的需要，价值关怀的视野由天国转向尘世、由来世转向今生。我们拿人们对自己所从事的职业的态度来作一个对比，威廉·巴雷特认为，在赋予人超越维度的传统时代，"职业"这个词不是被看作谋生的手段，而是具有宗教信仰的意义："所谓'以……为业'，就是公开地、因而也就是当众地供认或表明信仰，所以也就是在世人面前公开承认从事某种工作的内心冲动或神灵的感召。这样，这个词原本就带有宗教的意涵，例如，当我们讲到职业信仰情况就是如此。但是，在我们现今社会里，随着人的职能的精心划分，职业乃成了一项专门性的社会事务，它需要熟练和技巧，是一项人们为收取报酬而不能不履行的事务，亦即一种生计、一种个人营生。"①

再比如，在以单一的公有制为基础的计划经济时代，不允许私人占有生产资料和私人经济活动，人们对自身利益的追求也受到极大的限制。在这种情况下，人们的思想观念和人格结构中不可能生成精于算计的工商气质，社会风气中更多的是强调主人翁责任感和无私奉献精神，鲜有功利主义、拜金主义和享乐主义风气。而在现代市场经济时代，社会的价值导向发生了深刻的变化，由政治本位转向经济本位，由否定和排斥个人利益的集体本位转向关心和重视个人利益的个人本位。工具理性主义——追求管用和效用最大化——开始影响和左右人们的价值选择，致使人们的思想观念和人格结构中充盈着精于算计的工商气质，"现代人（这个时代的市民、资本家、学者、艺术家）带有功利主义—精于计算的品格，并在实证主义哲学打下了烙印……现代人的职守、顺从、畏怯被变成'精明'、'小心'、'算计'、'节俭'，善于'经济'"②。舍勒所说的实证主义是近代以来自然科学发展的产物，它摒弃了对永恒和终极问题的考问，使人们专注

---

① ［美］威廉·巴雷特：《非理性的人》，段德智译，上海译文出版社2012年版，第5页。
② ［德］马克斯·舍勒：《资本主义的未来》，罗悌伦等译，生活·读书·新知三联书店1997年版，第130页。

于现实，在生活上追求实惠和活在当下。

第三节　社会道德风尚的影响因素

一　经济因素的影响

经济基础决定上层建筑，道德属于上层建筑中的意识形态，社会道德风尚归根结底是由社会生产力的发展水平和方式所决定的。生产方式决定生活方式，而生活方式影响人的价值取向。

自然经济社会排斥功利主义价值观念。在农耕文明土壤上产生的儒家思想把义和利对立起来，把是否逐利视为君子和小人的分水岭，君子追求"义荣"，小人追求"势荣"。在西方的中世纪，教会垄断道德和精神事物，人的行为受宗教影响和制约，这就使"经济行为无不带有道德目的，中世纪思想家也不会建立一门社会科学，即认为追求经济利益的欲望同其他自然力量一样是一种恒常的定量，是不可避免的、不言而喻的事实。他们认为，建立这样的社会科学，就像为好斗及性本能之类冲动寻找获得无限满足的哲学依据一样，是不合理、不道德的"[1]。功利主义受到排斥是由自然经济的生产方式和生活方式所决定的。自然经济以自给自足为生产目的，生产出来的产品主要用于家庭消费和缴纳赋税，分工主要局限于有血亲关系的家族成员之间，虽然存在商品交换，但是它是为自然经济服务的，处于从属地位。也就是说自然经济的生产方式决定了人们从事生产劳动不是为了牟利，落后的生产方式和恶劣的自然生存环境使人们维持生存所需都非常困难，更谈不上有更多的剩余产品用于交换。在产品产出效率非常低的情况下，需要大量人口从事农业生产，封建统治者不愿看到有更多的人从事工商业，对手工业者和商人采取排斥的态度，实行"重本轻末"的政策。这一政策的实施使手工业者和商人无法通过资本积累来提高自己的政治地位，这就导致商人阶层把自己赚到的钱不是投

---

[1] ［美］艾里希·弗洛姆：《逃避自由》，刘林海译，上海译文出版社2015年版，第35页。

到生产工具的技术发明和工艺改进上,而是用于购置田产,修缮祖庙,这被认为是造成近代中国没有发展出资本主义的原因,因为重农抑商文化使商人和小手工业者难以发展成为中产阶级。虽然代表手工业者利益的墨家思想被称为中国的边沁主义,即功利主义,但是墨家功利思想在自然经济的汪洋大海中难以成为社会主流思想。

自然经济社会崇尚自然,追求天人合一。中国古代文人山水画,山石树木高峻深远,山林间的高士游子忘情于山水之间,完全融入其间,如果不靠近细看,甚至看不到他们的存在。中国古代文人以自然为乐,无论是刘禹锡的《陋室铭》,还是陶渊明的《桃花源记》,都是崇尚自然、天人合一思想在人们心境中的投射。在自然经济条件下,由于农业生产方式高度依赖自然环境,人们遵循四季更迭和水文气候变化规律进行生产生活,由此养成了崇尚自然、天人合一的思维习惯。

现代社会是商品经济社会,不同于自给自足的自然经济,商品经济是直接以交换为目的的经济形态。虽然在传统的自然经济社会中也存在着商品交换,但是这种交换不具有普遍性,而且主要不是出于盈利目的,而是为了获得自己不能生产的东西,比如食盐和耕具等生产生活必需品。在建立在高度社会分工基础上的现代商品经济社会中,生产的目的不是满足自己的需要,而是通过满足市场需要来实现自己盈利的目的。亚当·斯密以人性的自私来说明商品经济社会中交易的牟利动机:"我们的晚餐并非来自屠宰商、酿酒师和面包师的恩惠,而是来自他们对自身利益的关切。"人虽然是自私的,但是他们的自利行为却不经意地促进了社会利益,亚当·斯密把造成利益和谐的原因归结为自由市场所发挥的"调节"和"平衡功能"。"一个自由的、竞争的市场可以使每个人的个体利益自然地相互影响,从而提高整个社会的福利。"[①] 在斯密那里,君子和小人的界限被市场经济这只看不见的手凿穿了一个缺口,自私的"小人"有利于社会,用卢梭的话,

---

① [美] 理查德·布隆克:《质疑自由市场经济》,林季红译,江苏人民出版社2000年版,第109页。

就是拿人的卑劣的意图来解释人的善良行为。尼采则抡起强力意志的铁锤试图彻底摧毁这道壁垒：仁慈和善良是奴隶的道德，是弱者对强者的阴谋，目的是使强者变得虚弱。亚当·斯密把强者的野心隐藏在看不见的手的背后，告诉人们有利于大家的好事是"不经意做出的"，而尼采则彻底撕下了强者的道德伪装，在尼采看来，只有强者才能生存下去，"才配仁慈"。

在重农抑商的自然经济社会中是不可能产生斯密和尼采的思想的。我们越把人类历史往前推就发现人越是不独立，在那种落后的社会生产条件下，个人只有与共同体中的其他成员休戚与共、互帮互助才能够生存，因此共同体奉行的是群体主义价值导向，休戚与共和利他主义是人的本能反应，自私的行为是与共同体不相容的。

商品经济使普遍的交换成为人们进行生产和生活的前提条件，这就造成了人们对商品交换媒介——货币的依赖，货币作为商品交换的媒介的重要地位就被凸显出来。在现代社会，由于作为一般等价物的货币的符号化，使占有货币不再受数量的限制，特别是信用卡制度和虚拟交易的发展，更是助长了人们的贪欲，使功利主义和实用主义成为普遍的社会心态。在现代人的精神气质中，"工商精神气质战胜并取代了超越性价值取向的精神气质，也就是说，在主体心态中，实用价值与生命价值的结构性位置发生了根本性转换，愈来愈成为主体动机结构中的支配性标准和尺度，以至于韦伯所揭示的新教伦理的禁欲苦行主义让位于贪婪摄取性"[1]。

二 政治因素的影响

政治体制对社会道德风尚的影响主要体现在两个方面，即蕴含于政治体制中的价值理念和政府权力的行使方式。

政治与道德从来就是不可分的，每一种政治体制都是遵循一定的价值理念建立起来的，政治体制的有效运行也需要社会成员遵循一定的政治价值观念。人是政治动物，把人从自然人塑造成政治人，是政

---

[1] 李佑新：《现代性问题与中国现代性的建构》，《北京大学学报》2005年第2期。

第二章　社会道德风尚的特征及其影响因素

治文化得以继承、维系和发展的必然要求，在政治社会化过程中，政治体制所倡导的价值理念对人的价值选择产生着重要的影响。我们通过对比来看一下专制社会和民主社会对人的价值观念的不同影响。

封建专制社会是建立在宗法血缘关系基础上的身份等级社会。所谓身份社会是指社会中发生联系的个人不是具有独立人格的人，而是身份的个人，"这里的个人根据他们在共同体内的身份、作用和职能相互发生个人的联系。'如作为封建主和臣仆、地主和农奴等等，或作为种姓成员等等，或属于某个等级等等'。因此，个人的身份和他们相互关系的性质都是由他们在这个总体内的地位决定的"①。身份社会中人与人之间的关系是不平等的，封建主和臣仆、地主和农奴之间是一种支配关系，身份社会强调人们出身的不平等，出身决定地位和命运。封建专制社会培养出来的只能是缺乏独立人格和权利意识的臣民；臣民是具有奴性人格的人，在主人的命令面前他只知道服从，缺乏责任意识和道义担当，只有基于自己意志的选择自由才能使人产生责任担当意识。按照弗洛伊德的人格结构理论，具有奴性人格的人缺乏"自我"意识，"超我"在人格中占的比重越大就越具有权威崇拜和依恋意识，把自己的命运寄托在"救世主"身上。缺乏独立人格和权利意识的臣民，由于失去独立的判断能力而表现出对权威的盲目服从，缺乏正视现实和改造现实的勇气。"封建统治集团整体的利益高于个人的利益，个人在国家社稷面前是微不足道的，个人的个性、尊严、价值等等，都只是某种偶然性的东西……由于处于一种奴性状态，人们普遍缺乏责任感，缺乏针砭时弊、正视现实和改造现实的勇气和决心，同时，也使得人们根本没有创造力，没有创新精神。"②

民主社会是与专制社会相对立的，它是建立在人格独立和自由平等基础上的契约社会。所谓契约社会，从个人与共同体的关系来看，成为共同体的一员，不是凭借某种身份，而是作为人的个人；从个人

---

① [美]古尔德：《马克思的社会本体论：马克思社会实在理论中的个性和共同体》，王虎学译，北京师范大学出版社2009年版，第22页。
② 龚爱林：《变革中的道德》，湖南教育出版社2000年版，第81—82页。

与国家的关系来看，国家权力来自人民的委托，体现了主权在民原则。从个人与个人的关系来看，社会中发生联系的个人不是身份的个人，而是具有独立人格的个人，从身份向契约的运动使"'个人'不断地代替了'家族'，成为民事法律所考虑的单位"。在契约形成过程中，"我是而且始终是排除他人意志的独立的所有人"。契约社会中人与人之间是平等自由的关系，根据约定和权利，人与人之间是平等的，尽管人们之间存在智力和体力的差异。契约社会强调人生而自由平等，个人的命运不取决于他的出身、他的家庭背景。人权思想虽然是应然的判断，即"你应当这样看待人：他们生而自由平等"，但是其蕴含的价值理念——对人身依附和等级特权的否定却是现代社会所应大力倡导的。由此可见，民主社会促进人的主体意识的觉醒，它培养的是具有独立人格和权利意识的公民，卢梭认为："我们都只不过是在成为公民之后，才真正开始变成人的。"① 在卢梭看来，在民主社会中，公民是具有道德人格的人，作为个体性存在，人们有着自身的欲望和需求，而作为公民则在他的人格中深植了社会情感和集体情怀，在享有公民权利的同时不忘履行义务和承担责任。

就权力的行使方式来说，人治社会中权力是不受限制的，因为人治社会的前提假设是权力交给了最有智慧和道德的人，权力受到限制就会影响智慧的充分利用和发挥。柏拉图的哲学家为王的思想就是这种让最明智的人进行统治的人治思想，不过柏拉图并没有像亚里士多德那么幸运，遇到最明智的君王，在西西里岛，柏拉图的这套哲王思想惹恼了叙拉古国王，并被他卖到奴隶市场，庆幸的是他最后被熟人赎了身。如果人治思想深深地烙刻在人们的心灵中，那么一方面将使人产生"清官情结"，把自己的福祉，维护公平的希望寄托在清官身上；也就是说人们信任的是人本身，而不是法律制度和抽象的规则，因为如果权力不受限制，那么只有品德高尚、胸怀天下的好官清官才能抵制权力的诱惑而不滥用权力，民众自然期盼遇到一个勤政爱民、清正廉洁的圣君明主和清官好官。另一方面将使人们向往和追求权

---

① [法]卢梭：《社会契约论》，何兆武译，商务印书馆1980年版，第192页。

力,从而产生官本位价值取向。在封建社会,相当多的寒窗学子苦读诗书主要不是为了获得思想智慧,登上真理的高峰,而是为了考取功名,这种"官本位"价值取向使读书成为登堂入室、光宗耀祖和荫及子孙的阶梯。既然权力无所不能,掌握权力的人就可能成为被狩猎的对象,通过经营人脉关系来获取好的资源和便利条件,这必然导致"明规矩"名存实亡,"潜规则"大行其道。

而在政府权力受到限制和规范的法治社会中,法大于权,人们尊崇的是法律,而不是权力。在法治社会,法治是通过限制和规范政府权力来保障公民的权利和自由,法治是民主的保障,只有权力受到规范和约束,才能保证政府清正廉洁,使公权力真正为民所用。正所谓"廉生威",清廉使政府的威信和社会公信力大大增强,孔子说:"政者正也。子帅以正,孰敢不正?"在这种情况下,社会的各种歪风邪气就会被民众自觉抵制,因权力寻租而产生的腐败也就失去了生存的土壤。腐败就是利用公权力为个人谋取私利,腐败损害政府形象,使政府的公信力下降。"腐败文化的核心是极端的个人主义和小团体主义。官员或民间人士进行权钱交易时,把个人利益或小团体利益置于国家和社会的利益之上。他们为了实现自己的私利,不惜损害他人利益或公共利益。个人从腐化行为中受益,成本却由全社会来承担。集体主义和国家意识遭到摒弃,社会道德水准全面滑坡,各种损人利己、损公肥私的行为泛滥,整个社会随之走向堕落。"[①] 民众对政府的信任是权力运行的润滑剂,行政和司法成本会大大降低,政府的政令变得畅通。在社会管理和协调各方面利益关系中能够得到民众的理解和支持,各种非理性的情绪宣泄和煽动性言论就会失去市场。政府能够秉公办事、维护社会公平正义,民众的心态就会变得理性平和。政府依法办事,权力行使公开、公正、规范、透明,在经济社会交往中,人们看重的将是公共的规则,而不是私下的人际关系,人际关系将变得简单。如果权力不受约束,政府既当裁判员,又当运动员,如果权力行使不规范、不透明,存在暗箱操作,那么人们就不会自觉遵

---

① 杨龙:《腐败文化的形成及其后果》,《江淮论坛》1998年第1期。

守规则，人们看重的将不是规则，而是人情关系，人际关系将变得复杂。

三 社会思潮的影响

随着社会的转型和体制的转轨，社会日益走向开放和自由，社会环境变得越来越宽松，人们的思想观念由此而发生了深刻的变化，在思想文化需求上，人们思想活动的独立性、选择性、多变性、差异性明显增强，这就为各种文化思潮在社会上的流行创造了条件。各种文化思潮以不同的方式去迎合社会上不同群体和阶层的利益关切和价值诉求，其中比较有影响的是新自由主义、新左派、民主社会主义、历史虚无主义等。这些社会思潮中，有的包含着积极合理的成分，例如新左派对弱者的关怀，对社会公平正义的关注，文化保守主义和民族主义对增强文化自信和民族自豪感的强调。但是像新自由主义对西方私有化和多党制的崇拜，历史虚无主义对中国革命历史，对中国共产党的历史的歪曲和否定，还有消费主义对异化消费——消费由手段变为目的——的歌颂等，对社会风气产生了不良的影响。

新自由主义又被称为新右派、新保守主义，在西方，保守意味着向自由传统的回归，新自由主义是对诞生于17、18世纪欧洲启蒙运动时期的古典自由主义——主张天赋人权和社会契约论——的发展。20世纪80年代末90年代初发生了东欧剧变和苏联解体，国际共产主义运动处于低潮，在这样的背景下，新自由主义经过华盛顿共识在世界范围内传播开来。新自由主义持有这样的观点："政治生活，像经济生活一样，是（或应当是）个人自由或个人创造性的事情。因此，一个自由放任或自由市场的社会，加上一个'最低限度政府'，就是主要目标。"[①] 新自由主义在经济上主张私有化和自由市场经济，政治上主张多党制，它反对对国家权力的民主性应用，认为民主的发展不利于自由主义事业。这种新自由主义学说在20世纪80年代末90年

---

① ［英］戴维·赫尔德：《民主的模式》，燕继荣等译，中央编译出版社1998年版，第320页。

代初作为向市场经济过渡的政策工具,在苏联和东欧得到了广泛的推行,简称为"休克疗法"。所谓休克疗法就是苏东国家通过实行激进的私有化和自由化运动,以快速地实现西方化。这种激进的社会变革给苏东国家造成巨大灾难,在苏联,私有化改革运动成为少数权贵瓜分社会财富的一场盛宴,实际资产总额高达2000亿美元的苏联500家大型企业被以72亿美元卖掉,因私有化给苏联造成的损失居然比第二次世界大战造成的损失还要大,简直令人触目惊心。普通的俄罗斯民众在私有化运动中分得的1万卢布私有化债券,因随之而来的恶性通货膨胀——1992年全年通货膨胀高达2510%——而大幅贬值,最后竟然连一双普通的皮鞋都买不起。大量东欧国家的儿童沦落街头成为乞丐,一些东欧国家的妇女被卖到西欧成为性奴。以至于美国媒体惊呼新自由主义倡导的社会变革方案连有着自由主义传统的美国自己都不敢拿来做实验,由此可见以新自由主义为理论基础的华盛顿共识的险恶用心。在中国,新自由主义反映了那些主张发展市场经济,提高经济发展效率的知识分子和经济界人士的诉求。但是这种对自由竞争和发展效率的片面强调只能造成社会两极分化,违背共同富裕的社会主义本质要求。新自由主义的流行将导致形成放纵无序、自私冷漠、贪婪掠夺的社会风气。

而形成于20世纪90年代中国的新左派思想既反对新自由主义的自由市场经济理论,又反对基于斯大林主义的传统社会主义发展模式。新左派对自由市场经济弱肉强食的竞争和效率原则的批判使其站在社会弱势群体一边,对社会公平正义问题表现出深切的关注:"新左派思潮将'人民主权'思想和对弱势群体的深切人文关怀与当代中国存在的一些不公平问题结合在一起发起舆论攻势。"[①] 民主社会主义是西欧那些实行福利国家制度的发达资本主义国家的思想标签。民主社会主义在经济上主张建立混合经济,实行国家干预和计划化;在政治上主张工人阶级通过议会多数掌握国家权力;在社会政策上主张建立福利国家制度,实现经济平等。民主社会主义思潮在这些思潮中最

[①] 王炳权:《新左派的表现、趋势及应对》,《人民论坛》2019年第2期。

具有迷惑性和欺骗性，通过社会主义这一招牌把资本主义打扮成人民性，无论怎么装扮自己都掩盖不住其私有制基础上的资产阶级专政的本质，其一切福利措施和国家干预措施并不是出于其政权的人民性，以及对公平正义的追求，而是为了缓和阶级矛盾，维护资产阶级统治，因此这些措施注定具有临时性。

在有关现代性理论中，虚无主义是指对终极价值或意义的否定，也就是在世俗化运动中，工具理性对价值理性的否定所造成的具有终极意义和客观标准的东西的丧失。现代性的否定传统的未来指向和摧毁超越维度的祛魅化助长了无信仰无心肝的虚无主义倾向。历史虚无主义，顾名思义就是不加甄别地否定历史文化传统，历史虚无主义打着重估历史和还原历史真相的旗号对民族传统和民族文化进行肆意歪曲和否定，这在一定程度上迎合了西方反华势力对社会主义的恶意攻击，试图从根本上否定马克思主义的指导地位和中国走向社会主义的历史必然性，否定中国共产党的领导。习近平总书记指出："现在，一些错误倾向要引起警惕：有的夸大党史上的失误和曲折，肆意抹黑歪曲党的历史、攻击党的领导；有的将党史事件同现实问题刻意勾连、恶意炒作；有的不信正史信野史，将党史庸俗化、娱乐化，热衷传播八卦轶闻，对非法境外出版物津津乐道，等等。""历史虚无主义以所谓'重新评价'为名，歪曲近现代中国革命历史、党的历史和中华人民共和国历史。"虚无主义的流行将使人失去对自己历史和文化的敬畏心和认同感，以歪曲和戏耍自己国家的历史和英雄为荣为乐，败坏民族和国家形象。

保守主义与现代性的进步主义针锋相对。现代性意味着不断地变革和创新，"现代性是一个没有终点的过程，这意味着永久创新的思想、新事物不断被创造出来的思想。生活在现在，指向未来，渴望新奇，促进创新"[①]。保守是相对于激进而言的，保守往往是守旧的代名词，因此保守主义具有维护传统的倾向。保守主义反对现代性的割断

---

① ［意］艾伯特·马蒂内利：《全球现代化——重思现代性事业》，李国武译，商务印书馆2010年版，第12页。

与传统联系的未来指向,反对激进的社会变革与革命,主张维护历史传统和社会现状。在保守主义那里,"好"的标准就是祖传的。从积极方面来看,"历史不容割裂","每个民族都有自己的根",保守主义的主张对于保持文明发展和历史进步的连续性,对于增强民族传统和文化的自我认同具有重要意义,丢弃过去就是忘记自己由之出发的路,就会迷失方向。经济全球化使民族国家与国际接轨,生产和消费都变成世界性的,由此导致民族国家民众的民族和文化认同感下降。文化保守主义反映了改革开放以来经济的快速增长需要文化自信和传统价值的认同,从而获得精神上皈依的文化渴望,也是全球化过程中对西方全球化浪潮的冲击与压力造成的文化焦虑感和心理无根感的文化回应。

从其消极方面来讲,保守主义主张改良,反对改革和革命,我们当然反对改旗易帜的激进变革,这是条邪路,但是修修补补的改良不能从根本上解决经济和社会问题,尤其是当改革进入深水区和攻坚期,必须要以壮士断腕的勇气和毅力去面对问题和解决问题。保守主义主张会不可避免地导致社会回缩、倒退和封闭,封闭最有利于保护传统,因此保守主义不利于扩大对外开放。而且传统也不都是精华,我们反对不加甄别地否定历史的虚无主义,当然也要反对一味地维护传统的传统主义,这将影响对优秀传统文化的现代转化和创新发展。

四 社会环境的影响

人是环境的产物。黑格尔认为,是时代塑造了个人及其思想,超越时代的理论只存在于人的私见之中。马克思、恩格斯在《德意志意识形态》中指出:"这里所说的人们是现实的、从事活动的人们,他们受自己的生产力和与之相适应的交往的一定发展——直到交往的最遥远的形态——所制约。"[①] 马克思、恩格斯批判费尔巴哈的抽象的人,"没有从人们现有的社会联系,从那些使人们成为现在这种样子

---

① 《马克思恩格斯选集》第 1 卷,人民出版社 1995 年版,第 72 页。

的周围生活条件来观察人们"①。可以说,人的精神风貌如何,不是完全由他个人所决定的,这主要取决于他所处的社会环境。

人不是抽象的存在,作为社会动物,他的价值取向和行为方式深深地打上了他所处社会的烙印,一定时期一个社会的道德风尚往往都是一个社会大环境的缩影。

如果我们想让人们老老实实做人,踏踏实实做事,社会就必须倡导劳动光荣的社会风气,切实保障劳动者的劳动权益和劳动尊严,提高劳动报酬在国民收入初次分配中的比重。维护社会公平正义,保障权利公平、机会公平和规则公平,杜绝暗箱操作和权力寻租现象的发生,使权力在阳光下运行。如果社会上那些吃苦耐劳、辛勤劳动的规矩老实人不能致富,他们的劳动不能受到人们的尊重,而那些不规矩、不老实,靠投机钻营的人却腰缠万贯,反倒受到人们尊重,被视为"能人",那么谁还会相信劳动光荣,谁还会崇尚劳动致富。我们很难想象,在一个急功近利,人人都想一夜暴富的社会环境中,人们能够养成温文尔雅、理性平和的社会心态。

如果在一个把幸福用物质来衡量,进而把人生看作是一项投资,发财就是成功的社会文化环境中,怎么能够杜绝拜金主义和享乐主义的滋生蔓延?"一个'无利不起早'和'言必称利'的社会必然导致拜金享乐奢靡之风盛行,人与人之间将变得自私冷漠,社会矛盾丛生。"弗洛姆指出,对人来说,不是由人类的德性,而是由在竞争市场上所获得的成功支撑的尊严是靠不住的,"因此,一个人被迫不得不奋力求得成功,而任何挫折对他的自尊来说都是一项严重的威胁;无助、不安全和自卑等感觉就是由于这种状况造成的"②。弗洛姆认为现代社会人的自卑甚至焦虑的一个重要原因就是把人格当作具有交换价值的东西来看。当人们把人生的任务看作成功投资,那么人们就必然陷入焦虑,担心自己的资本——肉体、头脑和灵魂——不能在人格

---

① 《马克思恩格斯选集》第1卷,人民出版社1995年版,第78页。
② [美]艾里希·弗洛姆:《自我的追寻》,孙石译,上海译文出版社2012年版,第60页。

市场上换得好价钱。

五 社会舆论的影响

良好的社会道德风尚不会自发形成，虽然我们希望如此，但是事实证明那些有利于社会健康发展的道德规范和价值观念不会被人自发接受和自觉践行，因为作为个体的人往往考虑的是自身的利益，很少能够做到从大局出发，把自身利益纳入集体利益之中来考量。对少数先进分子可以，对多数群众是不行的。遵循社会的公序良俗，就要求人们跳出狭隘自我的圈子，做出某种让步和牺牲，即使人们知道这个道理，也不等于就会把它变成自己行动的信条，"知道善，并不等于爱善"。良好社会道德风尚的形成需要对人们加以教育和引导，教育和引导人们从只知道关心一己之私的"自然人"转向具有公共品格的"社会人"。社会舆论在引导人们向上向善的过程中应发挥着积极的作用。

舆论之所以能够影响人的选择和行为，根本原因在于人是一种社会性动物，我们的兴趣、爱好、需要不是我们自身固有的，而是我们栖身于其中的社会形塑的结果。我们所认为的"我"实际上是社会按照自己所希望的样子塑造出来的"我"。正如萨特所说，我们成为什么样的人虽然是我们选择的结果，但是你希望成为的样子也是众人所希望的，因此选择不仅仅是在为自己负责，也是为大家负责。现代人"自以为知道自己想要的东西是什么，而实际上他想要的只不过是别人期望他要的东西"[①]。卢梭曾把文明人和野蛮人作对比，认为文明人缺乏主见，只知道生活在他人的意见之中，"原始人只生活在他自己的世界中，而文明人一直生活在自己的世界之外，他们仅仅知道按别人的意愿来生活，以至于似乎只有别人对他的评价才能体现他自己生存的意义"。卢梭对文明人的描述不是在贬低文明人，他只不过是说出了具有社会性的人必然会表现出来的行为特征，海德格尔把这种按照别人意见生活的人称为"常人"，常人指定着日常生活的存在方式，

---

① ［美］艾里希·弗洛姆：《逃避自由》，刘林海译，上海译文出版社2015年版，第169页。

常人怎样，我们就怎样。对于这种社会趋同现象，海德格尔认为，从众的做法不一定是件坏事，我们不可能事事都要自行决定怎么去做，事事都要与众不同是很难做到的。"如果你时不时就得自行决定每一件打算做的小事情（穿什么、吃什么、开车时靠左还是靠右等等），那绝对是场灾难。趋同现象为我们整理出一个共同的世界，我们可以在此基础上自由地做出重要决断。"① 我们也可以说自我的真实感来源于对集体的认同和参与，本真性存在是不可能的。对他人看法和公众意见的重视使社会舆论对人们的行为发挥了巨大的导向作用，正如斯韦策所说："现在的公众意识是靠报纸、宣传、组织、经济影响以及其他可用的影响手段来维持的。"

舆论被称为"匿名权威"，匿名权威不同于外在权威和内在权威，外在的权威是指来自一个人自身之外的权威，这个权威既可以是一个人，比如父亲，也可以是一个组织机构，比如教会和国家；外在权威是命令式的，即你必须做这，或你不许做那。内在权威是指人的良心，良心的权威是以超我的面目出现，也就是说人的良心所发布的命令受制于以伦理道德方式出现的社会需求，而不是人的自我需求，因此也可以说良心的权威也是命令式的，尽管不是来自外部。命令权威发挥作用往往是在共生关系中，即统治和被统治的人身依附关系中，当这种关系一旦被打破，命令式的权威就会失去作用。现代社会的人崇尚自由、平等和人权，硬性的灌输和简单的说教并不能发挥直接的作用，反而会使人产生逆反心理，达不到教育人的目的。常识及作为趋同工具的公共舆论之类的匿名权威发挥作用不是靠施加压力，而是靠温和的劝说。"在匿名权威中，命令和命令者全都踪影全无，就像受到了看不见的敌人的攻击，任何人都无还手之力。"② 在现代社会，社会舆论这种匿名权威比公开的权威更加有效，它对人的思想、心理和行为发挥着潜移默化的作用。

---

① ［美］马克·拉索尔：《向着大地和天空，凡人和诸神》，蒋奕晖译，中信出版社2015年版，第79—80页。
② ［美］艾里希·弗洛姆：《逃避自由》，刘林海译，上海译文出版社2015年版，第111页。

第三章　现代性转向与社会道德风尚的演变

第一节　现代性转向

现代性是相对于传统性而言的。传统社会秩序具有超越性特征，它的文化是一种神圣文化；随着超越秩序的瓦解，神圣文化被世俗文化所取代，现代性是世俗文化，所谓现代性转向就是体现世俗化价值取向的社会变迁。

一　现代性转向的动力

现代性使社会秩序得以扩展，即从封闭的小社会发展到开放的大社会。封闭的小社会就是习俗性社会，在习俗性社会中，社会关系主要是建立在血缘关系和地缘关系基础上的，群体内部人们之间的关系亲密，外来的陌生人不被信任，人们与外界的接触很少。人类最初被分散在相互孤立的群体之中，人们对在风俗习惯上与自己所在群体不同的人有着天然的排斥和憎恶情绪，为了禁止相互来往和通婚，甚至把对方妖魔化。这是因为建立血缘和地缘基础的社会关系和交往规则必然会区分出亲疏远近来，例如"儒家主张爱有差等，提倡'爱亲'、'亲旧'，适应宗法社会的状况，也符合人之常情"[①]。不同的地

[①] 赵林、邓守成：《启蒙与世俗化——东西方现代化历程》，武汉大学出版社2008年版，第199页。

域人们的风俗习惯差异也非常大,亚里士多德认为,地理位置、土壤和气候影响个别民族特性与社会性质。

习俗性社会的规则不具有普遍性和抽象性,只适用于"自己人",不适用于"外人"。因此社会秩序要想扩展就要让统一的抽象规则发挥作用,冲破地方习俗和实践的限制。英国社会学家安东尼·吉登斯认为,在社会秩序的扩展过程中,时空的虚化、脱域和反思发挥了重要作用。

所谓"时间的虚化"就是人们对时间理解的抽象化,时间只是人们头脑中的一个概念,而不是具象之物。在古代,人们用日晷测时,通过太阳投影的移动方向来确定并划分时刻。这样就把时间和空间联系在一起,如果不参照空间标记,一天的时间就无法被人们所分清。一般"什么时候"总是与"什么地方"相联系,或者是"由有规律的自然现象来加以区别"。这样,时间就具有了地域性特征,人们对时间的理解也存在着差异,中国古人就认为时间是有终点的,而西方人则认为时间是永恒的。吉登斯认为,时钟和日历的出现,把时间从空间中分离出来,时间被虚化为统一的尺度,时间在表达上被符号化、形式化和标准化。时间虚化是空间虚化的前提。

所谓空间的虚化是指空间被从具体地点和场所分离出来,人们在社会生活中的面对面的在场互动情势消失。在前现代社会的封闭环境中,进行社会交往的是狭隘的地域性的个人,对人们来说,社会交往就是在给定的场所进行面对面的互动,"因为对大多数人来说,在大多数情况下,社会生活的空间维度都是受'在场'的支配,即地域性活动支配的"。在现代社会的开放环境中,狭隘的地域性个人变成世界历史性个人,在大多数情况下,社会生活的空间维度都是受"缺场"的支配。现代性的降临,"日益把空间从地点分离了出来,从位置上看,远离了任何给定的面对面的互动情势。在现代性条件下,地点逐渐变得捉摸不定:即是说,场所完全被远离它们的社会影响所穿透并据其建构而成"[1]。社会生活中"在场"被"缺场"所取代,意

---

[1] [英]安东尼·吉登斯:《现代性的后果》,田禾译,译林出版社2011年版,第16页。

味着人际交往日益走向抽象化、形式化、疏离化,这就为接受外来的陌生人创造了条件。古代人见到自己的师长和长辈作揖和叩拜是发自骨子里的尊敬,并通过一种仪式表现出来;现代人视长幼有序、尊卑贵贱为封建思想,主张人与人身份平等,这使人与人之间的交往完全被形式化,见到熟人握手交谈不过是出于礼貌、客套而已。在契约社会,没有熟人和陌生人之分,因为人们信任的是抽象的规则,人们是为了利益而暂时连接在一起。

时间与空间的"虚化"以及由此产生的普遍的标准化尺度的形成,打破了人们交往的时空障碍,极大地扩展了时空伸延的范围。时空的虚化使人摆脱了狭隘的血缘和地缘限制,吉登斯把这称为"脱域"。所谓脱域是指"社会关系从彼此互动的地域性关联中,从通过对不确定的时间的无限穿越而被重构的关联中'脱离出来'"[①]。存在两种脱域机制:象征标志和专家系统。所谓象征标志,就是人们之间相互交流的媒介,例如作为流通手段的货币。在作为一般等价物的货币没有出现之前,以物易物的交换受具体的交换环境的制约,首先它需要买卖双方的"在场",买卖行为在时空上不能分离,并且交易的东西必须恰好是对方所需要的,而对方需要什么受到地域性的个人风俗习惯等因素的制约。在一般等价物的货币产生之前,有的地方把贝壳作为等价物,有的地方把牛作为等价物,这种情境性的等价物阻碍了不同地域人们之间的经济社会交往,时—空伸延受到极大的限制。在今天,货币已经独立于它所代表的商品,无论商品或服务内容是什么,都用非个人的标准去代替它们,货币允许任何东西之间的交换。人们信赖的是作为交换媒介的货币,而不是人,至于是谁卖给我们商品和提供服务,我们不用关心,事实上也没人关心,这和封闭的传统社会中大多数情况下的熟人之间的频繁交往形成了鲜明对比。作为非个人标准的货币的出现使买卖在时空上发生分离,根据债务和债权来加以定义的货币与遍布各处的多向交换相关。"我们可以说,货币是支托出时间,因此也是将交易从具体的交换环境中抽脱出来的手段。

[①] [英]安东尼·吉登斯:《现代性的后果》,田禾译,译林出版社2011年版,第18页。

更准确地说,根据较早引入的术语,货币是时—空伸延的工具,它使在时间和空间中分割开来的商人之间的交易成为现实。"① 这里所说的货币支托出时间,是指货币本身的独立导致货币并非与时间相关,更准确地说是与时—空不相关。货币作为脱域机制,是导致现代社会"物化"和"冷漠化"的一个重要原因。

吉登斯论及的另一个重要的脱域机制就是专家系统。在现代社会,专家享有很高的威望,因为现代性使工具理性获得统治地位,任何问题似乎都需要找到一种纯粹技术性的解答。在现代社会中,融专业知识于其中的专家系统以连续不断的方式影响着我们行动的方方面面,尽管我们并不了解专家们所使用的知识法规,但是我们对专家们所做的工作表示信赖。专家系统之所以也是一种脱域机制,是因为它把社会关系从具体情境中直接分离出来。专家系统脱域的方式,是"通过跨越伸延时—空来提供预期的'保障'。社会系统的'延伸',是通过应用于估算技术知识的测试的非人格性质以及用来控制其形式的公众批评来实现的,而这种公众批评正是技术性知识产品存在的基础"②。换言之,我们信赖专家系统,既不是因为外行人参与进这些过程,也不是因为精通那些专家所具有的知识。与其说人们信赖的是人格化的专家,还不如说信赖的是专家们所使用的非人格化的知识。

除了时空虚化和脱域,反思在现代性发展中也发挥着重要的作用。所谓反思就是对自己做过的事情的"事后"反省,在此意义上,反思也就是黑格尔所说的那只在黄昏之后起飞的"密涅瓦的猫头鹰"。吉登斯认为,所有的人类活动都具有反思性,因为反思就是对行动的"监测","人类行动是一个不断地对行为及其情境的监测过程"。在此意义上,无论是前现代文明还是现代文明都存在着反思,只不过现代性的反思与前现代的反思性质是不同的。在前现代文明中,过去受到特别的尊重,"'过去'的方面比'未来'更重要"。因此,前现代的反思在很大程度上被限制在对传统的解释和阐明上。换句话说,反

---

① [英]安东尼·吉登斯:《现代性的后果》,田禾译,译林出版社2011年版,第21页。
② [英]安东尼·吉登斯:《现代性的后果》,田禾译,译林出版社2011年版,第25页。

思不过是对传统的"重新解释",而不是对传统的质疑和反抗;反思的结果是把好的标准等同于古老的,推崇永恒之物,反对推陈出新,这种反思不具有革命性和颠覆性。

而现代性反思却带来革命性和颠覆性,因为现代性反思使当下和未来受到尊重,"对过去持一种遗忘的、漠不关心的态度,它割断与过去的联系,沉醉于对新颖性的追求"[1]。反思的结果是把好的标准等同于新的,推崇变革和创新,反对因循守旧。现代性反思之所以具有不断革命性,在吉登斯看来,是因为反思被引入系统的再生产的每一个环节,致使思想和行动总是处在连续不断地彼此相互反映的过程之中,这样新发现就被不断地返回到社会实践之中,"社会实践总是不断地受到关于这些实践本身的新认识的检验和改造,从而在结构上不断改变着自己的特征"[2]。吉登斯所说的就是实践与认识的相互作用的过程,从实践到认识再到实践的过程,这一过程不是简单的重复,而是人的认识和实践不断深化的过程。

与吉登斯不同,黑格尔认为,反思不是在任何情况下都会发生的。在缺乏自我意识的社会中,人们是不能产生反思意识的。在封闭的传统社会中,人们的身份地位是确定的,个人只有通过自己所扮演的角色才能认识自己,人们不能选择自己的生活方式,因此"不可能提出诸如'我应当做什么?我应当如何生活?'的问题"。只有当我意识到"我作为一个人的地位是与我所履行的角色分离开的时候,这些问题才有提出的可能"[3]。也就是说当人走向独立,可以选择自己的生活的时候,对已有生活方式的反思和质疑才有可能发生。社会的发展进步就是社会走向开放,个人走向独立自由的过程。当人们有更多的选择自由和发展空间的时候,创造的冲动才有可能发生。

从一个国家走向现代的推动力是来自内部还是外部来看,我们可

---

[1] [美] 大卫·雷·格里芬:《后现代精神》,王成兵译,中央编译出版社 2011 年版,第 24 页。

[2] [英] 安东尼·吉登斯:《现代性的后果》,田禾,译林出版社 2011 年版,第 34 页。

[3] [美] 阿拉斯代尔·麦金太尔:《伦理学简史》,龚群译,商务印书馆 2003 年版,第 265 页。

以把走向现代的国家分为两大类型：内生型现代性国家与外生型现代性国家，外生型现代性国家在现代化起步上普遍晚于内生型现代性国家，它们往往是被内生型现代性国家卷入现代化浪潮中去的。

内生型现代性国家以西欧和北美国家为代表，这些国家的现代性的内生动力来自哪里？哥迈尼认为现代性的内生动力来自"前现代社会中的现代性特质"，也就是说这些国家在前现代社会发展阶段中就蕴含了现代性的种子，其现代性进程是自然孕化和自发演进的结果。这种前现代社会中的现代性特质主要包括三个因素：存在着以扩大再生产而进行投资的理性经济形式，存在着以市民自治为特点的城邦政治模式，存在着以普遍主义为特征的行为规范体系。[①] 可以说，第一要素代表了社会中中产阶级的发展，中产阶级没有封建贵族那样生而有之的身份地位，而又羡慕贵族的生活，只有通过资本的积累——扩大再生产来实现自己的人生理想。第二个因素代表了社会中出现的契约精神，契约精神是对不平等的身份意识的否定，强调人与人之间的平等关系。正如英国法律史学家梅因所说，现代化就是从身份到契约的运动，契约精神就是法治精神。由第二个因素产生出第三个因素，现代社会制度得以运行的最基本条件就是以普遍主义为特征的行为规范体系的建立。

孙立平先生认为，前现代社会中的现代性特质虽在西欧现代化过程中起过重要作用，但对西欧整个现代化过程起更重要作用的则是创新，内生型现代化的本质特征之一就是创新。那么这种主动创新精神为什么会发生在西欧一些国家，并使这些国家率先突破传统社会结构的束缚而走向现代呢？在《欧洲自由主义史》一书中，意大利政治哲学家拉吉罗多次引用了斯塔尔夫人的名言："自由是传统的，专制才是现代的。"这句话告诉我们在欧洲的一些国家有着自由的古老传统，在英国这个第一个走向现代的国家中就有着 11 世纪签署的"限制王权"的《自由大宪章》，英国资产阶级革命时，资产阶级以《大宪章》精神反对封建专制王权，今天它仍是英国宪法的重要组成部分。

---

① 孙立平：《现代化与社会转型》，北京大学出版社 2005 年版，第 51 页。

第三章 现代性转向与社会道德风尚的演变

在欧洲封建的中世纪为什么会出现自由传统，其中一个非常重要的原因就是中世纪的欧洲存在着两股相抗衡的力量，这两股力量之间的斗争导致社会呈现出二元结构：代表世俗秩序的封建皇权和代表超越秩序的教皇。正是这种二元社会结构使封建皇权受到极大限制，封建专制权力对社会的控制被极大地削弱，来自社会内部的变革要求容易成长壮大；教会和宫廷之间的斗争使来自民间的变革要求容易被倾听，因为教皇和皇帝都想通过争取民意来战胜对方，所以我们看到在封建的欧洲往往会出现一些比较开明的世俗统治者。举例来说，1560年苏格兰的宗教改革者成功地推翻了对抗世俗权力的天主教统治，1567年新教贵族强迫天主教徒玛丽女王退位。苏格兰学者乔治·布坎南为这样的行为进行了辩护，他在《论苏格兰人的王权》中说："在国王和人民之间存在着一个相互的契约：一方面，人民宣誓效忠于他们的国王；另一方面，'我们的国王也当着我们国内那些显要人物之面，宣誓他将公平、正义地执行法律'。无论谁违背了这一契约，就等于解除了对方的义务。一个颠覆了社会秩序的国王就是一个暴君，就是人民的敌人，人民可以正义地对他发动战争。"[1]

从19世纪中后期开始迈向现代化的国家大多属于外生型现代性国家，现代性要素之所以不能从这些国家内部产生，一个重要原因是这些国家的社会结构是一元化的，即封建专制统治铁板一块，形成了对社会的严苛控制，变革要求无法在社会内部自发孕育和产生。对于封建专制统治虽然也有来自社会内部的抗争，例如农民起义和农民战争，但这往往只能换来专制统治的短暂的开明，即使改朝换代也只是换了一个封建统治者，不会从根本上改变封建专制统治。后发外生型现代性国家走向现代化往往是在应对先进文明的挑战中做出的主动或被动的反应。1853年美国海军准将佩里率领4艘军舰驶入日本江户湾，日本德川政府在"开国"还是"开战"之间选择了"开国"，1868年明治维新使日本走向工业化和现代化，成为亚洲第一个走向现

---

[1] ［英］迈克尔·莱斯诺夫等：《社会契约论》，刘训练、李丽红、张红梅译，江苏人民出版社2006年版，第49页。

代的国家。与日本的主动选择不同，晚清政府对待西方文明的挑战时则显得被动，乾隆晚年拒绝英国公使马戛尔尼与清政府通商的请求使中国丧失一次了解西方工业文明发展的机会，两次鸦片战争失败迫使晚清政府学习西方工业文明来拯救垂危的大清王朝，史称"同治中兴"。由于始终未触及和改变腐朽的封建专制制度本身的问题，使这种学习以失败告终，直到中国产生了先进的阶级——无产阶级，引进了先进的思想——马克思列宁主义。十月革命一声炮响给中国送来了马列主义，外来的思想进入中国与中国革命实践相结合拯救了中国，中国人民在中国共产党的领导下完成了民族民主革命。因西方列强的入侵而沦为半殖民地半封建社会的中国，也因源于西方的思想——马克思主义的指导而实现了民族独立，走上了一条正确的民族复兴之路。

第二节　现代性转向的标志

一　经济市场化

从传统社会转向现代社会，经济形态上的变化就是商品经济取代了自然经济。在商品经济形态中，资源的配置与产品的交换都是通过市场机制来实现的，市场机制包括供求机制、价格机制、竞争机制和利益驱动机制。所谓利益驱动机制，是指市场经济活动的出发点是实现和维护自己的利益，而不是博爱和仁慈，亚当·斯密在其著名的"看不见的手"理论中，阐述了个人利益追求与公共利益实现之间的和谐关系，只不过公共利益的实现不是人们刻意为之的结果，即公共利益不是依靠个人利益的牺牲来实现的，把个人利益追求引向公共利益实现的背后就是市场机制发挥的作用。

所谓供求和价格机制，是指通过供求关系的变化形成价格信号，引导生产者和消费者做出选择。当某种商品或某类商品供不应求时，价格上涨，利润率上升；反之供过于求时，则价格下跌，利润率下降，利润率高的部门就会吸引利润率低的部门把生产要素向其转移，从而实现资源的优化配置。"价格机制通过供给者的成本及需求者的偏好作用于供给和需求，以达到市场导向偏好的满足及资源的最佳配置和利用。"① 如果说逐利是从事市场经济活动的内在动力，那么竞争则形成对市场经济主体的外在压力，个人利益的实现既要有互惠互利的合作，也要有竞争。在优胜劣汰的竞争中引发供给的增长和效率的提高，因此竞争对于繁荣市场、更好地满足消费者的需要发挥了重要的作用，没有竞争，就不可能带来市场的繁荣和消费者福利的提高。

新中国成立后模仿苏联建立了高度集中的计划经济，计划经济不同于自然经济，因为计划经济离不开以货币为媒介的市场交换，但是计划经济条件下的交换却不遵循价值规律，不受供求关系影响，而是遵循国家计划，商品主要由国家定价。企业的生产经营活动不是面向市场，根据市场供求关系和价格信号来组织生产经营活动，调节生产规模和产品结构，而是面向政府，服从政府下达的指令性计划。"中央的计划机构取代了为利润而工作的企业家"，企业按照国家计划指令组织生产经营活动。无论是企业还是个人，都没有更多的选择自由。这种高度集中的计划经济是建立在单一的公有制基础上的，之所以能够把企业和个人的经济活动纳入国家计划，是以消除私有和私人经济活动为前提的，企业和个人的经济活动都不以逐利为目的。"在人们使用的所有手段都是社会财产、并且根据一个单一计划以社会名义加以使用的地方，一个关于人们应该干什么的'社会的'观点必定要指导一切决定。"② 私有和私人经济活动是自发进行的，其目的是追求利益最大化，这带有很大的盲目性，任其自发发展将带来社会的两极分化。这被认为既与社会化大生产不相适应，也与追求平等的社会主义原则不相符合。

生产者不直接面向市场，依据供求信息组织生产，就无法及时、全面、准确地了解消费者的需求以及需求的变化；不允许企业和个人

---

① [美] 理查德·布隆克：《质疑自由市场经济》，林季红译，江苏人民出版社2000年版，第211页。
② [英] 弗里德里希·奥古斯特·冯·哈耶克：《通往奴役之路》，王明毅、冯兴元等译，中国社会科学出版社1997年版，第60页。

追求自身利益，长此以往就会使其失去从事经济活动的动力。正如邓小平所说，"不重视物质利益，对少数先进分子可以，对广大群众不行，一段时间可以，长期不行"。政企不分，企业成为政府的附庸，使其产生依赖感，不能把自己塑造成独立的责任主体，缺乏应对市场变化的创造创新能力。计划经济对于恢复国民经济，集中力量建立相对独立的经济体系发挥了重要的作用，但是经济发展效率不高的弊端也逐渐暴露出来。1960 年我国国内生产总值 597.16 亿美元，日本的国内生产总值 443 亿美元，到了 1978 年日本的国内生产总值已达 1.01 万亿美元，我国仅为 1495.41 亿美元，不到日本的 1/5。

改革开放后，我国逐渐走上市场经济发展道路。在 1984 年党的十二届三中全会上，邓小平指出，商品经济的充分发展是社会经济发展不可逾越的阶段，社会主义经济是公有制基础上的有计划的商品经济，从而突破了把计划经济和商品经济对立起来的观点。邓小平关于计划和市场的南方谈话，突破了把市场经济和社会主义对立起来的传统观念，邓小平指出，计划多一点还是市场多一点，不是社会主义与资本主义的本质区别。计划经济不等于社会主义，资本主义也可以有计划；市场经济不等于资本主义，社会主义也可以有市场。计划和市场都是资源配置方式和发展经济的手段。1992 年党的十四大正式提出我国经济体制改革的目标是发展社会主义市场经济，明确市场在国家宏观调控下对资源配置起基础性作用。2013 年党的十八届三中全会通过的《中共中央关于全面深化改革若干重大问题的决定》中，把市场在资源配置中的"基础性"作用改为"决定性"作用，这就更加突出了市场在资源配置中的作用。由市场决定资源配置是市场经济发展的一般规律，是市场经济区别于计划经济的本质特征，发展社会主义市场经济，就要让市场在资源配置中发挥决定性作用，把有效市场与有为政府有机结合起来。

从体制层面提出市场化改革目标，"为促进我国经济的发展和社会的进步注入了强大而持久的活力，也为人们合理的利益追求和欲望满足提供了制度保证和伦理支持"①。在市场经济条件下，政企分开，企业成为独立的市场主体和法人实体，自主经营、自负盈亏、自我发展和自我约束。职工与企业之间的身份关系被打破，个人逐渐丧失了体制性的"公有身份"以及由这种身份所带来的福利待遇，例如城镇职工子女接班、福利分房和单位养老等。企业与劳动者之间不再是身份关系，而是契约关系，即聘任和雇佣关系。企业雇佣劳动者，从社会来看，解决了就业问题，维护了社会稳定；从企业自身来看，主要是为企业的生存发展服务。而个人为企业劳动是为了自身的生存与发展，市场经济打破了个人对集体的身份束缚，把人抛回自身，使个人不得不关注自身利益和发展。这样，个人就由温室中的花草、"长不大的孩子"逐渐成为有着自由意志的独立的主体，人们能够在社会提供的条件下按照自己的意志谋划自己的生活和未来。

在市场经济条件下，竞争促使商品生产者产生忧患意识，不断地改进技术改善经营管理，从而提高了整个社会经济发展的效率。衡量效率有两种方式，无论是以单位时间生产的产品数量，还是以单位产品耗费的劳动时间来衡量，效率的高低——投入产出比——都是以财富创造能力或者说是盈利能力来衡量的。不能盈利和盈利能力不强，也就意味着企业无法迅速扩大生产规模和市场占有率，无法在激烈的市场竞争中站稳脚跟并赢得先机，不能提高抵御市场竞争风险的能力。在这种情况下，以最小的投入换来最大的产出，获得利益最大化必然成为市场主体追求的目标。在此意义上，逐利不能说是人的本性使然，追求利益最大化也不能说是人性的贪婪；市场经济条件下人的逐利倾向归根结底是由市场经济竞争性的运行规则和人的生存方式的改变造成的。不仅如此，随着交换范围的扩大，利益关系有被泛化的趋势，即利益交换关系渗透到了经济领域以外的其他一些社会领域中去。这样，市场经济就塑造了人格的交易倾向，即把自己所拥有的力量作为谋求自身利益的资源："在市场指向方面，人所面临着的是自己的力量变为一项被人拿去的商品。他不是一个拥有力量的人，而是

---

① 张祖华：《现代性困境与后现代道德重构》，《中央社会主义学院学报》2012 年第 5 期。

社会道德风尚的现代性阐释

遮蔽力量的人,因为他所关心的不是在运用力量过程中的自我实现,而是在售卖权力过程中他是否成功。"① 在利益驱使下,市场甚至将那些无法估价和通约的东西变成能够售卖的商品,如权力、学问、艺术、情感等。

二 政治民主化

在高度集中的计划经济体制下,权力高度集中于政府,无论是产供销,还是人财物,作为生产者的企业都没有自主权,政府与企业的关系是命令和服从的关系。企业不能直接面向市场,只能接受从中央到地方层层下达的指令性计划,信息的传递与接收是垂直的;这样,计划经济体制形成了一个庞大的金字塔形科层结构,处于金字塔顶端的是中央决策机构,即计划的制定者。从金字塔底端开始,越往上级别越高,权力越大,拥有的资源也就越多。就拿企业来说,企业分为集体企业和国有企业,集体企业又分为大集体和小集体,国企分为地方国企和中央直属国企,相应的企业的级别也不同,有县团级、地师级和省部级之分,企业的管理者有双重身份,既是行政干部又是企业家,由政府任命。人们在不同行政级别的企业中工作身份地位以及由这种身份地位所带来的福利待遇是不同的,国企是金饭碗,大集体是铁饭碗,而小集体是泥饭碗。高度集中的计划经济体制强化了人们的身份等级观念,农村人想成为城里人,城里人想成为机关干部,集体职工想成为"国字号"企业职工。对级别的一定程度的重视背后是长期的计划经济体制所形成的思想,以及这种思想所带来的身份便利。政企不分导致权力与经济的结合使人们的价值取向带有一定程度的官本位色彩,在有些人看来,把能够进入体制内并获得一官半职当作自己的人生理想,这种"官本位"的思想不利于民主政治发展所要求的平等与法治观念的形成和发展。高度集中计划经济体制强化了人们对权威的服从,部分民众缺乏自主意识和自我认同,服从权威成为人的

---

① [美]艾里希·弗洛姆:《自我的追寻》,孙石译,上海译文出版社2012年版,第60—61页。

美德。弗洛姆认为，人们由于害怕自己的创造性行为触动权威，因此会萌生出深深的罪恶感。对权威的服从有利于形成集体凝聚力，有效动员社会力量应对国内外危机，但是对权威的盲从也会在社会中产生大量非理性的行为。

市场经济的发展使人们产生了自由平等意识。市场经济的等价交换原则体现了人与人之间的平等关系，正如马克思所说，"商品是天生的平等派"。商品交换以价值量为基础，实行等价交换，这是价值规律的一项重要原则。等价是指相交换的商品价值量相等，从表面上看，等价交换是具有不同使用价值的商品之间按照价值量相等的原则进行交换，但实际上它反映了人与人之间的一种自由平等的关系。在市场经济条件下，人身依附关系被打破，每个人都成为具有自由意志和利益诉求的独立的主体。人们是通过市场交换来实现自己利益的，交换关系是一种契约关系，契约的达成是一个自由合意的过程。所谓自由是指契约双方互以对方为独立的主体和所有人相对待，也就是说，交换关系是自愿发生的，不能强迫交易。人生而自由平等的思想强调只有自由的同意才能产生合法性，任何人都不能强迫他人签订契约，只有具有独立人格并有权支配自己的所有物的人才能签订契约。

所谓合意是指平等主体之间的契约关系的建立要符合双方共同利益。契约只有在互利的情况下才能达成，从而使契约双方形成共同意志，契约是双方共同意志的表达和确认，在这种表达和确认中交换与合作关系才能完成，"就是说每一方只有通过双方共同一致的意志行为，才能让渡自己的商品，占有别人的商品"。合意状态——契约双方都满意的结果之所以能够达成，是因为交换双方互以对方为平等的权利主体相对待，互相承认对方是与自己一样的具有平等权利和人格的人，平等对待、互相尊重；只有发生在平等的主体之间的商品交换才能遵循等价交换原则，否则等价交换原则就会遭到破坏。市场经济的交换关系将人们从等级身份束缚中解放出来，实现了人与人之间的平等。"如果说经济形式，交换，在所有方面确立了主体之间的全面平等，那么内容，即促使人们去进行交换的个人和物质材料，则确立了自由。可见，平等和自由不仅在以交换价值为基础的交换中受到尊重，而且交换价值的交换是一切平等和自由的生产的、现实的基础。"① 由此可见，市场经济的发展使社会关系发生了从身份向契约的转变，契约否定了等级特权和人身依附关系，使社会从群体本位转向个体本位，人的个体意识觉醒；从义务本位转向权利本位，人的主体意识和权利意识觉醒。

我国是人民当家作主的社会主义国家，市场经济的发展促进了政府职能的转变和法治化进程。全能型政府转向有限政府和有效政府，政府与市场的边界逐渐明晰，政府权力与公民权利趋于良性互动。法治政府建设加快推进，政府权力得到有效规范，公民权利得到充分保障。随着民主法治进程的不断推进，人民的主体意识和权利意识不断增强。主体意识的觉醒使人们意识到自己不是一个只知道服从的臣民，而是一个享有法律赋予的权利并按法律规定履行义务的公民。臣民心中的尊卑贵贱观念比较浓厚，臣民习惯于对权力曲意逢迎，唯命是从，因此臣民是不会产生主体责任意识的；而公民则把自己看作自己命运的主人，有着民主意识和参与意识的社会政治生活的主体。市场经济所蕴含的主体性精神使社会成员培育出一种主动参与社会事务的意愿。

现代性使中国社会发生的最大变化之一，就是人们主体意识和权利意识的觉醒。"毫无疑问，这是一个走向权利的时代。市场经济发展带来的自由平等意识、网络媒体勃兴提供的多元表达平台、民主政治进步造就的个体意识启蒙，所有这一切，成为人们权利意识的萌发、表达和伸张的'时代注脚'。与之相伴，'权利意识'的高涨，也为树立法律权威、培养法治观念、发掘公民意识，起到了巨大推动作用，成为社会进步的催化剂。'一元钱'官司的较真，厘清的是社会是非观念；'物权'概念的普及，调动起创造财富的热情；'环境权'的主张，增强着生态文明的群众基础……"②

---

① 《马克思恩格斯全集》第30卷，人民出版社1995年版，第199页。
② 《人民观点：有"权利意识"，也要有"法治观念"》，《人民日报》2013年5月21日第5版。

三 社会世俗化

世俗化是相对于神圣化而言的。世俗化也就是社会的去宗教化、去神话化,这不是指宗教被消灭了,而是指宗教失去了对社会公共领域和公共事物的控制和影响,被赶入了私人领域,成为个人的事情,即信仰的私人化。现代性祛除了社会的神魅,使人们脱离开对神圣偶像的崇拜,回归世俗平凡生活,人们不再虔诚于超验对象,而是以理性的眼光面对经验世界。世俗化就是社会的祛除神魅化,就是宗教和神圣价值逐渐失去对现实社会生活影响的过程,社会的政治、经济、文化等层面的超验色彩逐渐褪色,人们的精神世界中终极感、无限感和神圣感随着世俗化进程而逐渐消失。

社会的世俗化使人告别神圣和崇高,回归现实世界和世俗生活的过程,被称为使人从"神性"向"人性"的回归,这种回归在文艺复兴时期被称为"人本主义"的胜利,人本主义肯定人的感官欲望的合理性并赋予人追求现世幸福的权利。这种回归在启蒙运动时期被称为理性主义"人权观"的胜利,所谓人权就是作为人本身就应当具有的权利,人权是对神权和封建特权的否定,人权强调人生而自由平等,反对出身的不平等。这种回归在达尔文进化论上的表现就是人从上帝的创造物转变为自然进化的产物,祛除了人性中的神性,赋予其自然性。这种回归在哲学上的表现就是实证主义对形而上学和神学的胜利,实证主义使人从对超验对象的执着转向经验对象,把人从对彼岸世界的超越和对生活的终极意义的追问拉回现实世界,使人专注于当下现实生活。在世俗社会秩序中,人们追求的不再是获得来自彼岸世界的精神救赎,而是此岸世界的事业成功和生活幸福。自工业革命以来,幸福成为"可测之物","必须是物、符号、'舒适'能够测得出来的福利。民主社会的趋势是总想得到更多的福利,以此来作为社会命定性的消除和所有命运的平等"[①]。在现代世俗社会,追求财富和

[①] [法]让·鲍德里亚:《消费社会》,刘成富、全志钢译,南京大学出版社 2014 年版,第 28 页。

物质的成功成为人们的生活目的本身。

随着社会的祛除神魅，现代性使人性获得解放，人成为自己命运的主人，人性恶——逐利性获得了道德上的合理性。在历史发展动力问题上，与费尔巴哈一味强调"善"的作用不同，黑格尔则看到了"恶"的作用。黑格尔说："有人以为，当他说人性是善的这句话时，是说出了一种很伟大的思想；但是他忘记了，当人们说人本性是恶的这句话时，是说出了一种更伟大得多的思想。"对黑格尔强调恶的历史发展作用，恩格斯的解释是："在黑格尔那里，恶是历史发展的动力的表现形式。这里有双重意思，一方面，每一种新的进步都必然表现为对某一神圣事物的亵渎，表现为对陈旧的、日渐衰亡的、但为习惯所崇奉的秩序的叛逆，另一方面，自从阶级对立产生以来，正是人的恶劣的情欲——贪欲和权势欲成了历史发展的杠杆，关于这方面，例如封建制度的和资产阶级的历史就是一个独一无二的持续不断的证明。"① 反对神圣事物和习惯势力对人们头脑的束缚，是激烈的反传统主义的进步倾向，在这一过程中往往伴随着个体意识的觉醒，个人主体意识的觉醒是反思的结果，"我疑"故"我思"，"我思"故"我在"。"应该说，正是对'个体'的尊重，正是对'权利'的捍卫，才极大地激发了社会活力和创造力。"② 这样，自利与利他、个人利益与公共利益不再是对立的两极，在亚当·斯密那里，人性之"恶"——自利找到了通往公共善的道路的桥梁，这个桥梁就是市场经济这只"看不见的手"。亚当·斯密认为，人都关心自己，追求自身利益，"这是他应该做的"，但是在一只无形之手的作用下，人的贪心受到约束，互惠互利的合作和交易使他人和社会受益，这就是利益的自然和谐。

我国是从什么时候开始世俗化进程的？汪晖认为中国古代有世俗，但没有世俗化，也就是说由于没有西方意义上的宗教，也就不存

---

① 《马克思恩格斯选集》第4卷，人民出版社1995年版，第237页。
② 《权利伸张别忘"公共意识"（人民观点）——如何提升我们的社会文明⑤》，《人民日报》2018年11月16日第9版。

在祛神魅化，中国自始至终就是一个世俗社会。许纪霖认为中国的世俗化从明代开始经历了一个漫长的演化过程，从明代的阳明学开始，中国已经有了类似欧洲的文艺复兴和宗教改革，"之所以说明代的阳明学是中国的文艺复兴和宗教改革，乃是'个人'通过良知已经在阳明学之中获得了解放……到了五四运动之后，甚至连公理也不提了，思想界只讲公意，乃至民意。从天理到公理，再到公意，最后到民意，我们可以看到，中国的世俗化和超越世界的解体，不是一个突变，而是经历了相当漫长的内在演化"①。究竟明代的阳明学在中国的世俗化演进中扮演什么角色，我们姑且不论，毕竟世俗化是社会的整体变迁，只是某一时期产生了某种带有现代色彩的世俗化理论并不能证明当时社会整体发生了现代性转向。中国真正意义上的世俗化变迁应该发生在20世纪80年代开始的改革开放和市场经济发展进程中：从"跑步进入共产主义"到从初级阶段的国情出发制定发展战略和方针政策，全社会大兴求真务实之风；从"姓社"还是"姓资"的争论到判断是非的"三个有利于"标准的提出；从把社会主义与市场经济对立起来到大力发展社会主义市场经济；从消灭私有和不允许私人经济活动到大力发展个体经济和私营经济，个体经济和私营经济被看作社会主义市场经济的重要组成部分；社会从一元走向多元，人们思想活动的独立性、选择性、多变性、差异性明显增强；从不允许人们追求个人私利到为个人利益正名，鼓励人们靠自己的勤劳和聪明才智发家致富，从个人的价值选择来看，相较于人生的终极意义问题，人们更加关注当下的名利地位和生活的舒适幸福。"市场竞争导致了社会成员个体意识的觉醒；对物欲的追逐又使人们普遍地关注利益问题。世俗的生活使人们造成了一种普遍的现实感，使社会成员注重现实的日常生活，注重现实生活的质量问题，而摒弃禁欲主义以及过于理想化的行为取向。"②

---

① 许纪霖、刘擎：《世俗时代与超越精神》，江苏人民出版社2008年版，第10—11页。
② 喻文德：《论世俗道德的特点及其困境》，《伦理学研究》2008年第1期。

四 秩序自发化

依据社会秩序是人为设计形成的，还是自发演进形成的，可将其区分为两种形式，即组织的（建构的）秩序和自发的秩序。

组织的秩序是由外部力量施加而形成的秩序，也就是人为设计出来的秩序。从组织秩序的型构过程来看，组织的秩序是一种有意安排或源于外部的秩序。正如一座城市的规划设计者要居高临下，对大到城市的整体定位和长远发展，小到城市的功能分区布局了如指掌一样，从外部对秩序进行组织设计预设了这样的前提：一切都是可知的，并且能够按照我们的意愿加以改善。在哈耶克看来，一切打算对整个社会实行计划的企图，都建立在人类对自己的理性控制能力的自信的基础之上。这种自信把人类社会获得的一切优势和机会都归于人的理性设计。这就要求组织的秩序的设计者要具有无限的意志和超常的智慧——"全知全能"，并且具有从整体上控制社会的能力，这种能力的获得以能够集中和控制社会一切资源为前提，控制了个人借以进行选择的外部条件，也就限制了社会成员的选择自由，以此形成更大的社会凝聚力，建立起所有人共同的价值服从。

计划经济具有组织秩序的特点。计划经济使社会形成一个金字塔形的科层结构，处于金字塔顶端的是整个社会的计划的制订者和组织实施者——中央计划机关，计划从金字塔顶端向下层层传递到最底层的生产企业，计划是指令性的，具有强制性。在执行计划上，无论是企业，还是个人的选择权都受到计划的限制，企业的人财物和产供销都列入国家计划，统一组织实施。企业依附于政府，个人依附于企业，企业吃国家的大锅饭，职工吃企业的大锅饭。无论是企业还是个人既无外在压力，又无内在动力。没有选择就没有自由，而没有自由，人们就没有行动的主动性和对行动负责的意识。当选择不是出于自己的意志，人们就倾向于逃避责任和寻求安逸。选择自由是基于这样的事实："如果某一个人拒绝满足我们的希望，我们可以转向另一个人。但如果我们面对一个垄断者时,我们将唯他之命是从。"① 在组织的秩序下,如果习惯于服从,那么民众的主动参与意识和创造创新精神就会被弱化;如果习惯于从上至下被组织起来做事,那么民众的自我组织的能力就会下降,离开了约束和管治,民众就不知道如何做事。

自发秩序不同于从外部施加而形成的组织的秩序,它属于内部秩序,是群体内部人们自发行动的产物,它的形成不是人们刻意为之的结果。为了说明自发秩序的形成,格尔哈德·恩格尔举了这样一个例子:"如果在一个住区,一个食品店开张或者关闭,那么不是计划设计,而是顾客行为(当然也有非顾客行为)导致了'实现'某种密度的食品店分布。也就是说,所出现的秩序是匿名信号(即所在地带顾客个人购买次数和支付能力)的结果。"② 顾客个人的购买次数和支付能力是无法设计和计算的,也是人为控制不了的。由于自发秩序不受某个人和某个机构操控,自发秩序也是一种自由秩序,人们有选择自由。由于自发秩序不是按照预定计划被组织起来才得以运行的秩序,自发秩序也是一种自组织秩序,在自发秩序中民众有着比较强的自我组织能力。

随着我国市场经济的发展,社会的自发秩序得以成长,民众的自我组织能力和创造创新能力得到提高。

市场经济依赖于"自动反馈的体系",也就是我们所说的"价格信号","市场是一个复杂系统,它独立于人们的意图而形成,并通过商品价格向市场参与者传递信息。市场参与者若想行之有效地从事各种活动,就必须慎重考虑这些信息及其他参与者的行动。"③ 自发秩序不存在有组织的秩序所表现出来的强制性,市场不断产生着选择余

---

① [英]弗里德里希·奥古斯特·冯·哈耶克:《致命的自负》,冯克利、胡晋华等译,中国社会科学出版社 2000 年版,第 92 页。
② [德]格尔哈德·帕普克主编:《知识、自由与秩序》,黄冰源、赵莹、冯兴元、梁晶晶译,中国社会科学出版社 2001 年版,第 95 页。
③ [德]格尔哈德·帕普克主编:《知识、自由与秩序》,黄冰源、赵莹、冯兴元、梁晶晶译,中国社会科学出版社 2001 年版,第 113 页。

地，鼓励人们不断地进行创造创新。在我国市场经济发展的过程就是通过减少直接控制而使自发生长力量得以释放的过程。通过放权让利，转变政府职能，打破"大政府小社会"的社会结构，充分发挥出市场和社会组织的自我调节能力；通过发展个体和私营经济，打破单一公有制的所有制经济结构，释放出社会多元主体自主发展的活力；通过打破平均主义大锅饭，合理拉开收入差距，充分调动人们生产劳动的积极性。

正如邓小平所说，我国改革开放的各项政策并不是来自大本本，而是来源于人民群众的实践，是从实践中摸索出来的。家庭联产承包责任制，最初来源于安徽凤阳县梨园公社小岗生产队社员包产到户的创举。1978年，在安徽省凤阳县梨园公社小岗村，18位农民在一份错字连篇的"生死契约"上按下鲜红的手印，搞起了大包干："我们分田到户，每户户主签字盖章。如此后能干，每户保证完成每户全年上交的公粮，不再向国家伸手要钱要粮。如不成，我们干部坐牢杀头也甘心，大家社员也保证把我们的孩子养活到18岁。"由此开启了中国农村家庭联产承包责任制的先河，改变了中国农村发展史。同年年底，党的第十一届三中全会召开，中国走上改革开放之路。中国的改革开放从农村开始，这并非改革开放总设计师邓小平的特意安排，而是中国农民的自发行动。在邓小平、万里等人的支持下，中国农村改革成了一场翻天覆地的关系中国发展和命运的大变革。就是说，我国的许多改革措施最初并不是从领袖的头脑中设想出来，也不是按照事先设计好的宏伟蓝图制造出来的，而是从直接从事经济社会活动的民众的经验中总结出来的，它是人们的积极性、主动性和创造性的成就。摸着石头过河的改革实践符合自发性活动的特点，即允许人们去试验，允许人们犯错误，大胆地试，大胆地闯。摸着石头过河就是坚持在"干中学"，边实践边总结，积累经验后逐步推开，出现问题就及时应对，发现错误就马上纠正，从实践中获得真知。邓小平多次强调改革开放不要怕冒风险，不大胆地试、大胆地闯，就干不出一番新事业。1992年，邓小平在南方谈话中说："改革开放胆子要大一些，敢于试验，不能像小脚女人一样。看准了的，就大胆地试，大胆地闯。深圳的重要经验就是敢闯。没有一点闯的精神，没有一点'冒'的精神，没有一股气呀、劲呀，就走不出一条好路，走不出一条新路，就干不出新的事业。不冒点风险，办什么事情都有百分之百的把握，万无一失，谁敢说这样的话？一开始就自以为是，认为百分之百正确，没那么回事，我就从来没有那么认为。"[①] 在这个意义上说，市场经济作为一种自发性秩序给人们发挥自己的聪明才智和创造创新能力提供了自由的空间，它给人们提供选择自由，允许人们去冒险、去试验、去创造。

我国改革开放进入新时代，随着改革进入攻坚期和深水区，对顶层设计提出了更高的要求。顶层设计是一个工程学术语，是指站在全局的高度，从最高层次上找到解决问题的办法和途径。所谓改革的顶层设计是指中央从全局出发，对改革方案进行整体设计和协同一体推进，这与以往的那种零敲碎打的改革有很大不同，它强调改革的系统性、整体性和协同性。强调改革的顶层设计并不是否定和排斥来自基层的自发力量，顶层设计不是建立在空中楼阁之上，它离不开广大人民群众在改革开放的实践中积累的智慧和经验，正是改革开放以来来自基层的不断探索为我们进一步全面深化改革积累了丰富的实践经验，为加强顶层设计奠定了坚实的基础。在新时代实现中华民族伟大复兴的征程中，我们仍然需要不断地尝试和探索，为顶层设计提供经验，不断完善和发展中国特色社会主义制度。"摸着石头过河，是富有中国特色、符合中国国情的改革方法。摸着石头过河就是摸规律，从实践中获得真知。……注重改革的系统性、整体性、协同性，同时也要继续鼓励大胆试验、大胆突破，不断把改革开放引向深入。"[②]

第三节　中国现代性转向的特征

总的来看，与西欧和北美国家相比，中国属于后发外生型现代

---

① 《邓小平文选》第3卷，人民出版社1993年版，第372页。
② 《习近平谈治国理政》，外文出版社2014年版，第67—68页。

化国家,也就是说,中国现代性转向的推动力主要不是由内部自发产生的。传统的中国社会是一个大一统的封建专制社会,"在中国,权力集中于宗法专制体系。自从秦始皇统一全国、建立专制的中央集权体制以来,除了分裂时期,中国很少出现足以同皇权抗衡的封建领主"①。铁板一块的封建专制统治窒息了社会的活力和创新创造的动力,在奴性的温床上难以产生对现实体制和文化进行批判和解构的"异端"思想。知识分子,要么成为奴颜婢膝的谄媚者,要么逃离现实,沉醉于诗情画意的山水之间,保持清高的节度;在政治社会化理论中,这种逃避是由政治理想与政治现实之间的巨大反差造成的。自汉武帝罢黜百家,历代封建统治者独尊儒术,对儒家思想只能解释和校对,不容怀疑和批判。"孔夫子早就立下规矩,'不可不诛'的五条大恶中有三条是言论罪:'言伪而辩','记丑而博','顺非而泽'。圣人的教导被确立为是非标准,加上大一统的局面……思想者的命运注定十分艰难。"② 在大一统的封建专制统治下,外来的思想文化不但没有形成对既有思想的挑战,促使其更新发展,反而被同化吸收,成为美化和维护封建专制统治的力量。

中华文明是一种早熟型文明,无论是科学技术发明,还是文学艺术成就,无论是社会建制(如文官选拔制度),还是人文道德风尚,都曾经创造了远超西方国家的伟大成就。中国当时对一些西方人来说就是一个令人向往的天堂,当时欧洲一些学者认为要想向中国学习,就要与中国接轨。伏尔泰曾说,"在道德上欧洲人应当成为中国人的徒弟"。郑和下西洋早于哥伦布88年,其庞大的远洋船队足见当时中国的造船技术和航海技术的发达,以至于现在一些西方学者都认为是郑和发现了北美新大陆,而不是哥伦布。《大国的兴衰》的作者保罗·肯尼迪在书中写到,中国在五百年前是世界上唯一的超级大国。习近平总书记对中华民族伟大的创造性成就作了这样的表述:"我国产生了老子、孔子、庄子、孟子、墨子、孙子、韩非子等闻名于世的

---

① 袁伟时:《文化与中国转型》,浙江大学出版社2012年版,第225页。
② 袁伟时:《文化与中国转型》,浙江大学出版社2012年版,第225页。

第三章　现代性转向与社会道德风尚的演变

伟大思想巨匠，发明了造纸术、火药、印刷术、指南针等深刻影响人类文明进程的伟大科技成果，创作了诗经、楚辞、汉赋、唐诗、宋词、元曲、明清小说等伟大文艺作品，传承了格萨尔王、玛纳斯、江格尔等震撼人心的伟大史诗，建设了万里长城、都江堰、大运河、故宫、布达拉宫等气势恢弘的伟大工程。"①

这种早熟使中国在与其他文明的早期接触中产生了优越感，所谓的"严华夷之辩"就是以华变夷之辩。这种优越感使当时的封建统治者沉浸在"万邦来朝"的天朝上国的荣光之中，逐渐丧失了忧患意识，看不到自身的社会制度和文化在发展中存在的缺陷和问题。在这种心态作用下，接触异质文明的时候就看不到对方的优点和长处，也产生不了反思和借鉴的态度。在异质文明的挑战面前往往采取的是一味拒斥的态度，而不是在积极迎战中实现自我革新。当年英国公使马戛尔尼来到中国送给乾隆帝的包括许多现代工业产品和武器模型在内的礼物，在第二次鸦片战争时被英法联军在圆明园中发现时，都没有被拆封。当国门被西方列强的坚船利炮打开的时候，我们已经丧失了主动向西方现代性学习的机会，西方列强已经不允许中国独立走上资本主义现代性发展道路。

新中国成立后，在冷战的时代背景下，面对西方国家对我国的封锁和禁运，我们采取了一边倒的外交政策，并模仿苏联建立起了社会主义现代化建设模式，即高度集中的计划经济模式。这种模式是建立在对西方资本主义现代性否定基础上的，计划经济是一种反资本主义现代性的现代化模式。计划经济模式是建立在公有制基础上的，强调政府的主导性作用，由公共部门配置资源。虽然我们否定资本主义现代性，但是并不否定现代化本身，在计划经济年代，现代化、城市化、工业化依然是我们的奋斗目标；在"大跃进"年代，"天人合一"的思想被"人定胜天"这种工业文明时代源于工具理性主义思维的豪言壮语所取代。在当时，人们认为现代化就是工业化和城市化，就是高楼大厦和烟囱林立，就是对自然的征服。"一方面是一种

---

① 《习近平谈治国理政》第 3 卷，外文出版社 2020 年版，第 140 页。

现代化的意识形态，另一方面是对欧洲和美国的资本主义现代化的批判；但是，这个批判不是对现代化本身的批判，恰恰相反，它是基于革命的意识形态和民族主义的立场而产生的对于现代化的资本主义形式或阶段的批判。"因此，从价值观和历史观的层面上说，这是一种反资本主义现代性的现代性理论。[1]

从党的十一届三中全会开始，我国积极探索适合中国国情的社会主义现代化建设道路。这种探索的原动力是苏联的现代性模式的弊端逐渐暴露出来，从国内来看，经济发展停滞不前，人民生活没有多大改善。正如邓小平所说："中国社会从一九五八年到一九七八年二十年时间，实际上处于停滞和徘徊的状态，国家的经济和人民的生活没有得到多大的发展和提高。"[2] 1978年9月，邓小平在东北三省视察期间说："我们太穷了，太落后了，老实说对不起人民。"[3] "搞了二十多年还这么穷，那要社会主义干什么？"[4] 从国际来看，第二次世界大战后在世界范围内新科技革命推动下，世界经济得到快速发展，我国经济实力和科技实力与世界先进水平的差距明显拉大，面临着巨大的国际竞争压力。

对源于苏联的计划经济的反思，使我们从"姓社姓资"的二元对立的思维方式中解放出来，开始以理性客观的眼光看待资本主义现代性，承认资本主义现代化建设所取得的成就，虚心向资本主义发达国家学习。正如邓小平1978年在访问日本期间所说："首先承认我们的落后，老老实实承认落后就有希望。再就是善于学习。这次到日本来，就是要向日本请教。我们向一切发达国家请教。向第三世界穷朋友中的好经验请教。相信本着这样的态度、政策、方针，我们是有希

---

[1] 陈志刚：《中国特色社会主义道路与现代性模式的新探索》，《毛泽东思想研究》2009年第1期。
[2] 《邓小平文选》第3卷，人民出版社1993年版，第237页。
[3] 中共中央文献研究室编：《邓小平年谱1975—1997》（上卷），中央文献出版社2004年版，第381页。
[4] 中共中央文献研究室编：《邓小平年谱1975—1997》（上卷），中央文献出版社2004年版，第384页。

望的。"①

向西方国家学习，但并不盲目认同西方现代性。我们始终反对西方国家推行它们的所谓普世价值观念、进行文化殖民，而是坚持社会主义道路、制度、理论和文化自信，在借鉴西方有益经验的同时，对西方现代性的弊端始终保持清醒的认识。

发展市场经济，但是反对丛林法则支配下的自由市场经济。在发展市场经济过程中，不是对市场的自发力量采取放任态度，充当守夜人，任凭资本逻辑操控一切，而是在使市场发挥资源配置决定性作用的同时，更好地发挥政府的作用，把有效市场和有为政府更好地结合起来。社会主义市场经济，"既发挥了市场经济的长处，又发挥了社会主义制度的优越性"。正如习近平总书记所说，"在市场作用和政府作用的问题上，要讲辩证法、两点论，'看不见的手'和'看得见的手'都要用好，努力形成市场作用和政府作用有机统一、相互补充、相互协调、相互促进的格局，推动经济社会持续健康发展"。②

发展注重效率，但是反对为了效率而牺牲公平。贫穷不是社会主义，发展太慢也不是社会主义，发展社会主义必须大力发展经济，提高经济发展效率，把经济做大做强。两极分化也不是社会主义，在促进效率提高的同时，要更好地实现社会公平，避免出现两极分化。为此，我们党提出贯彻以人民为中心的发展思想，坚持发展的成果由人民共享。党的十八大以来，党中央把握发展阶段新变化，把逐步实现全体人民共同富裕摆在更加重要的位置上，"当前，全球收入不平等问题突出，一些国家贫富分化，中产阶层塌陷，导致社会撕裂、政治激化、民粹主义泛滥，教训十分深刻！我国必须坚决防止两极分化，促进共同富裕，实现社会和谐安定"③。

大力发展经济，但是反对以牺牲环境为代价来换取经济发展。

---

① 钟文、文夫编著：《邓小平外交风采实录》，人民出版社2004年版，第145页。
② 《习近平谈治国理政》，外文出版社2014年版，第116页。
③ 习近平：《在中央财经委员会第十次会议上讲话》，《人民日报》2021年8月18日第1版。

西方现代性发展导致人类中心主义的泛滥,以人类为中心衡量自然界万事万物的价值,自然生态环境遭到破坏,严重威胁人类的生存发展。习近平指出:"人类进入工业文明时代以来,传统工业化迅猛发展,在创造巨大物质财富的同时也加速了对自然资源的攫取,打破了地球生态系统原有的循环和平衡,造成人与自然关系紧张。从上世纪30年代开始,一些西方国家相继发生多起环境公害事件,损失巨大,震惊世界,引发了人们对资本主义发展模式的深刻反思。"① 在经济发展过程中吸取世界上一些国家因片面追求经济发展带来严重的生态环境问题的经验教训,提出生态文明发展理念,强调人与自然是和谐共生的命运共同体,要坚持绿色发展理念,推动形成绿色发展方式和生活方式,走生产发展、生活富裕、生态良好的文明发展道路。

尊重个人权利和自由,但是反对个人至上和无政府主义。随着传统有机共同体的瓦解,现代性使个人走向独立和自由,并由此而在西方形成了个人主义价值观,个人主义把人从根本上看作孤独的和自私的存在。我们反对个人主义不是因为它主张个人权利和自由,而是因为它把个人凌驾于他人和社会之上,造成相对主义——没有对错之分——和无政府主义的泛滥。西方以个人主义作为其价值观的圭臬,吹嘘其抽象的人权观,而我们看到的却是西方国家对外粗暴干涉他国内政,造成无数的人道主义灾难。在国内,西方国家的个人主义文化并没有培养出自律并充满责任感的公民,而是造就了蔑视他人权利和无视集体利益的精致的利己主义者。"中国坚持把人权的普遍性原则和当代实际相结合,走符合国情的人权发展道路,奉行以人民为中心的人权理念,把生存权、发展权作为首要的基本人权,协调增进全体人民的经济、政治、社会、文化、环境权利,努力维护社会公平正义,促进人的全面发展。"②

---

① 《习近平谈治国理政》第3卷,外文出版社2020年版,第360页。
② 《习近平谈治国理政》第3卷,外文出版社2020年版,第288页。

第四节　当代中国现代性转向过程中社会道德风尚的演变

一　求真务实之风兴起

传统社会秩序是一种超越性秩序，人们的社会生活被赋予了超越和信仰的维度，社会道德规范具有排斥个人利益，追求神圣和崇高的理想特征。在西方中世纪，人们追求的是获得来自彼岸世界的永恒的拯救，这种神圣的追求与人的世俗欲望格格不入。人们处处受到"限制""约束"和"警告"，不准经济利益干预严肃的事情。基督教的教义告诫人们"要把精神和道德的需要放在肉体的需要或对物质进步的需要之上（'你们不可能同时为上帝和财富服务'），并认为对物质财富的欲求会不可避免地排挤人们对更高的道德和精神境界的渴望"。马太福音中有这样一句话："一只骆驼穿过针眼要比一个富人上天堂容易得多。"[①] 可见，西方的中世纪宗教道德奉行的是禁欲主义，在超功利意义上来理解道德。

儒家伦理思想的超越性则体现在对理想人格的推崇上。儒家的理想人格包括内圣人格和君子人格。圣人人格是"至高至大"的理想人格，在内圣的修养上，孔子把重点放在"克己"上，孟子强调"仁且智"，荀子则主张"慎独"。所谓慎独是指个人在独处时也要自律，严格要求自己，审慎地遵守道德规范和标准。在诸子眼中，"圣人既是尽善尽美的仁者，无所不能的智者，又是德治教化的王者"。君子人格虽然没有圣人人格那样极致，但也不是容易达到的，因为君子与小人相比，不爱慕虚荣，不贪图享乐，不计较个人利益得失，也就是远离世俗功利。君子之所以为君子是因为君子立志于责任担当，把"道"和"义"作为自己追求的目标。君子安贫乐道，"谋道不谋食"；"君子喻于义"，以义为"上"，以义为"质"。在儒家伦理道德

[①] ［美］理查德·布隆克：《质疑自由市场经济》，林季红译，江苏人民出版社2000年版，第193页。

观中,"义"与"利"、"天理"与"人欲"之间处于紧张对立状态,尽管有墨家这种带有功利色彩的道德观念,但是"重义轻利"的儒家思想一直占据着统治地位。商人逐利属于社会末流,排在士农兵之后;君子与小人之辩成为封建社会奉行"崇本抑末"政策的理论依据。抑制自己对物质利益的冲动需要人们具有强大的内心修养和高尚的道德品格,这就是为什么儒家伦理思想重视人的内心修养和人格完善的原因。儒家重视内心修养带有鲜明的经世理想:修身齐家治国平天下,"内圣"是"外王"的条件和资格。

社会主义脱胎于半殖民地半封建社会,人们用"一穷二白"来形容当时中国的落后。历经百年民族屈辱史,使人们对民族振兴的愿望十分强烈;尽快摆脱贫穷落后状态,建设社会主义、共产主义美好社会,是新中国成立后党和人民的共同心愿。面对两大阵营对抗,西方国家对我国封锁禁运的恶劣的国际环境,面对缺资金、少技术、人才匮乏的"穷底子",我们的党和人民既没有退缩,也没有怨天尤人,而是自力更生、艰苦创业,把人们充分发动起来,在全社会倡导奉献牺牲精神,希望通过"大干快上"实现赶超和飞跃。为了崇高理想而奋斗是那个时代的时代符号和人们的精神风貌,社会主义制度的建立,人民当家作主,使人们对未来充满信心,热情高昂、干劲十足。为了适应集中资源、发动群众来实现赶超和飞跃,建立起了高度集中的计划经济体制,这种体制强调发挥集体的力量,集体把分散的个人凝聚起来,以克服个人的缺陷和力量的不足。计划经济体制试图"建立起对所有人的共同价值的服从。俄国'十月革命'开创的'社会主义'革命正是这样进行的:集体战胜个人,服从战胜自由"①。在艰苦的环境下,只有集体的力量才能战胜困难,而强调个人的自发性和自由,追求物质刺激,反而会腐蚀人的意志,摧毁集体的凝聚力,这是人们从革命战争胜利中总结出来的经验。计划经济本身的有效运行要求人们要具有牺牲奉献精神,因此计划经济的运行是建立在消灭

---

① [法]茨维坦·托多罗夫:《不完美的花园——法兰西人文主义思想研究》,周莽译,北京大学出版社2015年版,第26—27页。

私有和私人经济活动基础上的,通过消灭私有和私人经济活动来达到塑造无私奉献的共产主义新人的目的,计划经济体制下的道德规范体现出超越和信仰的维度,追求纯粹和崇高。《纪念白求恩》中有这样一段话:"我们大家要学习他毫无自私自利之心的精神。从这点出发,就可以变为大有利于人民的人。一个人能力有大小,但只要有这点精神,就是一个高尚的人,一个纯粹的人,一个有道德的人,一个脱离了低级趣味的人,一个有益于人民的人。"

在某种意义上讲,人的拼搏奋斗精神是不能仅仅靠热情来维系的。马克思认为,"人们奋斗所争取的一切都同他们的利益有关"。[①] 邓小平指出:"不重视物质利益,对少数先进分子可以,对广大群众不行,一段时间可以,长期不行。革命精神是非常宝贵的,没有革命精神就没有革命行动。但是,革命是在物质利益的基础上产生的,如果只讲牺牲精神,不讲物质利益,那就是唯心论。"[②] 计划经济对服从和奉献的强调,没有很好地发挥出个人的创新创造性,分配领域的平均主义,对调动人的积极性产生了不利的影响。在不允许人们追求自身利益的情况下,人们就可能会通过"少付出"或"不付出"来达到利益平衡,从而使人在经济活动中丧失积极性、主动性和创造性。也可以说,在经济活动中人们不自觉地就把自己看作进行成本与收益核算的"经济人",不允许人们追求自己的利益,并在分配中体现出努力程度的差别,就有可能使人们在劳动付出上互相攀比,就会出现"干的不如看的,看的不如捣蛋的"现象。

无论是儒家思想中对理想人格的追求,还是计划经济时代对奉献拼搏精神的强调,无不体现出道德规范的超越性理想的特征。随着现代性的展开,道德规范的理想主义色彩逐渐褪去。

从传统社会转向现代社会,无论是从来源来看,还是从价值取向来看,社会的道德规范都被赋予了现实主义特征。从道德规范的来源来看,现代社会道德规范不是来自依靠信仰来维系的超越世界,而是

---

① 《马克思恩格斯全集》第1卷,人民出版社1956年版,第82页。
② 《邓小平文选》第2卷,人民出版社1994年版,第146页。

来自人自身，人为自身进行道德立法，从人性特点和人的心理需求出发进行道德立法，比如功利主义就是从人的趋利避害的本性出发提出为大多数人谋求最大幸福的道德原则。从人的价值取向上来看，传统的超越秩序下的超越自我转向现代世俗秩序下的专注自我和活在当下。正如阿伦特所说，超越之维的丧失把人抛回自身，把对世界以及对他人的经验都还原到人和他自身之间的经验上。世俗性活动的"最深刻动机乃是对自我的忧虑和操心"①。"世俗化的生活的所有意义都在当下；就像泰勒所说的，在一个世俗社会里面，时间也变得世俗了。"② 伴随着社会现代性转型而来的是道德的世俗化，道德由天上降到人间，由信仰构筑的生活方式被世俗的生活方式所取代。世俗化道德不再从神、上帝等超越性本体需要出发理解道德，而是从人的现实需要出发来理解道德；世俗化道德不再从形而上学的终极意义来理解道德，而是从人的自然本性和当下需要理解道德，因而道德准则与个人自我利益不但不再是对立的两极，而且个人利益成为人们理解经济社会生活可接受的基础并被赋予合理性和道德性。"利益是人们生存、享受、发展的各种需要的满足，是人类活动的真实内容和本质，是激励和支配人们活动的能动因素和真实动机。正因为如此，任何理念如果太过高远以致脱离了人们可预期的利益，必然会陷入窘境。思想一旦离开利益，就一定会使自己出丑。"③

现代性祛除了人们生活的超越和信仰的维度，鼓励人们在现世生活中追求幸福和成功。随着形而上学和价值理性的退场，关注事实和追求管用成为指导人们生活实践的准则，从而使人的精神气质中多了些工商气质，人们在做事情的时候往往会考虑"合不合算""值不值得""有没有用"这类问题。正如许纪霖所说，世俗社会"承认人的现世欲望的合理性，承认快乐主义与功利主义是人生的基本法则"。随着社会的祛魅，道德从天上降到人间，从超功利的道德主义转向功

---

① ［美］汉娜·阿伦特：《人的境况》，王寅丽译，上海人民出版社2009年版，第203页。
② 许纪霖：《世俗时代与超越精神》，江苏人民出版社2008年版，第15页。
③ 李海青：《社会主义意识形态的世俗化及其效应》，《求实》2008年第6期。

用主义，现代性不再把道德与功用和利益对立起来。从传统超功利的道德主义把道德与利益完全对立起来——转向现代世俗社会的功用主义，主要有以下三个方面的原因。

一是民主制度的发展。艾伯特·马蒂内利认为人们之所以追求功利主义是因为民主使人摆脱了专制统治。专制社会扼杀人的欲望，不允许人们追求自己的利益，因为适应专制统治需要的是没有独立人格和自我意识的顺民，它要求民众对世俗权威和非世俗权威的绝对服从。因此，专制社会所倡导的价值观念都是带有禁欲色彩的超功利性价值观，即把道德与利益、利己与利他、个人利益和公共利益完全对立起来。而民主是一种解放的力量，它解放了个人，使其从人身依附和等级特权中解放出来而重新发现自我，伴随自我解放的是人的世俗欲望的释放。民主不但使人的人身获得解放，同时也解放了人的感官欲望，禁欲色彩的超越道德被世俗道德所取代，欲望自我被赋予价值合法性。

二是市场经济的发展。计划经济时代虽然存在市场和商品交换关系，但是货币的使用范围受到极大的限制，在那个短缺的年代，大部分商品不是有钱就能买到的，需要凭票供应，一些则是以单位福利的形式分配的，例如计划经济时代没有商品房买卖，人们的住房是所在单位福利分配，单位根据职工的工龄和级别排队打分进行分配。由于货币的交易功能受到极大的限制，人们对获得金钱和财富的欲望并不强烈，甚至在某些时候采取敌视的态度。在过去，"金钱"在人们的观念中是一个肮脏的字眼。

改革开放以来，资源配置方式由政府主导转向市场决定。政企分开，随着政府职能的转变，无论是企业还是个人都要面向市场，生产和生活都需要市场交易，在劳动力市场上去应聘工作，到商品市场上去购买原材料和消费品……货币的交换价值就被凸显出来。由市场配置资源涉及的范围越广，货币在交易中的作用就越突出，人们对金钱和财富的渴望就越强烈。在市场经济条件下，货币作为市场交换的媒介和价值符号渗透到了社会分配各个领域。在某种意义上讲，拜金主义现象的出现并不是某个人自己的道德品性问题，它是市场经济的发展使人产生了对货币的交换价值的过度依赖所造成的。"马克思以及他之前的亚里士多德都曾指出，社会把它的注意力转向交换价值时，就会出现货币拜物教的危险。"①

市场经济的发展改变了人们对金钱和财富的态度。在过去，逐利曾被看作自私堕落的表现，市场经济的发展使人们开始关心和重视个人利益，一部分人把能赚钱、赚大钱的人看作成功人士。过去人们不敢谈致富，市场经济的发展使人们渴望致富，为了过上好生活而赚钱成为一些人工作的动力。现代社会中一个抱有禁欲态度和出世理想的人是不会被世人认可的，盖伦认为："过去以奢侈品需求的迅速增长为特征的任何时代里，禁欲的理想总是作为这种增长的对立面而存在，而且基本上从没有受到过任何挑战。那些摒弃现世财富的个体，总会享有一种道德权威，而在今天他却会被认为在精神上有缺陷。"②

三是科学实证主义的兴起。祛除了社会生活中的超越和信仰维度，使道德理想主义转向现实主义。传统的超越秩序对应的人类思维发展阶段是神学的和形而上学阶段，现代世俗秩序对应的人类思维发展阶段是实证主义阶段。胡塞尔认为，形而上学作为神学的变体探讨的是"最高的和终极的问题"，这些问题暗含着理性问题，即绝对地、永恒地、超时间地、无条件地有效的理念和理想的名称。而实证主义不再关注这些形而上的思辨问题，实证主义所关注的问题是从经验事实中归纳出来的，而从经验事实中归纳出来的是有待于进一步检验和发展的有关"是什么"的知识性问题。这种"是什么"的知识性问题不是超时间的无条件的终极问题，因为现实经验是受到各种条件限制的，从有限经验中得到的永远是"或然性"的知识，也只有或然性知识能够被检验和发展，因此它不是永恒的。"是什么"的知识解决的不是人的形而上的追求，人活着的意义问题，能通过人体解剖得到回答吗！显然不能，因为这样的问题不是靠经验观察或实验室里的试

---

① [美]大卫·雷·格里芬：《后现代精神》，王成兵译，中央编译出版社 2011 年版，第 167 页。
② [德]阿诺德·盖伦：《技术时代的人类心灵——工业社会的社会心理问题》，何兆武、何冰译，上海科技教育出版社 2008 年版，第 98 页。

验能得出答案的。"是什么"的知识解决的是与人的"生活必需"相关的"舒适"和"便利"问题，何塞·奥尔特加认为："我们偏爱物理学的终极原因，其实是来自对舒适与便利的渴望……人们对舒适和便利的热忱仅止于生活必需，而不会忘情地一味追求。"如果问"追求舒适和便利为什么不能成为人活着的意义"，因为这是人的肉体首先所感受到的，马克思告诉我们：不受肉体需要影响的活动才是真正的人的活动。实证主义的知识论与传统的形而上思辨对"超越人的有限性"的理解是不同的，实证主义知识通过增强人的肢体和器官的能力来超越人的有限性。例如望远镜使人看得更远，现在的哈勃太空望远镜能够看到上百亿光年之外的星系图像，正如培根所说：知识就是力量。往往人的这方面知识和能力越强，可能越会感到自己的渺小和无知。而传统的形而上思辨是通过信仰使人在精神层面超越生死的有限性。这是两个完全不同的问题。实证主义之所以避开了"人生活的意义"这样的对人具有决定意义的问题，是由实证主义注重从经验事实出发看问题的思维特点所决定的，实证主义倡导的是一种"现实观"，"单纯注重事实的科学，造就单纯注重事实的人"①。实证主义使人的精神视野落到经验和殊相上，而不是超验的对象上，实证主义之所以不会到超越世界中寻找万事万物的本源，是因为在经验主义看来，在经验世界之外不存在一个超越世界，那些所谓终极感、无限感和神圣感只不过是神学和作为神学变体的形而上学的故弄玄虚，是不敢或不愿面对现实生活的自我麻痹和自我陶醉。没有永恒的东西，"一切就如流逝的波浪一样形成又消失"，我们只能从事物的暂时性方面来理解事物，不要崇拜任何权威，权威不能对你提供真理的保证，这种保证来自我们的实践经验。正确的态度不是去追求永恒，不是去留恋过去，而是适应事物的变化发展去旧迎新，接受时尚的引导不失为一项不错的选择。实证主义反对空谈大道理，反对坐而论道，认识不是人们头脑中固有的，也不是像柏拉图所说的那样是对前世生活于理

---

① ［德］胡塞尔：《欧洲科学的危机与超越论的现象学》，王炳文译，商务印书馆2011年版，第18页。

念世界的回忆，认识来源于人的感官经验，是对现实世界的反映，因此一切要从实际出发。与其醉心于逻辑论证和玄思妙想，不如关注当下丰富多彩的现实世界；与其追问什么样的生活是值得过的，不如去深入生活实际，生活会告诉你一切。没有来自彼岸世界对人的幸福的承诺，幸福需要人们到此岸世界的现实生活中去寻找，现实的幸福生活离不开物质条件，离不开科学技术的进步和生产力的发展，饿着肚子空谈理想，理想就只能是空中楼阁，摇摇欲坠。理想不是用来对抗现实的，而是用来改进现实的，符合实际的理想才是理想，脱离现实谈论理想只能导致形而上学式的幻灭。这就是实证主义的生活宣言。

从理想主义转向现实主义，使人们看问题和做事情更加注重实际，社会兴起求真务实之风。

在发展道路上，强调从实际出发，走自己的路。所谓走自己的路，就是既不照抄照搬马克思主义经典作家在特定条件下得出的个别结论，也不盲目模仿其他国家社会主义建设的模式。邓小平指出：我们绝不能要求马克思为解决他去世之后几百年新产生的问题提供现成答案。列宁同样也不能承担为他去世以后五十年、一百年所产生的问题提供现成答案的任务。要把马克思主义普遍真理与中国具体实际结合起来，走出一条适合中国国情的社会主义建设道路。所谓摸着石头过河，就是不要从本本出发，美好的蓝图是在生活实践中逐渐绘就的，而不是从头脑中设想出来的。要在干中学，边实践边总结经验，错了改正，对了坚持，从生活实践中汲取智慧和经验。从实际出发，科学判断和准确把握我国基本国情，从初级阶段的国情出发，制定和实施路线、方针、政策。正是这种求真务实的态度使我们对社会主义的理解更加现实。贫穷不是社会主义，社会主义是富而不是穷。商品经济的充分发展是社会经济发展不可逾越的阶段，在商品经济大潮中，人们不再谈利变色，致富光荣成为人们人生幸福的追求。

在衡量发展上，强调经济增长的决定作用。在祛除神魅的现代性发展中，唯物主义无神论发挥了重要的作用，唯物主义属于"世界观的实证主义"，"它排斥了一个位格化的上帝，代之以非人格的永恒力量，或者说是按照自然规律……的物质变化"①。唯物主义强调物质因素的第一性和决定性作用，生产力决定生产关系，经济基础决定上层建筑。马克思认为，生产力的发展是绝对必要的前提，"如果没有这种发展，那就只会有贫穷、极端贫困的普遍化；而在极端贫困的情况下，必须重新开始争夺必需品的斗争，全部陈腐污浊的东西又要死灰复燃"②。以经济建设为中心，其他一切工作都要围绕这个中心展开，衡量经济发展的尺度就是国民生产总值和国内生产总值的增长速度和总体数量，以及用人口平均之后的数值。对于起步晚、起点低的国家，只有高增长才能在较短时间内缩小与发达国家的差距，这就有了对增长的强烈愿望，并且在一定时期内形成了"有了经济增长就可以解决发展中一切问题"的观念。大卫·雷·格里芬把这种观念称为实利主义信条："这种实利主义信条是'无限丰富的物质商品可以解决所有的人类问题。'这种信条与人是经济动物这种大众观点一起使我们做了这样的设想：物质财富与社会的普遍健康和福利之间的确存在着统一性。用最粗浅的话说，国民生产总值成了衡量一个社会运行状况的标志。"③随着市场经济的深入发展，实利主义的价值观广泛地深入社会生活的各个领域之中，成为支配社会生活的基本原则或"潜规则"，无论人们做什么都要看一看能不能带来物质利益和经济实惠。

在判断是非标准上，注重发展的实际效果。在科学社会主义中，社会主义是作为一种理想的社会形态而被提出来的，它是对资本主义所表现出来的种种现实罪恶的批判和否定，公有制是对私有制所造成的生产力的破坏、资本对劳动的剥削以及社会两极分化的否定。社会主义把工人当作企业的主人是对资本主义社会中劳动者迫于肉体必然性需要而被迫进行的异化劳动的否定。在此意义上，可以说从资本主义到社会主义使人性尊严得以恢复，人之为人的权利得到充分实现和

---

① [德]海因里希·罗门：《自然法的观念史和哲学》，姚中秋译，上海三联书店2007年版，第115页。
② 《马克思恩格斯选集》第1卷，人民出版社1995年版，第86页。
③ [美]大卫·雷·格里芬：《后现代精神》，王成兵译，中央编译出版社2011年版，第36页。

保障。社会主义不是和资本主义二选一的问题，或者说是要主义还是面包的问题，而是向往自由和美好生活的人们必然会做出的选择。姓社姓资的追问并不是无意义的，这里包含着人们对理想的追求，对现实的一种反思性批判态度。无论我们赋予社会主义什么样的时代内涵，无论现实考量多么迫切，社会主义自身所包含的对现实的批判态度和对人性尊严的深切关怀都不应当被遗忘和忽视，现实需要理想的观照才不至于走向玩世不恭以及由于沉迷于现实而最终带来的幻灭感。

　　姓社姓资的追问之所以成了问题是因为科学社会主义被改造成僵化的斯大林主义，社会主义本应体现出来的对资本主义的优势却由此而变成了劣势。高度集中的计划经济体制造成经济发展效率低下，经济长期发展缓慢甚至停滞不前，以至于出现了"邓小平之问"这样尖锐的问题：我们搞了二十几年社会主义，还这么穷，我们要社会主义干什么？社会主义是穷还是富都成为需要争论的问题，简直令人莫名其妙。高度集中的计划经济体制限制了个人的选择，造成劳动者的热情和创造精神无法充分发挥出来，以至于社会主义似乎成为与自由无关的术语，自由和人权成为资本主义的专利，一谈自由就和资本主义扯上关系，令人谈虎色变，殊不知马克思主义最注重人的自由全面发展，他所设想的未来社会主义社会就叫作自由王国，这是自由人的联合体，在这里每个人的自由是所有人自由的条件。之所以造成这种状况，是因为斯大林主义把社会主义和资本主义完全对立起来，而不是像科学社会主义那样把社会主义看作对资本主义的辩证的否定，而不是简单的全盘否定。在这种全盘否定中，把本来不属于资本主义，而是文明发展所共有的东西，当作资本主义的东西加以否定和抛弃，例如市场经济；把不属于社会主义本质特征的东西当作社会主义的东西来加以固守，例如计划经济。把许多束缚生产力发展的东西当作"社会主义原则"来坚持，把许多在社会主义条件下有利于生产力发展的东西当作"资本主义复辟"加以反对。党的十一届三中全会我们党果断抛弃以阶级斗争为纲的错误路线，把党和国家的工作重心转移到经济建设上来，强调以经济建设为中心，对内改革，对外开放，大力发展生产力。1992年春天,邓小平在南方谈话中提出"三个有利于",作为衡量一切工作是非得失的标准,即是否有利于发展社会主义社会的生产力、是否有利于增强社会主义国家的综合国力、是否有利于提高人民的生活水平。"三个有利于"体现了解放和发展生产力的社会主义根本任务,体现了增强综合国力的强烈愿望,体现了最大限度地满足人民群众日益增长的物质文化生活需要的社会主义生产目的。

"三个有利于"判断标准的提出就是告诉人们不要在所谓姓社还是姓资的问题上做无谓的争论。社会主义是一个理想的社会形态,但它不是建立在空中楼阁之上的。不能空谈社会主义,社会主义的优越性不能仅仅停留在理论言说和逻辑论证中,要想让人们相信社会主义,坚信社会主义,就必须创造出相较于资本主义更高的发展成就,使我们的经济更加发达,政治更加民主,文化更加繁荣,社会更加和谐,生态更加美好。空谈社会主义的结果就是为了社会主义而社会主义,导致把手段的东西当作目的来崇拜。生产资料所有关系本属于生产关系范畴,生产力决定生产关系,生产关系必须适应生产力发展,这是人类社会发展的基本规律。我们过去以为公有制越纯粹就越能体现社会主义优越性,结果是人为地拔高生产关系,使其脱离了我国的初级阶段的基本国情和生产力发展的客观要求。为了消灭差别而实行平均主义大锅饭,结果是打击了人们劳动热情和积极性,影响了经济效率的提升,使社会主义优越性没有很好发挥出来。

二 个体权利意识觉醒

个体意识的觉醒是现代性到来的标志。"只有随着现代社会的到来,自由选择和自我实现的个体权利才成为基本的价值。"梅因把个体意识觉醒的过程称为从身份到契约的运动,基于自由合意的契约规定人们的权利和义务;马克思把这一过程称为从人对人的依赖到以物的依赖性为基础的人的独立性的转变。个体意识的觉醒使人意识到自己是自身命运的主人,既不乞求于上苍的恩赐,也不向命运低头,人们可以自由地选择自己的命运。个体意识的觉醒使人意识到自己是权利的主体,他既有选择的自由,也要对自己的选择负责,维护良心的自由;所谓良心自由就是人要凭自己的良心做事,不屈服于他人的意志,并且人要在自己的良心面前为自己的选择负责。

改革开放之前,我国实行的是高度集中的计划经济体制,计划经济不是依靠企业和个人自发的力量来自主发展经济,而是在政府主导下把大家组织起来按照统一的计划发展经济,以此来发挥社会主义制度集中力量办大事的优越性。毛泽东曾指出:要摆脱在世界上被动的局面,必须实现国家工业化。"资本主义道路也可增产,但时间要长,而且是痛苦的道路。""只有建立社会主义制度,才能真正解决我国的工业化问题。"资本主义道路就是依靠企业和个人的自发发展,政府只是充当"守夜人"的角色。自发发展道路漫长,自发发展还可能导致发展的盲目性,致使经济危机的频繁爆发和生产力的破坏,这是一条痛苦的道路。

政府主导经济发展的前提是国家掌握生产资料,实行生产资料公有制,政府负责企业的生产经营活动,政企不分,政府既是所有者,也是经营者。企业没有生产经营自主权,没有用人权,劳动者不能自主择业,国家按照计划统一安排就业,工资福利由国家统一制定政策并统一进行调整。成为公有制单位员工意味着终身制和铁饭碗,福利待遇统统由单位包揽,这就是计划经济体制下特有的"企业办社会"现象。这种公有身份可以被继承,父母退休,子女可以接班,我们把这种体制下的人称为"单位人";个人的一切都与单位紧紧捆绑在一起,由单位来统一安排。改革开放之前的中国,计划经济"把所有人纳入'单位'的框架之内生存。在这种状况下,人们看问题的视角首先是村落或'单位'的,这是典型的熟人社会"[1]。在单位体制下,人们具有浓厚的团体本位价值取向,以"单位人"视角看问题,就是个人必须服从集体需要和集体利益,正所谓"大河有水小河满,大河无水小河干"。在集体之中,每个人都是一个"螺丝钉",要服从整体布局和整体安排,人人都要有奉献精神和牺牲精神。也就是说,对个人行为进行规范和评价,往往只是从家族、阶级、国家和社会群体

---

[1] 韩震:《关于当代中国道德重建的思考》,《新视野》2010年第5期。

发展的需要出发,而不是从个人利益出发。"在过去几十年里,只讲服务与奉献的道德理念支配着人们的道德立场,在个人利益和集体利益不一致时,往往要求个人自觉地无条件地服从集体利益,甚至要求为了集体利益可以牺牲自己的一切,而不管这种所谓的集体利益是何种性质,以及在多大程度上代表和体现着个人利益。"[1]

如果说传统的计划经济社会是身份性的团体本位社会,那么市场经济社会则是契约性的个人本位社会。中国从计划经济向市场经济转型的过程,就是逐步打破身份束缚,使个人由"单位人"转变为"社会人"的过程,个人走向独立和自由。企业不再是政府的附庸而成为自主经营、自负盈亏、自我发展、自我约束的独立的市场主体和法人实体。随着政企分开,企业被推向市场,大锅饭、铁饭碗被打破,个人与企业之间不再是"扯不断理还乱"的身份关系,企业和个人之间的关系转向由契约来确定和维系,双方互相选择,这样个人也就不再是企业的附庸而成为具有独立选择权的自身权益的实现者和维护者。当把人由团体身份转变为个人身份,他的价值取向也随着发生变化,随着自我被唤醒,人们开始转向自身,关注自己的权利。经济学家把这样的人看作"经济人",即以最合算的方式——最小投入换来最大产出——实现自身利益的理性的人,理性核算是经济人的性格特征。哲学家把这样的人看作具有"自由意志"的人,即能够把自身当作意识或反思的对象,能够选择自己命运的自由存在者。而道德学家把这样的人看作自利者,即"对一切人物事件的评判,皆依其对自己的利用价值为准的人"。虽然人们还是生活在集体之中,但是人与人之间的联系纽带却是建立在合意基础上的利益考虑,集体的凝聚力和整合力被弱化。现在在很多人看来,单位不是自己的家,自己是被雇佣来打工的;自己工作也不是来追求人生意义的,而是为了赚钱养家糊口,过上舒适生活。单位看待被雇佣者也是基于效率考虑,符合成本收益最优核算原则,能者上,庸者下,市场经济不养懒人,今天

---

[1] 杜振吉、王晓彦:《当前中国社会道德生活的变革及其基本趋势》,《当代世界与社会主义》2007年第3期。

工作不努力，明天努力找工作。"当代中国社会主义市场经济的确立，第一次把利益问题直接地凸显出来，也使传统的道德立场发生了变化，人们的价值导向由毫不利己、专门利人的道德本位转向了以经济建设为中心的价值本位，人们由对集体利益的无条件地服从转向对个人利益的关心和重视。人们开始理性地看待个人利益和集体利益的关系，公开谈论个人利益和工资报酬已经是很正常的事。找工作时，首先谈的是个人能力能不能得到发挥，个人价值能不能得到体现，以及与此相关的报酬和福利待遇等问题，而且，报酬的高低也是人们跳槽的主要原因之一。人们对自己的生活质量的要求在提高，由过去的温饱型转向了小康型，宽敞的住房和私家车成为一部分人的工作目标，生活水平的提高和生活质量的改善，成为一部分人的工作动力。"①

三　价值取向趋于多元

多元是相对于一元而言的。从传统社会转向现代社会使社会日益呈现出多元化特征，可以说，多元化是现代民主社会的重要特征。

现代性对人的个体性的凸显，瓦解了基于内在关系的社会共识。

群体导向与一致化。在前现代社会中，个人是不独立的，他或她"从属于一个较大的整体"，并被固定在一套稳定的社会关系之中，对于自己扮演什么样的角色，发挥什么样的功能，是不能做出选择的。人们被锁固在固定位置上，共同体"让他或他们以作为一个部落、一个社会或宗教共同体的一分子，而非作为一个个人，来认识自己，也就是说，它们妨碍他发展为一个自由、自决、有创造力的个人"②。人的这种自我认知方式必然使其行为方式带有明显的群体主义导向特征，人们能够为着共同目标和公共利益而被发动起来，并形成普遍意志。在一个群体主义导向的社会中，与众不同的

---

① 杜振吉、王晓彦：《当前中国社会道德生活的变革及其基本趋势》，《当代世界与社会主义》2007年第3期。

② [美]艾里希·弗洛姆：《逃避自由》，刘林海译，上海译文出版社2015年版，第22—23页。

差异化选择是不被允许的,离经叛道将破坏群体的团结和统一。作为一个被规定的而且只能从整体中才能获得自己特征的个人是不能选择自己的生活方式的,社会处于高度的一致性状态。没有自由就没有多样化。

个体导向与差异化。现代性摧毁了传统的基于宗法血缘的有机共同体,由此而开启了个体化进程,个体化进程就是一个脱离与群体的传统纽带而使人走向身份独立和自由的过程。阿伦特把人的个体化进程称为把人抛回自身的过程,这一过程使人把自身看作独立的个体。人们不再通过社会共同体来认识自己,即把自身看作从属于共同体的一分子,而是通过自身来认识社会,即"把社会理解为为达到某种目的而自愿地结合到一起的独立的个人的聚合体"。如果说在传统的有机共同体中,个人是为群体而存在,人与人之间是因血缘关系而形成的"内在"关系,普遍意志和公共利益容易达成。那么在由相对独立的个人组成的聚合体中,群体是因个人而形成的,人与人之间的关系是通过契约和市场交易关系而发生联系的"外在"关系,人们考虑更多的是自己的利益。在这种情况下,普遍意志和共同利益不容易达成,基于个人利益考虑达成的共同意志是偏私性的众意,而不是公意,公意是永远以公共利益为依归的意志。个体导向导致社会普遍意志的缺乏,从而引起社会的分裂和多元化的形成。现代性使社会日益走向开放和包容,随着人身依附和等级特权的消除,人们有了更多的选择自由,社会由此而走向多元化。

市场经济对效率的追求,要求形成多元利益主体竞争的格局。

在现代性的无限"进步神话"中,经济的增长和财富的积累成为支撑进步的关键因素。追求经济增长就是要有效率地积累财富,达尔文的适者生存的竞争法则被视为提高经济增长效率的"灵丹妙药",是市场经济的不二法则。形成竞争就要打破垄断,垄断排斥竞争,不利于社会的技术进步和经济效率的提高。打破垄断就要打破身份垄断,赋予人选择自由,给人通过平等竞争改变自己命运的机会。传统社会把人固定在一套稳定的社会关系之中,"个人不能选择、脱离或承担一个不同的社会角色"①。因此,传统社会强调统一和服从,不鼓励与众不同。当人们失去创造性和变革的欲望,社会就会走向封闭和僵化。促进社会的创新变革发展,就要打破身份垄断,创造"八仙过海,各显其能"的竞争局面;通过竞争改变自己的命运,使人追求的不是统一和服从,而是求新求变,社会鼓励选择和与众不同的同时必然带来人们在价值选择上的多元化。

只有在不同的利益主体之间才能形成竞争关系,因此形成竞争格局就要打破单一的利益关系。单一的利益关系是指利益主体单一,比如整个社会就有一种经济成分,单一利益主体实际上构成了垄断,即凭借自己的主导地位和身份形成对市场的垄断。单一的利益关系是指利益分配没有产生差别和分化,人们没有努力和奋斗的热情和动力。正如弗朗西斯·福山所说:"工作的动机大多不在于可满足的物质需要本身,而在于无法满足的因社会地位和竞争的胜利而产生的被承认感。"② 市场经济对效率的追求,内在要求形成多元利益主体竞争的格局。改革开放以来,随着个体私营经济的发展以及外资的进入,我国形成了多元利益主体竞争的格局,促进了经济的发展和市场的繁荣。

随着社会转型和体制的转轨,社会价值取向趋于多元化。

在传统的计划经济体制下,无论是社会结构还是利益关系都比较单一。首先,计划经济建立在公有制基础之上,社会的经济成分单一,公身份是人们唯一的身份符号,人们的集体观念比较强,有着相对一致的价值取向;个人消费品分配上的平均主义大锅饭使社会的利益关系比较简单,在没有阶层分化和利益冲突的情况下,人们在价值取向和利益诉求上容易达成共识。其次,计划经济体制下的中国社会是一个相对传统而封闭的社会,外来思想对中国社会的影响比较小,人们对西方的价值观念也比较排斥,西方的价值观念被视为腐朽没落的东西。

---

① [美]古尔德:《马克思的社会本体论:马克思社会实在理论中的个体和共同体》,王虎学译,北京师范大学出版社2009年版,第23页。
② [美]理查德·布隆克:《质疑自由市场经济》,林季红译,江苏人民出版社2000年版,第200页。

随着市场经济的发展，人们的思想观念和社会的利益格局都发生了深刻的变化，人们思想活动的独立性、选择性、多变性和差异性日益增强。

首先，随着市场经济的发展，单一的经济成分被打破，形成了以公有制为主体，多种所有制经济共同发展的格局。多种所有制经济的共同发展，使市场主体呈现出多元化，既有公有经济单位——国有经济和集体经济主体，又出现包括个体、私营、外资经济在内的非公有经济单位，它们在市场上平等竞争，共同发展。伴随着非公有经济的发展，除工人、农民和知识分子外，社会出现了新的社会阶层，个体工商户、私营企业主、民营企业家、外资企业中的中方管理者和技术人员以及自由职业者等。多种所有制经济共同发展，使人们的就业途径和形式呈现出多元化，由于不同性质的所有制单位的价值理念和管理方式不同，使依附于不同的所有制经济的人们的价值取向和利益诉求也趋向多元化。

其次，为了打破平均主义大锅饭，调动人们的生产劳动积极性以提高经济发展的效率，提出允许一部分人和一部分地区先富起来，合理拉开收入差距。随着平均主义大锅饭被打破，人们之间的收入分配差距逐渐拉开，利益关系逐渐趋于复杂化。改革开放的过程就是利益关系不断进行调整的过程，在利益调整过程中，不同地区、不同群体和阶层之间的利益关系出现了分化。这就使社会出现了分化和阶层固化的现象。阶层的分化导致社会价值取向趋于多样化。"一个社会阶层的成员倾向于从他们自己的阶层观点来看待现实，并形成一整套本阶层独特的对自身和他人的道德和生活方式的认识。因此，在一个群体看来是重要的问题（如福利、社会保障或税收漏洞），在其他群体眼中可能没有什么社会价值。"[①]

再次，社会主义市场经济的建立和发展改变了资源配置的方式，由行政权力主导来配置资源逐渐转向由市场决定配置资源。政府管理经济的方式发生改变，由直接的行政命令转向间接的政策引导，由微

[①] 《社会阶层固化的成因与对策》，《学习时报》2011年6月27日。

观转向宏观。随着政府职能的转变，大政府小社会的格局被打破，社会的自发力量得以成长，个体私营经济如雨后春笋般发展起来，人们改变了过去那种对政府的依赖，自主择业、自主创业越来越多。随着市场经济的主体走向独立，人们的选择空间越来越大，社会日益呈现出多元化、多样化的发展态势。

最后，市场经济是开放经济，发展社会主义市场经济必须对外开放，改革开放以来，我国对外开放的程度和水平越来越高，国内市场与国际市场相互衔接，国内发展与对外开放相统一，"走出去"和"请进来"并举。正如打开窗户既进来新鲜空气，又会飞进苍蝇、蚊子一样，西方国家对我国进行资本和技术输出的同时，也输出它们的文化和价值观念，国人接触西方的文化和价值观的机会和途径越来越多，受西方思想文化的影响也越来越大。在改革开放早期，我国的发展水平与欧美等主要发达国家差距较大，存在着崇洋媚外的现象，西方文化思潮在国内一度流行开来。随着我国几十年的发展和赶超，与发达国家的差距越来越小，甚至在某些方面已经超越西方发达国家，但是在经济全球化的背景下，中西方文化与价值观念的较量和斗争依然十分激烈，对人们的价值选择影响依然比较大。"对外开放融入全球化以来，西方先进的生产技术、经营管理理念以及大量资金涌入我国的同时，也不可避免地使西方文化与价值观念直接面对并冲击国人。当然，这其中既有积极因素，如竞争、效率、平等等观念和意识，但也有消极的因素，如个人主义、享乐主义和拜金主义等等。……人们在中西方文化与价值观念的碰撞、交流中，对多种价值标准、价值取向有了比较与选择的空间。"[1]

---

[1] 原宙、平章起：《价值观念多元化境遇下的主流意识形态认同探析》，《毛泽东思想研究》2015年第2期。

第四章 当代社会道德风气存在的问题及其影响

改革开放以来,随着经济社会的发展,我国综合国力和国际地位日益提升,广大人民民族自信和自豪感显著增强,人们向往美好生活,追求自由、平等、公正、法治,社会道德风貌焕然一新。与此同时,我们也应当看到,在社会转型和体制转轨过程中,社会道德风气中还存在着一些消极因素,与时代发展要求不相适应。

第一节 幸福标准的物化对人生态度的影响

一 现代性使幸福的标准物化

现代性意味着世俗秩序对超越秩序的取代,追求现实性和人本性的世俗文化得以形成。随着人的存在的超越和信仰维度的消融,人的自我被唤醒,人们不再虔诚于超验对象,而是热衷于自身的现世幸福,严格意义上世俗化的活动"最深刻的动机乃是对自我的忧虑和操心"。肯定人具有追求感官欲念和现实幸福的权利是近代以来人文主义的核心思想,人文主义以个人的兴趣、价值观和尊严作为出发点,对现世幸福的追求被人文主义视为人的不可压制和不可转让的自然倾向。

在现代社会,幸福的标准有被日益外化和物化的倾向,即幸福不是精神的饱满,而是物质生活的充盈。这首先是因为现代性使理性被世俗化为工具理性,工具理性主义的标准是"管用",即通过确认手段的有用性来达到效用的最大化。在工具理性主义支配下，手段与目的之间的关系被颠倒，手段僭越了目的的位置而被至上化。物质生产是基础，物质消费是为了满足人的生存需要，它不是生活的目的本身，它只是必要的手段，不是生活的全部内容。除了生活必需，人们不会一味地追求舒适和享受。如果对物质消费的追求本身成为目的，手段就变成了目的，从而使人沉迷于物欲享乐之中。工具理性主义使经济繁荣和物质丰裕成为衡量社会发展和人的幸福的唯一尺度。其次是因为现代性使实证主义取代形而上学，从经验主义出发的实证主义思维方式否定人的精神的超越性——神圣性、无限性和终极性，精神依赖于肉体并由客观物质性的东西来赋予其内容和价值，这样，精神变成如同肉体感受性一样的东西。这种感受性不是靠亚里士多德式的内在的理智沉思，而是对外界物质刺激的反映；如果说理智沉思的是终极性的生活的意义问题，那么对外界物质刺激反映的是舒不舒服、享不享受的问题，把精神问题变成生物学性质的心理问题。实证主义造就了单纯注重事实的人，使"人们以冷漠的态度避开了对真正的人性具有决定意义的问题"，即"人的生存有意义与无意义的问题"。[①]再次是因为现代性的世俗主义文化摧毁了人的存在的超越维度，使人们的信仰对象由超验的无限的东西转向尘世的经验的有限的东西，即由理性沉思把握的精神性的东西转向由感官出发来把握的物质性的东西。来世信仰不能为人们提供对幸福的保证，人们只能把握今世的幸福，这样，活在当下代替了自我超越，物质的充盈代替了精神的充盈。

二 追求享乐的人生态度导致消费主义的兴起

幸福标准的物化对人的人生态度的影响，就是人们把物质享受看作人生的目的和意义，把享乐作为人生幸福来追求。人们在生活中追求幸福和快乐本无可厚非，但是如果将物质享受和感官快乐作为人生

[①] ［德］胡塞尔：《欧洲科学的危机与超越论的现象学》，王炳文译，商务印书馆2011年版，第18页。

的目的和意义,将会导致以满足人的虚荣心为特征的消费主义的兴起。

消费是社会再生产过程中的一个环节,它包括生产消费和生活消费,通常意义上的消费指的是作为生活消费的个人消费。人要生存就必须消费,如果不能满足基本的生存需要,人就无法从事政治、文化、艺术等社会活动,也就无法创造历史。没有人也就无所谓人类历史,如果作为有生命的个体不能够生存,也就谈不上历史的创造。"全部人类历史的第一个前提无疑是有生命的个人的存在。""一切人类生存的第一个前提",是"人们为了能够'创造历史',必须能够生活。但是为了生活,首先就需要吃喝住穿以及其他一些东西。因此第一个历史活动就是生产满足这些需要的资料,即生产物质生活本身,人们单是为了能够生活就必须每日每时去完成它,现在和几千年前都是这样"。[①] 无论是对作为整体的人类,还是对作为个体的人,物质生活都是生存的前提和基础。人为了生存就必须劳动,但是如果仅是为了生存而去劳动,人的劳动就会被人的肉体生存需要所"绑架",那么人就不可能有幸福感、成就感和价值感。正如马克思在《1844年经济学哲学手稿》中所说,如果为了生存被迫劳动,人"在自己的劳动中不是肯定自己,而是否定自己,不是感到幸福,而是感到不幸,不是自由地发挥自己的体力和智力,而是使自己的肉体受折磨、精神遭摧残。因此,工人只有在劳动之外才感到自在,而在劳动中则感到不自在,他在不劳动时觉得舒畅,而在劳动时就觉得不舒畅"[②]。只有当人的基本生存需要得到充分保障之后,人的劳动才能真正使人感到自由和幸福。我们所需要的自由不是摆脱劳动的自由,而是"劳动的自由"。所谓劳动的自由就是我们的劳动是基于自己的兴趣爱好的自愿劳动,这种劳动是为了实现人的类本质,是为了人的自由而全面的发展,为了人的自由而全面发展的劳动是人的"第一需要"。而对于为了肉体生存需要所进行的劳动,人是没有选择的,因此它并不

---

① 《马克思恩格斯选集》第 1 卷,人民出版社 1995 年版,第 67、78—79 页。
② 《马克思恩格斯选集》第 1 卷,人民出版社 1995 年版,第 43 页。

是人真正所需要的,它违背了人的自由这一类本质。只有当人衣食无忧,实现财务独立的时候,才能按照自己的兴趣去做事。正如马克思所说:"当人们还不能使自己的吃喝住穿在质和量方面得到充分保证的时候,人们就根本不能获得解放。"①

生活离不开消费,消费是为了生活,但生活不是为了消费。生活不等于生存,生活包括生存,但是生活不仅仅是为了生存。生存是活下去,即"生命的个体存在",维持生命个体存在就需要消费,通过消费来解决吃喝住穿这些基本需要,"一当人开始生产自己的生活资料的时候,这一步是由他们的肉体组织所决定的"②。通过消费解决了生存,人才开始真正的生活,因此说消费是为了生活。在此意义上,我们可以说,生活离不开消费,但是消费不能构成生活的全部内容,否则我们就把生活简单理解为饮食男女的日常生活。生活是指人的生命活动,属人的生命活动是为了实现人的类本质,即在创造性活动中实现人生意义,马克思认为真正属人的生命活动——生活——是不受肉体需要影响的,也就是真正属人的生命活动不是为了生存,满足人的自然需要。鲍德里亚把超出生存之上的消费称为浪费,为了生存而进行的消费不存在浪费,除此之外生活中的消费才存在浪费现象,换言之,"浪费"这个词只属于"生活"这一范畴。例如说生活中我们浪费了大量宝贵时光和钱财用在了无意义的事情上,没有人会把读书学习,助人为乐,培养自己健康的兴趣爱好,例如搞发明创造、琴棋书画等看作是无意义的事情,但是会把吃喝玩乐看作是无意义的事情,在古代这样的人是纨绔子弟,不务正业的人,是让人瞧不起的。

如果把消费看作生活的全部意义,追求过度消费和奢侈消费,那么消费就蜕变为消费主义:迷恋消费,崇尚消费,把人生的意义寄托在消费欲望的满足上。在消费主义语境中,鼓励消费、崇尚消费符合增长的逻辑和进步的神话。

现代性是相对于"传统性"而言的,对当代的推崇使现代性具有

---

① 《马克思恩格斯选集》第1卷,人民出版社1995年版,第74页。
② 《马克思恩格斯选集》第1卷,人民出版社1995年版,第67页。

反传统的倾向，反传统主义的现代性的鲜明特征就是对不断进步的强烈信念。在现代性进步的神话中，人类进步的引擎是科学进步和经济增长，并认为只要推进经济持续增长就可以解决人类面临的一切问题，"经济的增长可以治愈贫穷、失业、债务、通货膨胀、赤字、污染、匮乏、人口爆炸、犯罪、离婚和吸毒。简言之，经济增长既是灵丹妙药，又是至高至善。这就是增长癖。当我们把为了使我们免受增长所带来的意想不到的后果而需要的费用也计算到 GNP 中去，并乐观地把它也看作经济进一步增长的标志时，我们就患上了过度增长癖"[1]。在社会再生产四个环节中，消费是最后一个环节，也就是说消费是生产总过程的最终目的。但在进步的神话中，对经济增长的崇拜使增长本身成为目的，为了增长而增长。这样消费就由目的变成了增长的手段。就如同要不断促进科技进步促进增长一样，要不断刺激消费和制造消费来促进增长，"消费—增长—进步"，这就是现代性进步神话的图示。正如鲍德里亚所说："我们处在'消费'控制着整个生活的这样一种境地。所有的活动都以相同的组合方式束缚，满足的脉络被提前一小时一小时地勾画了出来。"[2] 为了刺激消费和制造消费就要改变人们的生活态度。在消费主义语境中，幸福不是安贫乐道，而是安逸舒适；幸福不是理性沉思，而是感官享乐。自工业革命以来，幸福逐渐被抽象化、标准化和量化。而凡是能够被量化的都是外在的、有限的、物化的东西。

浪费被赋予了另一面。在倡导禁欲主义的附魅的传统社会，过着禁欲、节俭、苦行僧式的生活的人被世人尊重和敬仰，而在现代祛魅的世俗社会，奉行禁欲主义和出世理想的人则被视为不谙世事的"另类"，甚至会被视为"精神有问题"。而腰缠万贯、挥金如土的所谓"成功人士"往往被一些人羡慕并当作人生榜样。在消费主义语境中，浪费被赋予了合理性："浪费远远不是非理性的残渣。它具有积极的

---

[1] ［美］大卫·雷·格里芬：《后现代精神》，王成兵译，中央编译出版社 2011 年版，第 163 页。

[2] ［法］让·鲍德里亚：《消费社会》，刘成富、全志钢译，南京大学出版社 2014 年版，第 5 页。

作用，在高级社会的公用性中代替了理性用途，甚至能作为核心功能——支出的增加，以及仪式中多余的'白花钱'竟成了表现价值、差别和意义的地方——不仅出现在个人方面，而且出现在社会方面。从这一角度，'消费'作为消耗的概念显示出轮廓，也就是作为生产性的消费——与建立在需求、积累和计算基础上的'节约'恰恰相反。这里的多余先于必需品，开销在价值上（如果过去不是）先于积累和占有。"[1] 鲍德里亚提出这样的疑问：极大的丰盛是否在浪费中才有实际意义呢？

浪费包括两种情况。一种是拥有"多余"。所谓多余就是超出"必需的范围"，在必需的范围内的消费是为了生存，超出必需范围的"拥有"是为了体现"优越感"，因此多余之物只具有"声望价值"与"象征价值"，而不是为了实用。另一种是"喜新厌旧"。现代性的"未来指向"使人们崇尚新颖、追求时尚，只有不断地求新求异才能促进创新创造，推动经济发展。这就导致现代社会不断地引导人们追求新奇和时尚，并视其为激励创新创造的动力。在消费上，人们自以为是在听从自己，实际上是在听从时尚的引导，时尚追求刺激人们消费的欲望，使人们不断地更新使用的产品，不断地去消费。产品被淘汰不是因为它不具有使用价值，而是因为它不符合时尚价值。产品的加速更新"是建立在'技术破坏'或以时尚的幌子使之陈旧的基础之上的。广告耗费巨资实现了这一奇迹。其唯一目的不是增加而是去除商品的使用价值，去除它的时间价值，使它屈从于时尚价值并加速更新"[2]。这种以促进创新之名所造成的浪费给生态环境造成巨大的压力，在社会存在分化的情况下，这种人为的浪费还会激化社会矛盾。

人类中心主义的"天真"与"骄傲"助长了消费主义的流行。人类中心主义以人类价值和利益为尺度来衡量一切事物，人类中心主

---

[1] ［法］让·鲍德里亚：《消费社会》，刘成富、全志钢译，南京大学出版社2014年版，第22—23页。

[2] ［法］让·鲍德里亚：《消费社会》，刘成富、全志钢译，南京大学出版社2014年版，第26页。

义认为自然本身没有内在的价值和目的，自然只是满足人类需要的工具和对象，是人类按照自己意愿任意加以裁剪的一块"衬布"。人类中心主义形成了对人类理性能力的无限自信，而近代以来科学技术的迅猛发展又进一步增强了人类对自身理性能力的信心。这种自信体现在人与自然的关系上就是"人定胜天"观念的出现，认为人类只要不断地增强开发和利用自然的能力，自然就能够给人类提供取之不尽、用之不竭的物质资源，就能够最大限度地满足人们的物质需求。这就导致人们对现代化的理解比较狭隘，即主要从物质层面来衡量现代化，把发达与富有画等号，把富有等同于物质的充盈和生活的奢华。人们羡慕有钱人，把成功的人生定义为发财致富和过上奢华的生活，经常听人们见面聊天说的一句话就是"孩子在哪升官发财呀"。对财富的渴望使人们的心中始终存在着"一夜暴富"和"人前显贵"的倾向，只要一有钱，就大搞消费；拼命挣钱去消费，这就使拜金主义倾向更加明显。而一旦陷入消费主义的泥潭就很难使人脱身，有限的消费品无法满足人的无限的欲望，除非改变人们对有限的东西的贪求，也就是改变人们对幸福的片面的、狭隘的理解。

消费主义的实质是消费的异化。由于只有人具有意识，能够把自己当作意识的对象，因此也只有人才能被异化。所谓异化，就是人与自己相疏离，异化了的人丧失了同自身的同一性，同自己失去了联系。异化是一种与人的自由相对立的状态，自由的人能够按照自己的意愿来控制自己的行为及其后果，而当人被异化时，他的行为及其后果反过来成为他的主人，甚至对它们顶礼膜拜。弗洛姆以宗教崇拜为例，说明人按照自己的形象塑造雕像，然后对其顶礼膜拜。所谓消费的异化是指消费者没有消费自主权，而是被牵着鼻子走，是我在消费，但是我的消费却不取决于我。消费本来是人在消费，是人自己的事情，现在却变成自己不能做主的事情：在消费社会，消费是被制造出来的，消费是在时尚引导下进行的，人的"消费潜力"是被挖掘出来的，不是人内在所固有的，也不是其内在要求的显现。在消费社会，消费者的自由和主权是不存在的，"以往，主动权被认为是掌握在消费者手里，而且通过市场反映到生产企业里。这里恰恰相反，生产企业控制着市场行为，引导并培育着社会态度和需求。这就是生产秩序专断的一面，至少是有这种倾向"①。

在消费被异化的情形下，本来作为通向幸福的手段的消费，现在却成了人们的目的，人们把消费看作幸福本身，结果是为了消费而去消费。这样，消费就变成了强制性、非理性的行为。消费的强迫性、非理性的主要表现是：现代人是被人牵着鼻子消费，而且欲罢不能。在广告和分期付款的刺激下，人们的消费欲望不断被创造出来，我的趣味已经被人操纵，驱使我不停地去购买、去消费，"至于所购买、所消费的东西有什么用处，以及这些东西蕴含着何种令人愉悦的内容，那是另外的事"。只要我有钱，我就有权得到我想要的任何东西，而无论它对我是有用还是没用，也不论我对它是否感兴趣。"即使我对艺术没有鉴赏力，我也可以得到一幅精美的绘画作品；即使我不懂音乐，我也可以买最好的留声机；我可以买下一座图书馆，尽管只是为了炫耀之用；我可以买教育，尽管除了作为附加的社会资产之外，它对我而言别无它用。我甚至可以毁掉我买来的画和书籍，除了金钱损失之外，我一无所失。"② 在这种不是为了真正需要和兴趣，而是完全为了炫耀而进行消费的情况下，弗洛姆认为，现代社会的消费行为已经不是一种有意义的、有人情味的、创造性的经验，而是"对于人为激发的幻想的满足，一种与我们具体的、实在的自我相疏离的幻想行为"。③ 也就是说，人们消费的是幻觉，投合了我们关于财富和身份的幻觉。

三 消费主义的特征

1. 消费的符号化

在为了生活而进行的消费中，消费者看重的是消费品的自然属

---

① [法] 让·鲍德里亚：《消费社会》，刘成富、全志钢译，南京大学出版社2014年版，第52—53页。
② [美] 艾里希·弗洛姆：《健全的社会》，孙恺祥译，上海译文出版社2011年版，第106页。
③ [美] 艾里希·弗洛姆：《健全的社会》，孙恺祥译，上海译文出版社2011年版，第109页。

性——使用价值，即消费是为了满足人的实际生活的需要；这种消费注重的是物品的实用性，即使消费者看重商品的品牌和知名度，也是为了获得质量上的保障，是为了用得更安心、更舒心，而不是为了拿自己所购买商品的品牌去炫耀，因此物美价廉往往是消费者最关心的。而在消费主义语境下，人们为了消费而消费，并不是为了实现自己的实际需要，而是为了满足自己的虚荣心，是为了凸显自己，在消费中找到优越感。在这种为了炫耀而进行的消费完全中，消费者看重的是消费品的象征意义，而不是其实用性；消费品不再是纯粹的只具有使用价值的物品，而是能够代表人的名望和地位的象征符号。在这种情况下，人们消费的就不是商品本身，而是商品的意义和象征。

在物品的使用功能面前，人与人之间是没有多大差别的，汉堡既能使富人填饱肚子，同样也能使流浪汉不再挨饿，食品的热量和营养不会因人而异，因而能够把人区别开来的主要不是物品的使用功能，而是代表社会区分逻辑的物品"符号功能"。作为社会区分逻辑，消费不是建立在需求迫切性之上的——这是人的生理需求，而是建立在某些符号和区分的编码之上——这是人的社会需求。按照社会区分逻辑，幸不幸福不在于我自己的评价，而在于别人对我的社会评价：如果我的邻居开奔驰车，而我却开夏利车，那么我就不幸福。这样与其说人是为自己活着，不如说人是在为别人活着。鲍德里亚认为，只有贬低物品的使用价值，才能把物品的社会区分逻辑开发出来，赋予物品区分符号。消费的社会逻辑不是那种把财富和服务的使用价值占为己有的逻辑，而是生产与驾驭社会符号的逻辑。当人们为了凸显自己而消费的时候，物品的符号价值就被凸显出来，其实用性就显得不那么重要了。"人们从来不消费物的本身（使用价值）——人们总是把物（从广义的角度）当作突出你的符号，或用来让你加入视为理想的团体或作为一个地位更高的团体的参照来摆脱本团体。"[①]

[①] ［法］让·鲍德里亚：《消费社会》，刘成富、全志钢译，南京大学出版社2014年版，第41页。

社会道德风尚的现代性阐释

人们之所以看重消费品的象征意义，是因为现代世俗社会对人的价值衡量脱离了人本身，评价标准不在人本身，而是在人本身之外，即作为人类文明活动产物的财富、地位这些能够体现社会差别的事物。人是理性动物，他能够进行比较、判断和选择；人是社会动物，在人群中就有比较，有比较就有差异，自尊心由此而产生，正是这种自尊心使人产生了对高人一等的狂热。在社会中，每个人都开始关注别人，也希望得到别人的关注，"一旦人们开始相互品评，尊重的观念便在人的心底扎根，每个人都要求别人尊重他，再也没有人在不尊重他人的时候还能安然无恙"。① 强烈的自尊心使人在人群之中极力地凸显自己，这种想成为众人焦点的欲望使人们产生了出人头地的强烈冲动。用吸气和吐气来形容人的这种生存状态，就是人活着要"争气"和"出气"。

传统社会是被附魅的超越性社会，人们注重内心修养和人格的完善，追求君子和义荣，鄙视小人和势荣，传统社会因此又被称为"向内求善"型社会；现代社会是被祛魅的世俗社会，经验主义和实证主义使虚无缥缈的彼岸世界和不确定的来世救赎被抛弃，人们放弃幻想投入现实世界的怀抱，现代社会由此被称为"向外求真"型社会。在现代社会中，人们更加注重势荣，在消费中的表现就是重视突出消费的象征意义和社会差别性特征，而这些东西都是我们的文明创造出来的，而不是人本身固有的，自然也不是人的本质的外化。对此，法国人文主义哲学家蒙恬曾发表过这样的疑问和感慨："欣赏一只鸟是看它的翅膀，而不是看它的牵绳和铃铛。对于人，为什么不同样以其自身价值去衡量他呢？他有大量的随从，豪华的宫殿，极大的权势，丰厚的年金。这些统统都是他的身外之物，而不是他固有的本质。"② 看来人们在现代社会中只在乎体面，对体面的追求使人们本末倒置，忘记了人存在的根本问题，将事物的本质抛在一边，去追求那些外在于人的本质的东西。

---

① [法]卢梭：《论人类不平等的起源》，高修娟译，上海三联书店2009年版，第54页。
② [法]蒙田：《蒙田散文》，梁宗岱、黄建华译，人民文学出版社2005年版，第215页。

2. 消费的盲目性

消费的盲目性是消费者非理性行为的表现,即消费者不是从自己的实际能力和实际需要出发来进行消费,而是盲目跟风和攀比,追求所谓时尚和面子。消费的盲目性主要体现在两个方面,一方面是赶时髦,追求流行时尚。弗洛姆认为,现代人普遍具有求同倾向和从众心理,"现代人生活在幻觉中,他自以为知道自己想要的东西是什么,而实际上他想要的只不过是别人期望他要的东西"。我们往往避开"自己真正想要什么"这样的问题,而是"把时尚追求视为自己的真正目标"。正如一出戏,演员们都卖力地扮演着自己的角色,"甚至能演得惟妙惟肖,不乏创新之处。但他只是在扮演一个分配给他的角色"①。海德格尔把造成从众心态的现象称为"常人的独裁":常人怎么样,我就怎么样,"常人怎么享乐,我就怎么享乐"。所谓常人就是屈服于社会的习俗偏见的具有从众心态的人。

消费的盲目性的另一方面体现就是人们受困于攀比心。"不甘人后",说明人有上进心,如果人人都随大流,不想冒尖出头,那么创新就失去了意义,社会也不能进步发展。在卢梭看来,被人尊重——自尊心——是作为社会动物的文明人普遍具有的社会心态,因为人是社会动物,而只要有人群聚集的地方,就有比较,有比较就会出现差异,人身上的那些吸引人的地方,容易引起他人注意的东西就会成为众人模仿学习和欲求的对象。卢梭认为,那些在人群中凸显自己的举动不是出于人的真正的需要,而是为了"高人一等"。从而激起了人们的热情,较量着彼此的才能和力量,为人们开启了无处不在的竞争,使人们的才能得到锻炼和发展。但是在消费领域中的攀比心却不是正常的现象,这是人的爱面子的虚荣心在作怪,导致自己被尊重的需要被过度放大,从而加剧消费的冲动及其盲目性,"当前有越来越多的人陷入物质主义的消费怪圈。他们步入不停地工作、挣钱、消费、再工作、再挣钱、再消费的恶性循环中。这种盲目消费

---

① [美]艾里希·弗洛姆:《逃避自由》,刘林海译,上海译文出版社2015年版,第169页。

不但没有使消费者获得心理和生理上的满足，相反会加剧他们对未来的恐慌"①。

3. 过度消费和奢侈消费

在生理意义上，人们对必需品的需求是有限的，例如食物，由于人的消化功能有限，人对食物的需求量是有限的。富人再怎么有钱，他每天睡觉也只能睡一张床。单从商品的自然属性来看，它是能够满足人的需要的，因为商品的自然属性满足的是人的生理需要，随着生理需求压力的解除，这种需要也就消失了，例如口不渴了，不想喝水了。从边际效用递减规律来看，商品的自然属性对人的满足会随着使用数量的上升而下降，例如某种食物吃多了就不觉得好吃了。

人的生理需求是有限的，但是由社会所激发的心理需求是无限的，这种心理需求就是卢梭所说的"被尊重"：成为众人焦点的欲望，出人头地的强烈冲动。虽然现代性打破了人的身份束缚，倡导自由平等，但是人的被尊重的欲望并没有因此而消失，反而愈演愈烈；越是使人和人之间陌生的社会，使人被关注的就越是人外在的东西；越是注重交换价值的社会，外在的物质性的东西就越是能引起人的关注。被尊重的欲望使人总是想"高人一等"，这种欲望是难以被满足的，人的自然欲望是有限的，而由社会所激发起来的欲望则是无限的。为了制造消费，不断激发人们消费的欲望，就要凸显商品的社会区分逻辑。经济发展中，创新产品在初期往往是作为高档奢侈品出现的，当其消费下移时又将引起新一轮创新，有闲阶层成为时尚的引领者。只要人的交往范围不断扩大，人的向往就会通过一种社会区分的逻辑而构成一种无法控制的变量："每个社会关系都增添着个体的不足，因为任何拥有的东西都在与他人比较的时候被相对化了。"② 通过比较而使人拥有的东西被相对化，这是人作为社会性存在无法避免的现实，只要有人群的地方，这种比较就会出现。人对"高人一等"的追求是

---

① 徐俊昌：《跨越非理性消费"陷阱"》，《吉林日报》2013年12月21日。
② [法]让·鲍德里亚：《消费社会》，刘成富、全志钢译，南京大学出版社2014年版，第49页。

无止境的,体现出社会区分的逻辑,由社会区分要求所激活的需求和向往永远都不会被满足,用《利维坦》的作者霍布斯的话来说,就是人的权力欲和支配欲是无止境的,直至撞得头破血流为止。除非社会退回到小国寡民的封闭状态或制造出绝对的平等。但这都是不现实的,也是不可能的,不符合现代性进步的神话。

在消费社会中,这种投合了人们关于财富和身份幻想的消费已经跟人的必要的、真实的需要失去了联系,这种需求永远也无法使人得到满足。当消费与满足人的身心的客观必然需求失去了联系,它也将走向非理性的过度消费和奢侈消费。在消费社会中,对商品的社会区分逻辑的凸显,使人们认为幸福就是穿名牌、住豪宅、开豪车,通过炫耀式的超前消费和奢华消费来彰显自己的财富和身份。成功被认为是暴富,就是过上花天酒地、纸醉金迷的生活。这样,消费社会就使"生产主人公"——"'自我奋斗者'、创始人、先驱者、探险家和垦荒者伟大的典范"——让位于"消费主人公"。在消费社会,受到舆论关注的不是那些历史上的圣人和英雄,而是那些代表时尚消费的影视明星和超级富豪。"继圣人和历史人物之后,竟演变成了电影、体育和游戏明星、浪荡王子或外国封建主的生活,简言之,成了大浪费者的生活。所有这些伟大的恐龙类人之所以成为杂志和电视专栏的中心人物,是因为他们身上值得夸耀的总是花天酒地、纸醉金迷的生活。"[1]

四 消费主义的危害

在一般意义上,消费是个人行为,但是在消费主义语境中,消费却不是个人行为,其影响远远超越个人范畴,因为消费主义意义上的消费是为了凸显其符号功能和象征意义。通过消费体现出社会区分的逻辑,彰显消费主人公的优越感,"衣锦还乡"是为了产生轰动效应。如果一个社会吃喝风盛行,攀比风炽盛,奢侈消费和超前消费泛滥,

---

[1] [法]让·鲍德里亚:《消费社会》,刘成富、全志钢译,南京大学出版社2014年版,第25页。

社会道德风尚的现代性阐释

人们只注重"势荣",而不注重"义荣",只注重外在的"形象工程",不注重"内心修养",用卢梭的话来说,就是"难填的欲壑,对财富的热望,与其说是出于真实的需要,不如说是出于对超越别人的渴望"①。那么这个社会的风气必然会被败坏。为了消费而消费的消费主义对社会风气的影响和危害主要表现以下几个方面。

消费主义的盛行将造成人生观和价值观被扭曲。人都有追求幸福的权利,在生活中追求幸福本无可厚非,正如欧文所说:"人类的一切努力的目的在于获得幸福。"但是在消费主义语境中,幸福被还原为享乐主义,幸福就是追求物质享受和感官快乐,"享乐主义价值观认为,人生的幸福就在于快乐,这里的快乐主要指的是物质的、感官的快乐,追求快乐是人生的目的所在,其他事物都仅仅是实现这一目的的手段而已"②。追求享乐,花天酒地、纸醉金迷的生活是需要雄厚的物质基础支撑的,对奢华生活的追求必然使人走向拜金主义道路。拜金主义者信奉金钱万能,认为只要有了钱就可以拥有一切,要想过上等人的生活,就得追求金钱和积累财富。拜金主义把衡量人生成功与否的标准量化为拥有金钱与财富的多少,人生价值被物化,与金钱价值画等号。如果人生价值的大小被量化为拥有财富的多少,发财致富就会成为人们的理想追求,无论人们做什么都是为了发财致富;如果认为有了钱就有了一切,有钱就是成功人士的标志,那么人们就可能会为了金钱和财富而不顾一切,就有可能出现:"为了钱,理想、道德、良知、真善美被抛弃;为了钱,可以不择手段,坑蒙拐骗,贪赃枉法以至谋财害命;为了钱,可以无情无义,六亲不认以至伤天害理;为了钱,可以不顾国格人格,不知荣辱廉耻乃至出卖自己的灵肉。"③

消费主义的盛行将消弭人的意志,使人丧失理想信念。消费主义把消费作为生活的意义来看待,这将使人追求安逸享乐,而过惯了安逸享乐生活的人不愿意付出,害怕失去;久而久之,促使人不断前进

---

① [法]卢梭:《论人类不平等的起源》,高修娟译,上海三联书店2009年版,第59页。
② 姜迎春:《论"反对享乐主义"》,《理论界》2002年第5期。
③ 钟昊成:《筑牢抵御拜金主义思潮防线》,《经济信息时报》2010年7月7日。

的拼搏冒险精神被消耗殆尽。正如丹尼尔·贝尔所说:"享乐主义的生活缺乏意志和刚毅精神。更重要的是,大家争相奢侈,失掉了与他人同甘共苦和自我牺牲的能力。"[①] 拜金享乐之风放大人的虚荣心,人们不再安分守己地做人,不再踏踏实实地做事。许多人怀揣梦想,梦想一夜暴富,一夜成名,一步登天,不愿再付出辛苦和努力,只想要结果,不想要过程。知识不再是达到真理顶峰的坚实的台阶,而是改变自己命运、抬高自己地位的工具。知识的功利化使为了真理而甘于清贫,稳坐冷板凳的人越来越少,而把知识当作快餐文化,学历用来给自己贴金的人越来越多。一个现象不容忽视,就是当今社会人的受教育程度越来越高,可是彪炳千秋的大师级人物却越来越少,这与我们的社会越来越浮躁有很大关系。学习知识不是为了追求真理,而是为了生活更舒适,当获得大称号、发表大论文、出版大著作与巨大的经济利益挂上钩,学问也就变了味,人们就不愿意过着清贫的生活,就坐不住冷板凳,功利主义只能使人们离真理越来越远。

消费主义的盛行将给社会带来不和谐因素。在计划经济时代,个人消费品的分配大体平均,略有差别,人们的消费水平总体上不相上下,虽然人们生活水平不高,甚至温饱都没有解决,但是人们并没有感到不公平。我国社会主义脱胎于半殖民地半封建社会,起点低,起步晚,人口多底子薄;激励人们干事业主要是靠思想道德教育,而不是物质奖励。改革开放以来,为了调动人们的积极性、主动性和创造性,提高经济发展效率,在经济发展的体制机制上引入市场经济,允许人们追求自身经济利益。在分配政策上打破平均主义大锅饭,允许一部分地区和一部分人通过诚实劳动和合法经营先富起来,合理拉开收入差距。改革开放的过程就是利益关系的调整过程,从计划经济转向市场经济,收入分配经历了从平均主义大锅饭——大体平均,略有差别——到收入差距逐渐扩大的演变。中国人自古以来的公平观是"不患寡而患不均",人们可以安贫乐道,但是不能容忍社会的两极分

---

① [美]丹尼尔·贝尔:《资本主义文化矛盾》,赵一凡、蒲隆、任晓晋译,生活·读书·新知三联书店1989年版,第130页。

化，秉持这种心态的国人对收入分配差距拉大的最直接反应就是感到社会的不公，并且会使一部分社会成员因利益格局反差而产生相对的被剥夺感。在社会产生分化的情况下，如果一部分先富起来的人在道德上并不能起到很好的表率作用，例如财富在血亲代际转移而不是回报社会，甚至一部分人利用不当手段非法致富或在变富之后为富不仁，那么就会刺激社会的"仇富"心里。如果仇富变成一种普遍的社会心理，并将之付诸行动对社会的危害极大，它将造成社会不同阶层之间的隔膜和对立，使得人们不敢正大光明地发财致富。"致富将会变成一个牟利不公的代名词"；"'仇富'者会把自己现实生活中的苦难简单地归咎于富人的存在，这种心理一旦获得普遍的认同，就可能激发他们内心报复情绪的释放"。[①]

人作为一种社会动物，其消费行为不是简单的个人行为，而是一种社会性道德行为；勤俭节约会产生良好的社会示范效应，反之，奢靡享乐会败坏社会风气，激化社会矛盾。正所谓"成由节俭败由奢"，勤俭看似小事，其实攸关个人和国家的命运。艰苦奋斗是我们党的优良传统，正是这一优良传统使我们党在艰苦复杂的环境下不断取得革命和建设的胜利。改革开放以来，随着中国经济的发展，人们的物质生活水平不断提高，昔日许多只有少数人才享有的奢侈品也逐渐开始走入平常百姓生活。我国经济总量虽然已经跃升到世界第二位，但是我国社会主义初级阶段的基本国情并没有改变。社会主义现代化强国建设仍在路上，仍需要人们发扬艰苦奋斗精神。

消费主义的盛行激化了人与自然之间的矛盾。消费主义使社会陷入了经济发展与消费之间的恶性循环："发展经济就是为了消费享乐，而要消费享乐就必须发展经济。"这种恶性循环"使得人类的资源日趋枯竭，环境日趋恶化，直接威胁人类的生存，给人类的发展制造了灾难性的陷阱"[②]。现代科学技术转化为生产力的周期越来越短，产品升级换代速度也越来越快；经济的发展要求人们的消费不断升级换

---

① 程美东：《化解"仇富"心里》，《中国教育报》2013年5月3日。
② 任建东、贺桂花：《道德的世俗化与世俗道德的前景》，《求索》1999年第5期。

代，以便跟上产品更新换代的步伐。如果人人都甘守清贫，都对新事物不感兴趣，那么就不会有创新，就更谈不上经济的高速发展。在消费时代，消费者的态度在很大程度上左右着经济的发展，为了达到这个目的，社会的各种宣传工具开足了马力，极力渲染产品的符号功能和象征意义。现代社会热衷于推陈出新，求新求异的反传统主义，现代性的逻辑是"新"的就是"好"的，"最新"的就是"最好"的，这种逻辑使人沉醉于对新颖性的追求。刺激人们对新颖性追求的方法是带有强制性的，强制性的技术标准的限制，迫使人们不得不更新自己手中的产品；非公开权威，例如舆论和广告，不断制造着新的消费，人们被牵着鼻子去消费。对新颖性的追求意味着产品的淘汰周期越来越短，意味着每年将产生大量的废旧物品，废旧物品这四个字是应当加上引号的，因为它们大多是被社会人为造出来的，换言之，浪费成为推陈出新，求新求异的副产品，甚至被认为是必要的副产品。消费社会制造了大量人们实际上并不真正需要的东西，提供了大量人们并不真正需要的服务，产生了大量本不应当出现的垃圾。消费主义的泛滥对生态环境造成巨大压力。为了换取经济的快速增长与对物质财富永不满足的欲求，人们不顾及环境和资源的承载限度，对大自然进行无节制地开发和掠夺，这势必造成生态环境的破坏，危及人类的生存和长远发展。习近平总书记指出："改革开放以来，我国经济社会发展取得历史性成就，这是值得我们自豪和骄傲的。同时，我们在快速发展中也积累了大量生态环境问题，成为明显的短板，成为人民群众反映强烈的突出问题。……生态环境问题，归根到底是资源过度开发、粗放利用、奢侈消费造成的。"[①]

第二节 实利主义的泛化对价值观念的影响

一 实利主义的产生

实利主义又被称为经济主义，实利主义是一种把物质的繁荣作为

[①] 《习近平谈治国理政》第2卷，外文出版社2017年版，第394—396页。

衡量社会发展的标尺的思想观念，实利主义使人们把追求收入的增加和财富的增长作为全部社会生活的核心，从而颠倒了人与物的关系，人与物的关系被置于人与人的关系之上。文明的发展和社会的进步离不开经济的发展和物质的繁荣，但是它们只是基础，是为我们自身的发展服务的手段。物质财富是我们文明的创造物，是我们人化的对象化活动的产物，如果我们用外在的物质财富来衡量我们自身的价值，那么手段就攫取了目的的位置，成为人们崇拜的对象，人成为物的奴隶，人被物化和异化。人依赖物，而不依赖人，人的世界被物包围。所谓不依赖人是指现代社会使人摆脱了对他人的人身依附关系而成为独立的存在，人虽然摆脱了对他人的人身依附，却又陷入对物的依赖之中，从而使人成为物的奴隶。这就是马克思所说的"以物的依赖性为基础的人的独立性"的社会，也就是现代工商文明社会。

实利主义的泛化是指对物质利益的追求成为支配社会生活的基本原则或潜规则。实利主义的泛化是社会世俗化的必然结果，世俗化是相对于神圣化而言的，社会的世俗化也就是社会的祛除神魅化，就是从有神论过渡到无神论，实证主义取代神学和形而上学，科学主义战胜宗教神学的过程。用霍克海默和阿道尔诺的话来说，就是"用知识替代幻想"。科学实证主义专注于事实，并从经验的真值世界中归纳出知识，知识回答的是有关经验世界"是什么"的问题，关于真值世界"是什么"的回答没有善恶之分，只有真假之分，主观符合客观就是"真"的，否则就是"假"的。关于"是什么"的真假判断体现出科学实证主义的"求实"态度，求实是为了实用，脱离经验的形而上学是"无用之学"，实证知识是"有用之学"。实用就是真理，真理的价值和正确性建立在真理的实用性之上。这就是世俗化的宣言，培根将其概括为"知识就是力量"。这样，社会的世俗化就使判断事物的"善恶标准"让位于"真假标准"，"判断真假的主要标准，是事物的实用价值，有用的即真理，没有用即谬误，真理的绝对性为相对性所代替，整个社会趋于实用化、实利化。实用化的明确统一的标准，是货币化的价值——金钱。当整个社会的价值标准统一于金钱的时候，世俗化的过程即趋于完成"①。实证知识主要解决的是人的形而下的需求，即通过创造和获取物质财富来实现生活的舒适和便利，在世俗化运动中，对实用的强调使致富成为普遍的社会心态。

实利主义的泛化是由市场经济运行特点所决定的。市场经济是现代性在经济领域中的表现。祛除神魅的现代性使人性获得解放，人的世俗欲望得到承认和尊重，这样，把自我利益作为生活的运行原则被逐渐接受下来，其合理性得到了道德上的证明。在经济活动中允许人们追求自身利益有利于发挥人的主动性和创造性。人们关心自己是人性使然，"人类最早的感觉是自己的存在，他最先关注的是自我保护"。"经验告诉他，人类活动的唯一动机就是追求自身幸福。"② 附魅的传统社会只不过是把人们追求自身幸福的希望寄托在了来世，这是传统社会的道德禁欲主义之所以能够发挥作用的原因。而祛魅的现代社会摧毁了人们的来世信仰和彼岸追求，把人抛回自身，使人成为赤裸裸的独立存在。启蒙就是使人清醒，抛弃幻想，面对现实。人们认识到：人要对自己负责，只有自己是自己命运的主人，当下的现实是最真实的存在。大卫·雷·格里芬认为，在现代性发展的早期阶段人们还有着建立"地上天堂"的雄心，而在晚期近现代精神中，只留下关心当前的满足。

市场经济适应了人的现代性的生存状态，为人实现自己的世俗欲望创造了条件。在市场经济条件下，人们从事经济活动的主要动机是对自身利益的追求，从事经济活动的主体被称为进行"会计簿记"的理性"经济人"，在成本与收益之间核算，并希望以最小的投入换来最大的产出。经济人精于算计，追求利益最大化，利益与他越直接、越贴近，从事经济活动的动力就越大、热情越高。如果收益与付出不匹配，甚至出现倒挂现象，那么就会丧失从事经济活动的热情，只要有机会就会选择偷懒和逃避责任。

---

① 杨帆：《世俗化的扭曲与批判现实主义思潮》，《中国青年研究》1994 年第 Z1 期。
② ［法］卢梭：《论人类不平等的起源》，高修娟译，上海三联书店 2009 年版，第 49、51 页。

●●● 社会道德风尚的现代性阐释

　　市场经济不仅具有逐利性,而且还具有竞争性。市场竞争的残酷性,使人缺乏安全感。市场就是各种利益主体逐利的竞技场,在优胜劣汰的竞争中,胜利者得到奖赏,占有更多的市场份额,获得更广阔的发展空间,失败者受到惩罚,失去市场,甚至被淘汰出局,成为别人"裁制"的对象或人道主义救援的对象。在现代社会,个人在走向独立的过程中,因失去群体认同感而感到不安,因市场竞争可能带来的淘汰而感到不安,这种不安使人变得贪婪,为了弥补因缺乏自我认同所带来的不安与焦虑,人们通过不断攫取外物而给自己的私人领域筑牢安全网,以使自己孤寂的灵魂平稳地安顿于世俗的家园之中。

　　在市场经济条件下,市场交换已经成为普遍现象。市场经济是直接以交换为目的的经济形式,交换交易已经成为人们生产生活的普遍条件,人们的生产和生活离不开交换,"如果没有市场交换的过程,所有重要的劳动分工都是不可能的——劳动分工与其说是人类理性的产物,不如说是由于人们对交换的内在倾向或喜好"[①]。交换的普遍性使人陷入对物的依赖之中,交换交易是通过一般等价物——货币来完成的。马克思认为商品经济社会是以物的依赖性为基础的人的独立性的社会,这里所说的"物",指的就是作为交换媒介的一般等价物——货币,人们虽然摆脱了对他人的人身依附,但却陷入对"物"的依赖之中,人们依赖物,而不依赖人。作为一般等价物的货币在现代社会已经被符号化和虚拟化,它可以无限制"储藏"和拥有,不受时空限制进行交易,可以在市场上购买任何种类和任何数量的商品和物资。市场交易的普遍性还会给人造成一种假象,只要有钱就可以不用努力获得一切自己想要的东西:"假如我有钱,我不用费力,也不必有兴趣,便可得到东西。如果我有钱,即使我对艺术没有鉴赏力,我也可以得到一幅精美的绘画作品;即使我不懂音乐,我也可以买最好的留声机;我可以买下一座图书馆,尽管只是为了炫耀之用。"这是导致现代世俗社会一些人蔑视清高、不愿意辛苦劳动和急功近利的

---

① [美]理查德·布隆克:《质疑自由市场经济》,林季红译,江苏人民出版社2000年版,第107页。

一个重要原因。① 这就在一定程度上刺激了人们对金钱和财富的占有欲。在自然经济社会中，生产主要是为了满足自己的实际需要，不是为了交换，因此人们对作为一般等价物的货币的需求并不大，另外由于货币没有被符号化和虚拟化，因此它不容易储藏，跨时空交易受到极大的限制；由于生产力落后，市场狭小和封闭，货币在市场上所能购买的东西也十分有限。因此，在自然经济社会中，人们容易知足，不贪婪；不向"外"索，就向"内"求，人们，特别是知识分子追求重义轻利的君子之境，保持不与世俗合流的清高。

二 实利主义的泛化滋生拜金主义和享乐主义

市场经济是一种逐利经济，利益驱动是市场经济的重要机制。允许人们追求自身利益，鼓励人们致富，这有利于调动人们的积极性，促进经济效率的提高，促进经济社会发展。但是如果利益追求和利益交换溢出经济领域，渗透进其他领域之中，当金钱可以通约一切，"一切朝钱看"就会成为一种社会风尚，那么人们将会失去良心自由，造成人的价值观扭曲，致使拜金主义和享乐主义盛行。

良心是人内在的道德判断，是内在于人们的灵魂之中的判断是非善恶的自觉的道德意识。良心自由是人的人格独立的表现，用马克思的话来说，人格独立就是人可以按照自己的意愿自由支配自己的行动，可以自由地面对自己的产品，换言之，物质财富是我们的创造物，我能够坦然面对财富的诱惑，始终保持自身的同一性。用弗洛姆的话来说，良心自由就是不求同，不人云亦云，在大家说"是"的时候，我可以说"不"。只有良心自由，才能使人对是非善恶作出正确的判断和选择，不屈服于习俗的压迫，不屈服于风气的命令。卢梭称良心是"灵魂的声音"，而欲望是"肉体的声音"，卢梭认为正是"欲念淹没了内在的情感，瞒过了良心的责备"，使人看不到道德之美。当强烈的对外在的物质欲望淹没了人的良心的声音，人们就可能

---

① ［美］艾里希·弗洛姆：《健全的社会》，孙恺祥译，上海译文出版社 2011 年版，第 106 页。

不再追求良善和崇高，甚至蔑视良善和崇高。马克思和恩格斯曾批判资本主义现代性过程抹去了一切向来受人尊崇和令人敬畏的神圣光环，把人与人之间变成了赤裸裸的金钱关系。马克斯·韦伯把现代性看作是一种祛除神魅的过程，即追求功利和效用最大化的工具理性取代追求终极关怀和生命意义的价值理性的过程。祛除神魅的过程就是人们不再把牟利和享乐看作是不光彩、不道德的事情，就是人的自然本性和情欲得到释放的过程。弗洛姆认为，现代人无视对于人的生存具有根本性的现实问题，反而去追求那些被世俗文明过度粉饰的东西。"现代人在一切重要事情上都缺乏现实感，且程度令人惊异。这些事情包括：生与死的意义，幸福与痛苦，以及感情与严肃的思想。现代人将人类生存的整个现实掩盖起来，挂上造作的、粉饰过的伪现实的图景。这跟野蛮人用土地和自由换取亮晶晶的玻璃珠子的做法没有多大差别。"[①] 这导致在传统社会中被排斥、被禁止的事情——追求物质欲望和感官享乐——在现代社会却变成了不证自明、习以为常的事情，而严肃的事情、高雅的事情却变成了必须为自己作出合理性说明的事情。例如怀疑历史上的那些伟大的英雄事迹是否存在，是否是杜撰出来的，甚至恶搞和污蔑英雄人物。迎合民众的娱乐性文化市场人山人海，而高雅艺术前则门可罗雀，为了生存而不得不向市场低头，向平庸让步。一些崇尚自由市场经济的经济学家主张经济学不应当讲道德问题，为了证明自私自利的合理性，认为促进历史发展和文明进步的许多重大历史事件的发生并不是为了追求公平正义，而是为了实现其发动者和领导者的个人私利和愿望。

法国思想家卢梭虽然承认每个人都要为自己的利益而行动，但是他却反对用利益去解释道德，并认为这样做的后果就是使人告别神圣，甚至玷污人的崇高行为，"因为它将使人畏首畏尾地不敢去作善良的行为，它将使人拿卑劣的意图和不良的动机去解释善良的行为，它将使人不能不污蔑苏格拉底和诋毁雷居鲁斯。这样的看法即使在我

[①] ［美］艾里希·弗洛姆：《健全的社会》，孙恺祥译，上海译文出版社2011年版，第141页。

们中间有所滋长,自然的呼声和理性的呼声也会不断地对它们进行反驳,绝不让任何一个抱有这种看法的人找到一个相信这种看法的借口"①。从"良心多少钱一斤"的发问到拜金主义和享乐主义的流行,说明这样一个道理:如果人们无视神圣和崇高,就会为腐朽的、不健康的价值观的出现打开大门。拜金主义就是把作为交易和消费手段的金钱当作目的来追求和崇拜,认为有了钱就有了一切;把金钱看作万能的钥匙就是把金钱当作衡量人的价值的标准,谁有钱,谁就"高人一等",谁就"值得尊重"。如果成功的标志就是有钱,那么将可能形成这样一种社会风气:无论人们干什么,从事什么职业,终极目的都是金钱,成为有钱人。而有钱就是为了享乐,把物质享受和感官快乐当作人生幸福的目标来追求,"享乐主义价值观认为,人生的幸福就在于快乐,这里的快乐主要指的是物质的、感官的快乐,追求快乐是人生的目的所在,其他事物都仅仅是实现这一目的的手段而已"②。拜金主义和享乐主义腐蚀人的灵魂,使人的人生观、价值观发生扭曲变形。

第三节　个体本位的滥觞对人际关系的影响

前现代社会是整体本位的社会,社会的价值导向是整体主义。在整体主义语境中,整体是一个有机体的概念,亦即整体的组成部分不能成为自足的存在,其存在的价值和意义只能由整体来赋予。因此在整体本位社会中,个人只有"我们"的观念,而没有"我"的概念,人们是在"我们"的意义上来理解我的。在我们的意义上所理解的"我"是把整体利益放在第一位的,对道德的理解是善恶分明的,善恶不具有可通约性,利己和利他之间泾渭分明,因此善是不允许掺杂私人和私利的。

---

① ［法］卢梭:《爱弥儿——论教育》(下卷),李平沤译,商务印书馆1978年版,第415页。
② 李迎春:《论"反对享乐主义"》,《理论界》2002年第5期。

马克思指出:"我们越往前追溯历史,个人,从而也是进行生产的个人,就越表现为不独立,从属于一个较大的整体;最初还是十分自然地在家庭和扩大成为氏族的家庭中;后来是在由氏族间的冲突和融合而产生的各种形式的公社中。只有到18世纪,在'市民社会'中,社会联系的各种形式,对个人说来,才表现为只是达到他私人目的的手段,才表现为外在的必然性。但是,产生这种孤立个人的观点的时代,正是具有迄今为止最发达的社会关系(从这种观点看来是一般关系)的时代。"① 现代性凸显了人的个体性存在和价值,个体性存在的凸显使社会具有了人本主义色彩。人本主义,在文艺复兴时期就是以"人性"取代"神性",强调人的价值和尊严,鼓励人们追求现实生活和世俗快乐。人本主义在理性主义的启蒙运动时期就是以"知识"取代"幻想",宣扬人生而自由平等的人权思想和主权在民思想,以反对人身依附和等价特权。法国启蒙思想家卢梭说:每个人都生而自由平等,他的另一句与此类似的话是"人是为自由而生的",离开了自由,就是对人的贬低,人就不能称之为"人",世间没有任何财富可以弥补因抛弃自由给人造成的损失。马克思把自由看作人这个"类"所具有的特性,并认为没有人会反对自由,除非是反对他人的自由,但是他人的自由也是不能反对的,因为每个人的自由是所有人自由的条件;也就是说,他人的权利和自由是你的权利和自由的限制条件。马克思和恩格斯的毕生追求就是实现无产阶级和人类的解放,无产阶级只有解放全人类才能解放自己;当人类社会没有了剥削和压迫,无产阶级作为"弱者的标识"才能消失,才能赢得作为人的尊严,马克思主义因此而被称为"人的解放学",一种关于使人回到自身的学说,使人从阶级的"个人"转向作为人本身的"个人",社会成为自由人的联合体,异化被彻底消除。

与启蒙运动时期的人本主义强调人的理性的作用不同,现代人本主义着力研究人的非理性因素,现代人本主义认为:"人是宇宙的中心,最高的存在,强调用人的自我存在、主观经验去审视宇宙和社

---

① 《马克思恩格斯选集》第2卷,人民出版社1995年版,第2页。

会。强调把体验和内心直觉作为认识世界的出发点,着力研究人的欲望、意志、直觉、情绪、本能等非理性因素。"[1] 虽然在不同时期人本主义思想的侧重点不同,但是其基本主张是一致的,即要把人本身当作目的,人的人格独立和尊严必须得到尊重和维护。这种人本主义的主张带来了社会现象解释模式的转换。即不是再把个体作为整体的部分和整体的功能来看待,而是把个人看作一个完整的存在,即个人独立于社会共同体而存在,或者说个人与共同体之间的身份中介——例如阶级和党团派系等——被消除了,人是以作为人本身的个人而进入共同体的,它是自由人的联合体。启蒙运动时期的社会契约思想把任何既存的社会秩序都看作是发源于个人先验的权利。"个人权利是先验的,任何既存的秩序都发源于它们。所以秩序乃是个体间契约的结果,这些个体受其自利的利益之诱导而进入其契约关系中。因此,这种文明状态并不是人的社会性本身的客观结果;它不是宇宙的自然秩序借助于人的道德行为的实现。"[2] 启蒙哲学的自然状态学说——自然状态不是历史上真实存在的人的生存状态,而是为了从逻辑上证明人权的先在性——从人的非社会性出发推导出社会的和公共的秩序,这无非是为了说明建立社会的和公共的秩序都是为了维护和实现个人的权利和自由,反对无视个人的权利和自由,仅仅把个人看作实现整体利益的手段和功能。从个体性存在的角度出发解释社会秩序的形成和公共利益的实现,实际上是把道德上的责任担当放到了个人肩上,没有自由就没有体现主体性尊严的选择,选择意味着对他人和社会的责任,这就使人的个体性存在及其权利获得了公共的重要性。

虽然个体的解放和自由有其积极的社会进步意义,但是对人的个体性存在和价值的推崇,个人私利的膨胀,将导致个人本位主义的滥觞,人与人之间的关系逐渐走向疏远和冷漠。

契约使人际交往的人情味丧失。传统社会是封闭的小社会,血缘

---

[1] 王卉:《科学主义和人本主义对现代城市规划的影响》,《北方工业大学学报》2009年第3期。

[2] [德]海因里希·罗门:《自然法的观念史和哲学》,姚中秋译,上海三联书店2007年版,第82页。

亲情关系构成社会连接的纽带，合作范围仅限于相互了解和信任的同胞之间。哈耶克认为，在原始共同体中，人们之间相濡以沫，利他是本能反应。"主要是共同的目标和感受支配着其成员的活动。休戚与共和利他主义的本能，对这些协作方式起着决定性作用。这些本能适用于自己团体中的成员，却不适用于外人。"[1] 也就是说，熟人社会中的利他不是基于理性的盘算——把利他看作利己的手段，而是近乎不假思索的本能反应。人们相互之间以邻里相待，有事大家帮忙；人们在交往中重视私人感情的建立和培养，人情味十足，熟人交往"不见外"："我们大家都是熟人，还用得着多说吗？"

现代性是一种脱域的力量，使人脱离地域和血缘限制，它打破人的身份束缚，使人逐渐走向独立和自由，成为原子化的个体性存在。现代性的倡导者几乎都强调个人的"中心地位"，强调个人独立于他人的重要性。个人对于共同体来说没有人身依附关系，现代社会共同体，例如城市大型社区，是由来自四面八方的具有独立身份的个人组成的，人们之间毫不相干，因此现代社会被称为大众社会，大众被看作"乌合之众"。乌合之众是指由毫不相干的人组成的群体，这里所说的"毫不相干"是指人们之间没有血缘亲情关系，没有共同的目标和感受；面对匆匆过客，心中充满疑虑，对他人不表达关心往往并不会在心中产生不安。一个人成为一个团体的一员，不是因为他或她与这个团体之间有着身份依附关系和血缘亲情纽带，而是有契约关系。例如被某企业和单位雇佣，聘期5年或8年。合同期满根据双方需要和意愿决定是否继续签订合同，合同期内不能完成任务或未兑现报酬承诺，双方都可以解除合作关系，个人恢复为独立的所有者。在这种情况下，个人是不可能把聘任企业和单位当成自己的家的，也很难形成家一般的归属感。契约是法理型社会中拥有独立人格和平等权利的人之间的交往方式。契约关系是利益关系，促使人们缔结契约的最深刻动机是对自身利益的追求，是利益把人们暂时"连接"在一起；契

---

[1] ［英］弗里德里希·奥古斯特·冯·哈耶克：《致命的自负》，冯克利、胡晋华等译，中国社会科学出版社2000年版，第8页。

约关系是经过讨价还价直至双方形成共同意志的形成,所谓共同意志即契约双方都感到满意,符合自己的意志和利益,因而达成共同意见。"契约双方当事人互以直接独立的人相对待,所以契约从任性出发;通过契约而达到定在的同一意志只能由双方当事人设定,从而它仅仅是共同意志,而不是自在自为的普遍的意志"[①]。自在自为的普遍意志形成于个人意志对公共利益的服从,而这里的共同意志则是讨价还价的利益博弈的结果。现代性是从身份到契约的运动,在这一过程中,人际交往中的人情味越来越少,而理性盘算和利益考量则越来越多。在这种以契约为纽带的交往关系中,人们关心的不是他人利益,而是自己的利益能否得到实现;即使关心他人利益,也是把这种关心当作实现自己利益的手段,关心他人利益是害怕自己利益受到损害,互利是以自利为前提,互利是合作中的自利的结果,互利是维系合作关系的基础。

竞争把冷漠无情带入社会。传统社会崇尚传统,"把好的与祖传的等同",不鼓励人们凸显自己和进行创新,因此社会在价值取向上倡导安分守己和忠诚,做具有内心修养的"君子",不做追求外在成功——势荣——的"小人",在亚里士多德看来,最幸福的生活不是享受荣华富贵,而是理性沉思。苏格拉底被起诉并被判处饮毒自尽的原因是他使雅典的年轻人变得不安分,不敬神,不尊重老人,使他们对既定社会秩序下的生活产生了怀疑,社会的稳态结构被打破。

现代社会崇尚创新,"把好的与新的等同",最新的就是最好的。这种未来主义指向使现代社会鼓励人们凸显自己,追求世俗成功。如果说传统社会注重内心修养的君子要与世俗社会保持距离,要用自己的理性控制自己的欲望,那么现代社会则把人的原欲的冲动和世俗的欲望视作创新创造、追求成功的动力,这样君子与小人的不可逾越的界限被打破,没有君子与小人这种迂腐的人生定位,只有成功与不成功之分。追求成功的渴望激起了人们的热情,"锤炼着并使他们不断

[①] [德]黑格尔:《法哲学原理》,范扬、张企泰译,商务印书馆1961年版,第82页。

较量着彼此的才能和力量……刺激着我们的欲望，使我们的欲望迅速膨胀，它将无数野心家置于同一竞技场上，为人们开启了无处不在的竞争"①。只有适应竞争的环境才能生存下来，发展壮大，达尔文的进化论告诉人们竞争带来成长和兴盛，因此要做个强者。"大鱼吃小鱼"，"小鱼吃虾米"的优胜劣汰，被看作是市场经济富有效率的重要原因，竞争刺激商品生产者改进技术、改善经营管理，促进生产力的发展和市场的繁荣。有竞争就要分出胜负，有竞争就不能有同情和怜悯，它不是市场本身应该管的事情，否则就会破坏公平竞争；如果把同情和怜悯带入竞争，就会使市场陷入"优不胜劣不汰"的境地。"很显然，竞争对手之间的关系必须以人与人之间的相互漠不关心为基础。否则，任何一个人都会寸步难行，无法完成其经济任务，即，相互斗争。如有必要，在实际的经济斗争中毫不留情地摧毁对方。"②这种对效率和财富的难以抑制的冲动和渴望，把漠不关心和冷漠无情带入市场经济活动中来，"今天工作不努力，明天努力找工作"成为企业激励员工的响亮口号，不但产品要讲性价比，职工也要讲性价比。把漠不关心带入竞争使人们在市场竞争中被不安和焦虑所困扰：担心不被市场和他人认可，害怕在市场竞争中失去一切。

　　陌生人社会削弱人的同情心。传统社会是一个封闭的小社会，自然经济的分工主要是在家庭或家族内部有血缘亲情关系的成员之间进行，人们在这种分工中所扮演的角色是由他的出身和在族群中的地位所决定的，而不是他们自我选择的结果。在族群内部，身份的相对固定以及社会流动性的缺乏，使人际交往的对象比较稳定，频繁的交往使人们之间容易产生相濡以沫的信任关系和情感依托。现代市场经济社会则是一个陌生人社会，身份被打破以及社会高度的流动性，使人际交往的对象十分不确定，一次性交往的情况越来越多，越来越普遍，人们很难把一个人和他的道德形象挂起钩来，这既增加了社会交

---

① [法]卢梭：《论人类不平等的起源》，高修娟译，上海三联书店2009年版，第74页。
② [美]艾里希·弗洛姆：《逃避自由》，刘林海译，上海译文出版社2015年版，第79页。

第四章 当代社会道德风气存在的问题及其影响

往的风险，又助长了侵害他人利益的机会主义行为倾向的发生。在这种情况下，对陌生人不关心甚至敌视和防备的社会风气就会逐渐形成。传统社会中熟人之间的信任是一种特殊主义信任，所谓特殊主义信任是指社会的信任半径难以超越熟人范围，这导致社会合作的范围狭小，人们往往只相信熟人，不信任陌生人，即使形成对陌生人的信任，那也是把陌生人拉入熟人圈子——拜把子、结金兰、套老乡校友关系等之后的事情。著名社会学家费孝通把囿于熟人关系的信任称为乡土社会的信任，乡土社会的社会结构是一种"差序结构"，即人们往往以自己为中心，以与自己关系的亲疏远近来区别对待他人，一视同仁的规则不起作用。熟人好办事，这导致人们非常重视私人性的人际关系，私人关系渗透入公共领域，人际关系的私人性和情感化使其变得复杂，人们需要花费大量时间和精力来维系这种关系。

现代社会是一个开放的大社会，社会处于高度的流动性之中，社会化大生产使分工与合作范围超出血缘和地缘界限，突破民族和国界限制，人际交往更多的是在没有血缘和亲情关系的陌生人之间进行的。"现代的环境和经验跨越了地理的和种族的、阶级的和民族的所有的边界"，这使得狭隘的地域性个人变成了世界历史性个人。如果人们依然坚持特殊主义信任，信任熟人，不信任陌生人，把交往范围限于与自己关系密切的人，那么就会限制交往合作范围的扩大；对于一个群体来说，自己的人出不去，外面的人进不来，无法形成哈耶克所说的那种"人丁兴旺"的扩展秩序，"如今生活在这种扩展秩序里的人取得利益，并不是因为他们互以邻居相待，而是因为他们在相互交往中采用了扩展秩序规则，譬如有关分立的财产和契约的规则，代替了那些休戚与共和利他主义的规则"[1]。信任半径狭小将阻碍社会的开放与发展，只有限制那种基于本能的道德反应才能使普遍性的规则发挥作用，使社会秩序得以扩展。

如果人们继续以这种特殊主义信任方式——依靠私交感情，套用

---

[1] ［英］弗里德里希·奥古斯特·冯·哈耶克：《致命的自负》，冯克利、胡晋华等译，中国社会科学出版社2000年版，第9页。

血缘亲情关系，正所谓"老乡见老乡，两眼泪汪汪"，在此基础上形成一种不假思索的相信——与陌生人交往，那么一旦被欺骗，就可能使人在社会交往中不再相信任何人，这将会进一步导致人际关系的冷漠，对陌生人的戒心和敌意就会进一步增强。如果在陌生的环境中充满戒心和敌意，将导致人的同情心和怜悯心被削弱，人们不愿意帮助他人，或者说不敢帮助他人。在人的情感中，同情心是人的最原始最淳朴的情感，正所谓"恻隐之心人皆有之"；同情心被视为道德的源泉，它有助于缓和人们的"强烈的自我中心主义"，缓解"对自我生存的强烈关注以及对追逐自身利益的巨大热情"[①]。现代社会对个人本位的凸显使人的自我意识增强的同时，使人变得狭隘，较少关心他人和社会，而同情心和怜悯心被削弱将使人变得更加冷漠。一旦骗熟宰熟现象发生，将彻底摧毁人们的信任底线，将整个社会人际关系推向疏远和冷漠。在这种氛围下，"好人难做"和"好事不敢做"就必然会成为一种普遍的社会现象，在他人需要帮助的时候，就有可能使人成为"看客"；在需要说出真相的时候，却使人选择沉默。

第四节　价值取向的多元对社会整合的影响

传统社会是一元性的同质社会，是习俗性的族群社会，社会的基本单位是家族、部族和公社。族群社会是以共同的血缘、地缘为纽带形成的小规模共同体，这种小团体存在着"使人们具有亲密的面对面的关系且能解决大部分生活问题的结构"；在团体内部，人们休戚与共，有着共同的目标和感受，遵循着共同的风俗习惯。人们扎根于有机整体之中，作为有机整体的某种功能，不能自由选择自己的生活方式和交往对象。正如英国法律史学家梅因所说，在以家族为单位的传统社会中，很少有体现个人意愿的契约活动的余地，因为个人并不能为他自己设定任何权利，也不为自己设定任何义务，人们并不能为自己选择交往的对象。在那种休戚与共的有机共同体中，维护集体利益

---

① [法]卢梭：《论人类不平等的起源》，高修娟译，上海三联书店2009年版，第40页。

第四章　当代社会道德风气存在的问题及其影响

成为人的近乎本能的反应，服从被视为最大的美德。以现代人的眼光来看，古代人的很多行为都是缺乏自我意识的表现，是"愚忠""愚孝"。我们应当看到，在那种生产力极其落后，生存环境艰难的族群部落中，人如果没有牺牲奉献精神，如果都不尽服从的义务，共同体是很难生存下去的。

族群社会相对封闭，具有不同血缘、地缘和风俗习惯的族群之间很少人员来往，外来的陌生人很难被信任，也很难融入群体中去，也就是说族群受到外来异质思想和文化的影响非常小，人们对外来思想文化天然具有抵触情绪。族群就是每个人生存的根，维护共同的风俗习惯和信仰是族群内部每个人的天然义务，传统被保护和尊重，祖传的就是好的，越古越好。在封闭的族群社会中，正义就是安分守己；社会不鼓励创新，与众不同和异端邪说是不被允许的，在前现代文明中，"过去"显得比"未来"更为重要，或者说"稳定"比"变化"更值得称道，追求变化就是离经叛道和堕落，可见，族群社会是一个缺乏变化的超稳态结构。如果一个人被驱逐出自己的群体可能就意味着死亡，人没有逃离的自由，在那种社会中不忠不孝是最大的罪过。因此在这种封闭的、人们身份固定的族群社会中，权威的社会整合能力异常强大；权威是天然权威，权威与民众之间是不平等的，人们服从权威是基于权威的地位、智慧和声望，而不是基于民主式的同意。

现代社会呈现出多元异质性。伯杰把现代性的力量比喻为"一柄巨大的铁锤"，它砸碎了所有旧的社区机构，摧毁了人们之间待人如待己的邻里般的亲密关系。人们离开农村的传统社区，被集中于城市，进入由"无定型的人群"组成的大众社会之中。在这种无定型的人群中，人们普遍缺乏群体认同感。这是因为在现代城市这种开放的大社会中，由于失去血缘亲情纽带和共同的风俗习惯，人们之间缺乏共同的目标和感受，人们在作出价值判断和选择时更多的是考虑自身的利益和感受。现代社会人员复杂，各种思想观念混杂在一起。这是因为现代社会具有高度的开放性和流动性，人的身份不固定，人们接触和交往的对象不固定；社会是由来自四面八方的有着不同文化背景和价值取向的人组成，不同的人对事物有着不同的看法和感受，这导致各种思想观念混杂在一起。人们往往从自身的处境和对现实的感受出发对事物作出评价,这其中更多地体现出自身的好恶,这导致相对主义盛行,即一切价值判断都被认为是"相对于某种有限的目的和视角而言的",而不能认为某种规范论断就比其他论断更好。现代化"使成千上万背井离乡的人口流动以及大部分人集中在城市环境中,城市环境在功能上是复杂的,在文化上是多元的,在社会上充满异质性而不是无秩序"。[①]

如果说传统社会崇尚传统的话,那么现代社会则鼓励创新,而鼓励创新就是容忍差异化。崇尚传统,就是崇尚这样一种价值取向:从对过去的关系中寻找现在的意义,极力维系与过去的联系就是反对"突变"和"异质"化,反对求新求异、反对与众不同,以传统的力量维护现有权威的稳定性,使其发挥强大的社会整合功能。"过去指向"的传统崇拜是一种非反思态度,反思促使人的主体性意识的觉醒,使人的思想中增添了怀疑和批判的精神气质。洛克的"知识来源于经验"以及笛卡尔的"我思故我在",宣告了外在权威垄断真理并向人们提供真理的保证的时代的结束,人的主体地位得以确立。人的主体意识的觉醒改变了"过去指向"的价值取向,"使人对过去持一种遗忘的、漠不关心的态度,它割断与过去的联系,沉醉于对新颖性的追求"。厌恶束缚,崇尚变化,渴望与众不同,这种反传统态度实质上是现代社会凸显个人价值的一种表现。如果说传统社会的正义观要求人们安分守己,不要越过社会指派给你的角色,那么现代社会的正义观则包含着赋予人们充分发挥自己聪明才智,不断进行创新创造的内容。对求新求变的创新创造的渴望符合现代性的"进步的神话","现代的'进步神话'通过把'现代科学'和原始的以及中世纪的'迷信'加以对照的办法来诋毁过去和传统,把现代性说成是'启蒙',把过去则说成是'黑暗时代'"。这种求新求变的现代性取向使社会的稳态结构不断被打破,没有什么值得尊崇的东西,人的尊崇心

[①] [意]艾伯特·马蒂内利:《全球现代化——重思现代性事业》,李国武译,商务印书馆2010年版,第18页。

第四章　当代社会道德风气存在的问题及其影响

和敬畏心在对过去持遗忘态度、求新求异的现代性社会中是很难被树立起来的,用马克思的话说,就是"一切固定的僵化的关系以及与之相适应的素被尊崇的观念和见解都被消除了,一切新形成的关系等不到固定下来就陈旧了。一切等级的和固定的东西都烟消云散了,一切神圣的东西都被亵渎了"①。

鼓励创新就是鼓励与众不同,就是容忍差异化和异质化。求新求变的现代社会培植出多元化的自由土壤。与传统社会相比,权威的性质也因此发生了变化。没有人能把自己的意志强加于人,权威是基于人们的同意而产生的。如果说传统社会的权威的职能就是发号施令,是强制的代名词,那么在现代民主社会,权威则是从自愿服从、为民认可中得到力量。"权威在任何情况下都不会强迫我们做什么事,因为同权威的关系并不使我们失去做事的自由。权威做出什么事情,或不做什么事情,不是靠发号施令,而是靠'正确的'请求或建议。"②这种宽松自由的社会环境为多元化的价值诉求的形成创造了条件。

现代社会是一个多元的社会,不仅社会主体多元,不同利益主体的价值诉求也不尽相同。多元并不意味着社会中没有人们可以共同遵守的道德权威和价值规范,对有关真与假、好与坏、善与恶等问题的判断,只有私见,没有基于公意的共识。人们之间如果不能在有关真与假、好与坏、善与恶等问题上达成广泛共识,那么就会导致社会失范,"没有公共的理想信念和正确的价值认同,人们在精神上就会缺失信仰和依托,容易受到功利主义、虚无主义的影响,在选择和行动时往往不知所措、误入歧途,造成个人利益至上,社会责任感缺失,导致社会道德滑坡和秩序混乱"③。现代社会是一个自由的社会,人们有选择自由的权利,社会应当对人们的选择抱有宽容的态度。但是宽容并不意味着社会对人们的选择持有价值中立的态度,对人们的选择莫衷一是和不置可否,这是一种否定客观普遍性的相对主义态度,即

---

① 《马克思恩格斯选集》第 1 卷,人民出版社 1995 年版,第 275 页。
② [美] 乔·萨托利:《民主新论》,冯克利、阎克文译,东方出版社 1993 年版,第 191 页。
③ 季芳:《多元文化时代社会主义核心价值观培育》,《人民论坛》2015 年第 29 期。

对人们持有任何价值选择都给予平等的照顾，没有轻重缓急和高下之分。这表面上看来符合个人自由，但实际上这将使人进退失据，陷入"不知如何是好"的迷茫，社会也因此陷入无休无止的矛盾和争端。公共权威的丧失将使社会陷入无序状态，人们都各抒己见、固执己见，"每个人在用词上只和他自己的私人用法保持一致"，人们之间借以互相理解和交谈的词语的公共意义丧失，如果词语失去公共意义，人们之间在对话交流中将无法相互理解，也无法达成社会共识，分歧和矛盾由此而产生。阿伦特认为，公共权威的丧失以及人们之间借以相互理解的词语的公共意义的丧失使我们无法生活在共同的世界之中。因为共同理解的语言是人们共同生活的文化纽带。

第五节 存在的形而上缺失对人的心态的影响

在人的精神追求中产生形而上需求。人既有物质需要，也有精神追求，能够把人与非人存在区别开来的是人的精神追求，能够构成人格的是人在精神上对崇高和神圣的追求。正如列奥·施特劳斯所说："人之所以有尊严、人之所以远远高出于一切纯然自然之物或野性之物，端在于他自主地设定了他的终极价值，把这些价值变成了他的永恒的目的，并理性地选择达到这些目的的手段。"[1] 也就是说，人在精神的追求中产生了形而上的需要。

什么是形而上？在中国古代哲学中，形而上是相对于形而下而言的，《周易·系辞上》中说："形而上者谓之道，形而下者谓之器。"形而下的"器"是具体的有形的东西，而形而上的"道"则是无形的法则，相当于柏拉图所说的"理念"。维也纳学派把那些不能从逻辑构造角度最终实证的命题统称为形而上，逻辑实证主义排斥形而上命题，因为形而上命题涉及的都是最高和终极的问题，这些问题不能实证地从"是"中无矛盾地推导出来。一个东西不能因为说它"是"

---

[1] [美]列奥·施特劳斯：《自然权利与历史》，彭刚译，生活·读书·新知三联书店2003年版，第46页。

就是值得追求的，这是一种对人生无反思的态度，我们也不能说不可能的事就是不值得追求的。在意义层面，形而上关怀从三个层面指向价值理性：首先，"形而上乃是一种境界，只能追而求之"；其次，"形而上乃终极关怀，对之追索内蕴最高原则与标准的确立及不断更新，据此反观尘世的种种不足，批判意识和精神由此产生"；再次，形而上追求是永恒的，此种追求"不断提升着人类的精神，使人类存在的本质日益日趋凸显，人这一物种的生命意义于此得以昭示"。排除形而上，在时代精神中就会缺失崇高，在人类精神中就会缺少终极关怀。[①] 对形而上的需要意味着人的精神世界需要由某种具有终极感、无限感和神圣感的东西来慰藉、鼓舞和支撑。

形而上需求的缺失导致人精神世界的褪色。理性主义的启蒙运动使人类告别神圣和崇高，沿着工具理性主义开辟的世俗化道路走向现代。世俗化——以人性代替神性——破除了神圣的戒律，解放了人性，使人从超验对象转向尘世对象；在世俗化道路上，激励人们的不再是对彼岸世界的信仰和超越，而是现实的物质利益和此岸的福祉；以技术主义为生存目标的工具理性主义的凸显解构了存在的终极关怀，它满足的是人的功利目的和物质欲望，人的形而上需求由此被遮蔽。随着世界的祛魅，人的存在的超越和信仰维度的瓦解，人的精神世界里的终极感、无限感和神圣感逐渐消失，虚无主义乘虚而入。从词源学上来看，虚无主义（拉丁语表述为"nihi"）就是什么都没有的意思，不过虚无主义并不是否定一切东西，而是否定人类对具有终极意义的价值的追求，认为世界不存在任何终极价值和意义，不存在关于社会生活的普遍的客观标准。面对传统价值支撑的崩塌，尼采预言了虚无主义时代的到来："上帝死了，一切都被允许了。"伴随着宗教信仰衰落的是达尔文物种进化思想的兴起，这促使尼采转向"肯定生命"的权力意志哲学，可以说尼采崇拜强者的生命哲学是达尔文的"物竞天择，适者生存"思想的哲学表达。通过这种转向，尼采是在告诉人们：上帝已被安放到神殿之中，不再干预人间事物，人可以展

---

① 庞绍堂：《形而上者谓之道》，《江苏社会科学》2005 年第 2 期。

示自己的支配物质世界的力量了。离开了道德的监护和神圣的追求，人剩下的只是力量的展示。在虚无主义时代，这种力量却转向了反面，"现代人由于具有支配物质世界的力量感而从中世纪涌现而出，但是时至今日，他的这种力量却转向了反面：人在他能够发动但控制不住的'旋风'面前萌生了一种虚弱感和被遗弃感。这种感觉，与文艺复兴和启蒙运动用以消除中世纪黑暗，并且非常自信地致力于征服自然的陶醉感和力量感，相去甚远"，与"坚信自己良心的真诚及其世俗伦理的绝对价值，相去甚远"，与宣布"物质繁荣是正当理由和目的时所带有的胜利感，相去甚远"。[①] 由此可见，只是通过释放自己的力量以及由这种力量带来的物质成就并不能使人肯定自己的生命价值和意义，人的生命价值和意义离不开体现终极关怀的形而上需求。存在的形而上缺失将导致人失去敬畏心，使人陷入焦虑和不安，缺乏远见和抱负。

失去敬畏心。在我们的精神世界中，如果没有终极感和神圣感，就不可能产生敬畏心。所谓敬畏是人对待崇高而庄严事物的一种尊崇态度，敬畏心是人的谦卑、严肃、执着、责任、担当的心态。敬畏心使人自觉约束自己的行为，正所谓敬而远之，人们所敬畏的事物就是自己的行为的半径，使其不敢突破道德底线。敬畏心使人以严肃认真的态度对待自己所做的事情，正所谓肃然起敬，人们所敬畏的事情赋予自己的行为以神圣感和责任感。敬畏心的形成需要人们在看待事物时具有超功利的心态，我们经常说救死扶伤是医生的神圣天职，要敬畏医生这个职业，不能把它仅仅视为一个赚钱养家的工具，医院更不是名利场。现代社会是契约社会，个人与单位之间是一种雇佣关系，或者说是契约关系，契约关系是利益关系；人们从事某种职业是为了生存，是为了养家糊口。在这种情况下，人们从事的职业就不是以死相趋的东西，而是属于权宜之计模型，在这一模型中，永远是"误识生命本质"的功利和算计；从这种功利心态出发，人们不可能严肃认

[①] [美] 威廉·巴雷特：《非理性的人》，段德志译，上海译文出版社2012年版，第41页。

第四章 当代社会道德风气存在的问题及其影响

真地对待自己的职业，也不可能产生敬畏心。正如施耐德所说，以敬畏为基础的生活观是这样一种生活观，"它既包含着对存在的惊异，又包含着人类对诺言、辨别力和在伦理上对这些惊异做出反应所应承担的责任"。把这种观点带到现实生活中的人，就是"那些其眼光超越当今生活的权宜之计模型的人，无论那种模型是在我们购买的东西中、在宗教的拯救中表现出来，还是在精神病的药物中表现出来"①。没有敬畏心，任何事情对人来说都没有严肃性可言，工作是赚钱的手段，而不是生命的充盈，学习是升学的手段，而不是对真知的追求。这样的学习和工作对人来说就是无意义的事情，甚至是痛苦的事情。闲暇不是人的剩余精力的创造性发挥，而是无聊的开始，如何打发掉无聊时间要颇费一番脑筋。没有敬畏心，人们做事情就可能没有道德底线，因为在人的眼睛里没有什么事情是值得敬重和畏惧的，"做了亏心事，不怕鬼叫门"。实际上，没有敬畏心的人是没有愧疚感的，因为那个生来使人分辨善恶的良心已经被浸泡到利益的冰水之中变得麻木不仁，良心的丧失使人对罪恶持有肯定态度，人们为了一己私利而一再突破道德底线，破坏社会的公序良俗。古人云："畏则不敢肆而德以成，无畏则从其所欲而及于祸。"人一旦没有敬畏之心，往往就会变得肆无忌惮、为所欲为。《菜根谭》里说："自天子以至于庶人，未有无所畏惧而不亡者也。上畏天，下畏民，畏言官于一时，畏史官于后世。""敬"就是尊重，"畏"就是害怕。表现在内心就是不存邪念，表现在外就是持身端庄严肃有威仪。

陷入焦虑不安。使人产生焦虑的原因是多方面的，其中因不知如何有意义地度过一生而焦虑是一个重要原因。有意义与无意义是一个超越性的评价标准，评价标准要到高于被评价者那里去寻找，要到人自身之外，超越人自身有限性的存在中去寻找。正如弗洛姆所说，人是有理性的动物，有以思想把握世界的能力，人对意义的寻找是因为他感到自己的弱小和微不足道。"与宇宙及其他所有非'他'的人相

---

① ［美］科克 J. 施耐德：《唤醒敬畏》，杨韶刚译，机械工业出版社 2016 年版，第 11 页。

比，除非他的生命有某种意义和方向，否则，他就会感到自己像一粒尘埃，被个人的微不足道感所压垮。"① 人越自由就越感到孤独和不安，自由成为人的不可承受之重。在此意义上，寻找人生意义的过程就是超越自身狭隘性和有限性的过程，过有意义的生活要求人超越自身狭隘性，把自己的生命融入自己作为其中一部分的更大更高的存在中去，小到单位，大到社会、国家和宇宙。之所以古代人不怀疑人生意义，是因为在传统社会中人与自然和社会是融为一体的，他没有觉醒到自己是一个自给自足的独立个体。正如泰勒所说，人类在自己的位置上与天使、天体和我们的世人同侪一起共舞蹁跹，在伟大的存在之链中人找到了自己的位置和生存的意义。在从身份到契约的现代性运动中，把人们连接在一起的群体纽带被割断，人们摆脱了身份束缚，获得了自由，但同时也失去了群体认同感；城市化的聚积效应，使大量人口离开各自原来的社区进入城市，无数没有共同血缘、地缘的人会集在一起；人们虽然身处群体之中，但是群体身份认同感却比较低，在由陌生人组成的群体中，人们更倾向于关心自己。用阿伦特的话来说，现代性使人被抛回了自身，对世界以及他人的经验都被还原到人和自身之间关系的经验上，世俗性活动的最深刻的动机就是对自我的忧虑和操心。

当人专注于自我，把自我囚禁于自身的时候，他就无法给自己的人生定位，不知道究竟什么对自己重要，什么不重要，因为这些问题是在人们超越自我的关系范畴中得到回答的，只有在与他人共享的生活世界中，人们才能找到人生的意义和价值。正如北斗七星的存在使人在夜晚不至于迷失方向，人之所以能够看清自己所处的方位，是因为有定位坐标系的存在；由于缺乏人生定位坐标参照系，人们并不知道自己真正需要什么。也就是说，如果人离开更大的视野，囚禁于自我之中，将使人迷失自我，对于什么是自己真正所需要的会感到困惑

---

① ［美］艾里希·弗洛姆：《逃避自由》，刘林海译，上海译文出版社2015年版，第13页。

和迷茫。以自我为中心的人狭隘自私，他的人生除了不知疲倦地攫取金钱和成就似乎没有任何快乐，但是贪婪并不能给人带来快乐，因为当人被置于社会关系之中，他所拥有的一切都会被相对化，"每个社会关系都增添着个体的不足，因为任何拥有的东西都在与他人比较的时候被相对化了"。[①] 自私的人感到自己一无所有，正是这种"心理的贫困化"——表现为永不餍足——和精神家园的丧失使人陷入焦虑不安之中。可以说，永不满足并把这种求索指向外部世界是人的心灵没有寄托和灵魂得不到安顿的表现。

现代社会的激烈竞争加剧了人的焦虑不安。市场经济是竞争经济，竞争的结果就是优胜劣汰，这就给市场主体造成压力，竞争性的市场经济遵循适者生存的原则：不思进取就会被淘汰，安于现状就意味着死亡。这种市场竞争压力有利于唤醒人们的忧患意识，激发人们创新创业的积极性和拼搏精神，因此竞争被认为是经济社会发展的重要源泉。但是竞争也给人的生活带来不确定性，使人产生不安全感。与计划经济时代的终身制和铁饭碗不同，市场经济下的竞争不是友谊赛，有竞争就有失败，有一夜暴富、成名的，也有一夜破产的；在单位中战战兢兢，害怕不被领导认可和赏识，害怕被同事瞧不起，害怕裁员名单中有自己。竞争使人际关系增添了敌意：伙伴关系变成对手关系；竞争使人感到来自外界的冷漠：一方的得益建立在另一方的损失的基础上。这些都使人处于紧张的焦虑之中。

缺乏远见和抱负。所谓缺乏远见和抱负就是因为没有信仰而缺乏超越自我的信心，只知道活在当下。所谓活在当下，就是人们把当下的现实生活看作一切，不愿意在现实生活之外寻找人生的目的和意义。把价值关怀的视野放在现实日常生活之中，这是当下大众社会的普遍心态，这种普遍的现实感使人满足于转瞬即逝的快乐："他并不想要作出什么努力，除非有一个具体的目标，并且这个目标是可以用实用价值的词语来表达的。他不会耐心地等待事情的成熟，每一件事

---

① [法] 让·鲍德里亚：《消费社会》，刘成富、全志钢译，南京大学出版社 2014 年版，第 49 页。

情对他来说都必须提供某种当下的满足。甚至他的精神生活都必须服从于他的转瞬即逝的快乐。"① 这是一种对当下的现实生活的无反思、无批判的态度，对现实生活只有"是"的态度，没有"应当"的态度。应当包含了对现实的否定、批判和超越，它拒绝把现实给定的领域看作有效性的最后根据，不是因为它"是"就是合理的。把合理性建基于现实的"是"上，这是一种专注于经验性现实的实证主义态度，准确地讲应当叫作证实主义，它拒绝从"是"推导出"应当"来。应当与现实保持着必要的距离和张力，正是因为应然与实然之间的矛盾使人有了对现实的抗拒，对超越现实的渴望。应当的距离感只有当我们超出自身之外看问题，抛却对自身的忧虑和操心的时候才会产生，换言之，对应然的渴望来源于人的生命的英雄的维度和伟大的存在之链的视野。从传统社会转向现代社会，人的存在的超越维度被世俗的维度所取代，人被抛回自身，对自我的忧虑和操心成为世俗性活动的最深刻的动机，用笛卡尔的话来说，我疑故我思，我思故我在。这是理性主义启蒙运动给现代性留下的最深刻的遗产：除了在怀疑的自我，没有什么是真实的；人的理性发现了自我，发现自我是最真实的存在。理性主义的怀疑——被看作是发现确定无疑的知识的途径——摧毁了人的存在的超越维度和信仰的同时，把人囚禁于自身，使人变得狭隘和平庸。有信仰，人的生命才有意义，有远大的理想和坚定的信念，人的生活才有希望，才有勇气面对存在的真正目的，这大概就是查尔斯·泰勒所说的人的生命的英雄维度；生命的英雄维度丧失，人们不再有某种"以死相趋"的东西。"没有了固定、永恒、神圣的东西，剩下的只有'现在'、'当下'、'瞬间'，这就是波德莱尔的定义'现代性就是过渡、短暂、偶然。'"② 由活在当下的心态衍生出的两个不良社会心态就是及时行乐和急功近利。虽然追求快乐是人的天性，但是及时行乐忽视了"快乐的品质之分""行为的责任结

---

① ［德］卡尔·雅斯贝斯：《时代的精神状况》，王德峰译，上海译文出版社 2013 年版，第 115 页。
② 李佑新：《现代性问题与中国现代性的建构》，《北京大学学报》2005 年第 2 期。

果""'吃苦'的功能价值"以及"人的自我实现需要"。① 急功近利心态使人缺乏大局意识和长远眼光,只顾蝇头小利和眼前利益,这往往导致人们安于现状、不思进取;急功近利心态使人心浮气躁,不愿意付出、不愿意脚踏实地努力做事情,而只想做那些付出少、见效快的事情,例如不切实际的幻想"一夜成名"和"一夜暴富"。

第六节 文化艺术娱乐化对文化功能的影响

现代性被比喻为"酸剂",它消解了社会的超越和信仰维度,使世俗文化得以发展,世俗文化满足的是大众的需要,而不是传统社会中那种少数上层人的需要;世俗文化不是满足人的理性反思需要的严肃文化,而是人的感性需要的通俗文化,它与现实世界和人的现实需要没有距离。通俗文化,从其内容来看简单易懂,从其表现形式上看表现出感官娱乐化。

社会的附魅与神圣文化的形成。传统社会是被"附魅"的社会,因此传统社会秩序被称为超越秩序,说的是大到宇宙秩序,小到个人命运都体现了神意或天意的安排。在超越秩序下,人们形成了一种"谦卑"的态度,即找到一个比自己的生命更崇高的价值去崇拜、去追求,在西方中世纪表现为对"上帝"的顶礼膜拜,以期在末日审判中获得"拯救";在中国古代的封建社会表现为对"天意"的顺从,由此形成了神圣性文化和道德,神圣性文化使人追求对自我有限性的超越。"人们过去常常把自己看成一个较大的秩序的一部分。在某些情况下,这是一个宇宙秩序,一个'伟大的存在之链',人类在自己的位置上与天使、天体和我们的世人同侪一起共舞蹁跹。……这些秩序限制我们的同时,它们也给世界和社会生活的行为以意义。我们周围的事物不仅仅是我们的计划的潜在原料或工具,这些事物在存在之

---

① 张金发、刘黎微:《"可持续快乐"与"及时行乐"享乐观的理性对应》,《山西高等学校社会科学学报》2009 年第 10 期。

链中的地位也给它们以意义。"① 神圣性文化不能给人以"现实感"，因为它强调向彼岸世界的超越——牺牲此世此生幸福是为了获得来世的奖赏，康德的无条件的善良意志学说最终也不得不去求助于上帝的存在和灵魂不灭，以使人获得来世的奖赏。在此意义上神圣文化是一种否定人的感性欲望的禁欲主义文化。封禁世俗欲望，超越平凡生活，追求神圣和崇高。"在中世纪的基督教道德看来，信仰是人类道德生活的终极目的，与神合一是宗教道德修养的最高境界。我国传统的理想道德则希望人们成贤成圣，追求一种道德理想人格，在圣贤和常人之间划出一条不可逾越的界限。"② 神圣文化是带有精英气质的文化。传统社会是人治社会，它的社会治理方式主要是依靠人的道德和智慧，因此又被称为好人统治、能人统治，也就是我们现在所说的精英统治。柏拉图的"哲学家为王"的理念反映的就是人治思想和精英统治，柏拉图的"洞穴"比喻，说的是普通大众"无知""短视""缺乏理性"，只顾眼前的安乐，看不到事物的真相，只有在聪明人引领下才能看到真理，才有光明的前途。从柏拉图的洞穴比喻中，我们可以看出，在人治思想中，或者说在精英意识中蕴含了很深的救世主抱负，以及对世俗大众和大众生活的怜悯和鄙视。这就导致人治社会中的文化和道德不是为了适应和满足大众的需要，而是为了实现精英统治的抱负，可以说这种精英文化与大众的世俗欲望以及由其派生的文化需求之间有着距离和隔阂。儒家文化就是一种精英文化，无论是君子与小人之辩，还是内其圣外王的人格理想，无论是修齐治平的远大抱负，还是重本抑末的职业取向，都反映出儒家思想是一种精英文化思想。精英文化是一种前商业秩序下的文化，它与商业秩序以及人们在这种秩序下形成的注重实惠和精于算计的工商气质相异化，也可以说精英文化是传统的知识分子所信奉的带有超越和信仰性质的文化。为什么要强调传统的知识分子呢？是因为在商品经济大潮中，现代社会的知识分子已把自己

---

① ［加］查尔斯·泰勒：《本真性的伦理》，程炼译，上海三联书店2012年版，第3页。
② 喻文德：《论世俗道德的特点及其困境》，《伦理学研究》2008年第1期。

大众化，失去了精英气质。

社会的祛魅与世俗文化的形成。现代性是一个祛魅的过程，因此现代社会秩序被称为世俗秩序，在世俗秩序中人性取代了神性，社会制度及其道德规范的来源不再归结为神意和天命，而是归结为人本身。人是自由的，可以选择自己的命运，运用自己的理性实现自己的未来，启蒙的人权思想因此被称为"平民宗教"。随着世界的祛魅以及人的自主地位的确立，人不再抱有谦卑态度，即不再在自己生命之外寻找更高的价值去崇拜，并在此基础上超越自身的有限性，而是返回到自身，寻求此世此生的幸福。否定现实性和人的感官欲望的禁欲主义神圣文化被打破，"自近代文艺复兴以来，在人文精神的战场上，作为校正宗教神圣文化的世俗文化开始勃兴，逐渐占据了上风"。世俗文化"解放了人性，肯定了人追求世俗幸福的愿望，并极大地推动了人类社会与文化的现代化进程"。①

文化因失去了其精英气质而成为大众世俗文化。如果说传统的人治社会是少数人说了算的精英统治的社会，那么现代法治社会则是体现公共意志的大众民主的社会。在列奥·施特劳斯看来，在传统人治社会，智慧优先于同意，明智者的统治是不应当受到不明智者的考虑盘算而被阻碍的；在现代法治社会，同意优先于智慧，也就是说公众的意见左右着社会的价值判断和选择。这样，在大众民主社会，文化再也无法与大众的需求与欲望相异化，文化由精英文化转化为大众文化。在大众社会中，被大众所接受和信奉的文化称为大众文化，它是一种通过大众传播媒介表达和传播大众日常生活情感与欲望的文化。鲍德里亚通过大众文化与学者文化的对比发现，大众文化对传媒的依赖是由其自身的话语特点决定的。大众文化总能够被分解为刺激与反应、问题与答案这样的话语，因而大众文化在无线电传声游戏中找到了其最活跃的反映。"这一模式远远超越了这一仪式化的情境，支配着消费者的举止、支配着他的每一个行动和他的整个行为表现，他的举止就像是面对不同刺激做出的回应一样。兴趣、爱好、需要、决

---

① 漆思：《现代文化矛盾的哲学反思与文化自觉》，《社会科学战线》2012年第5期。

定：不管是面对着事务还是关系，消费者永远被挑动、'被询问'、被要求做出回答。"① 在传媒时代，购物如同做一场游戏，每一种物品都根据不同的类型被提供出来，个体被要求在他们之中作出选择，即对问题作出回答，"这一问题永远不是直接的、针对物品用途的，而是间接的、针对物品的不同类型的'游戏'的"②。大众文化的刺激与反应、问题与答案的机制，说明大众文化是一种感性文化，它满足的是大众的感官欲求，具有非理性的特征。

在现代社会，大众文化使文化失去了其独立的品格，成为娱乐大众的消费品。其形成主要有以下几点原因。

大众社会使文化被当作消遣的商品。大众文化是一种消费性文化，它就像其他商品一样被大众选择、购买和消费。凡是在市场上被交换的东西都有价值，在交换市场上一切事物的价值都体现在与其他事物的关系中，也就是说当文化被当作商品来看待时，它就丧失了其内在的绝对价值，成为可以被替代的相对化的东西；文化因变成了具有交换价值的东西而丧失了吸引我们和感动我们的能力。文化的最重要、最基本的质素是其持久性和永恒性，只有历经岁月考验的东西才有资格称为文化："文化对象的优异是以其超越生命过程和成为世界永久组成部分的能力来衡量的；它们不能根据生命的标准来判断；也不是用来使用和交换的价值；它们不像其他任何消费品一样，是注定要用光耗尽的东西。"③ 只有使文化远离消费和使用过程才能保持文化的超越品质，也就是说只有使文化与世俗秩序相异化并保持一定距离，才能使其具有批判功能，从而发挥其对社会发展的引领功能和对大众心灵的形塑功能。当文化被当作满足人们需要的消费品时，文化也就被世俗化和娱乐化了，被娱乐化的文化已经不是文化了。在过

---

① [法]让·鲍德里亚：《消费社会》，刘成富、全志钢译，南京大学出版社 2014 年版，第 92 页。
② [法]让·鲍德里亚：《消费社会》，刘成富、全志钢译，南京大学出版社 2014 年版，第 92 页。
③ [美]汉娜·阿伦特：《过去与未来之间》，王寅丽、张立立译，译林出版社 2011 年版，第 191 页。

第四章 当代社会道德风气存在的问题及其影响

去,我们对科学技术发展意义的理解是把人们从繁重的劳动中解放出来,从而使人们有更多的自由时间去做有意义的事情,通过创造性活动而使自身获得全面发展。随着科学技术的发展和劳动生产效率的提高,人们的空闲时间越来越多,而空闲时间的增多并没有使人都去做更多意义的事情,反而使人变得愈加空虚无聊,在空闲时间人们想的最多的就是如何打发时间,消磨时光。

阿伦特认为人们之所以会在空闲时间追求娱乐,是因为空闲时间与闲暇时间不同,闲暇意味着人们从必然性中解放了出来,人们不再是受困于必然性需要的劳动动物。阿伦特的这一观点显然受到了马克思的启发,马克思通过人类劳动与动物的劳动的对比,认为动物的劳动是在直接肉体需要支配下进行的,而真正人的劳动是不受肉体需要影响的劳动;只有把人降低到动物的水准,人才能被迫为肉体生存需要而去劳动。马克思所说的成为人的第一需要的劳动是闲暇时间从事的促进人的全面发展的创造性活动。而空闲时间只是多余时间,"多余时间本质上仍是生物性的,是除去必要劳动和睡眠之后剩下来的时间。娱乐要去填补的空闲时间乃是受生物条件决定的劳动循环——马克思所谓的'人与自然的新陈代谢'——中间的空隙"[①]。换言之,空闲时间的娱乐是对劳动过后的疲劳的舒缓和精神的放松,以促进劳动力的恢复,它和吃饭填饱肚子的功能是一样的,只不过娱乐性的大众文化是人们精神世界的调味品,它并不能提升人的精神境界,因为它停留在刺激人的感官的层面上,并不能触动人的灵魂。阿伦特认为,大众社会需要的不是文化,而是娱乐。

大众社会使人追求平凡生活和快乐。现代社会是大众社会,大众社会是陌生人的社会,"大众"主要是由来自四面八方的没有血缘亲情关系的人"拼接"而成的,在社会中互动的是那些知之甚少或者是从未见过的人,因而大众是无定型的集合体。在陌生人的世界中,人们普遍缺乏身份认同感和群体归属感。在社会中,把人们"接合"在

---

① [美]汉娜·阿伦特:《过去与未来之间》,王寅丽、张立立译,译林出版社2011年版,第190页。

一起的是利益纽带,而不是亲情血缘纽带,利益纽带的表现形式是以自由合意为基础的契约。对大众这种松散的"联盟",弗洛姆将其形容为:"人人为自己,上帝为大家。"当社会把人抛回自身,使人专注于自身,人们就不愿意在自身之外寻找人生的目的和意义。在《不完美的花园——法兰西人文主义思想研究》的作者托多罗夫看来,拒绝从自身之外寻找生命的目的和意义将促使人"活在当下","及时行乐"。用查尔斯·泰勒的话来说,就是个人主义导致人的视野狭隘生活平庸,人们没有更高的目标和以死相趋的东西,生活失去反思性和严肃性。个人本位主义将人的价值关怀的视野由彼岸世界转向此岸世界,从而使人们产生一种普遍的现实感,人们不再追求卓越和崇高,而是把目光投向自己的日常生活和当下的体验。如果说传统的伦理道德和宗教道德要求人们趋向神圣,追求人格的完善和道德境界的提升,那么世俗道德则要求人们按照符合人性的自然的方式过人自身的生活。个人自身成为价值的载体,按照自己的利益以及自己对幸福的理解去生活,"世俗道德表现出以追求世俗功利、感官享受和平凡生活为目标的价值取向"。世俗道德以人性取代了神性,"道德的世俗化就是平常化、平凡化,现代社会要求在日常生活中追求幸福,过普通人的生活,实现凡人的幸福生活理想"[1]。

世俗道德是常人道德,世俗社会由那些追求平凡生活的常人组成,常人追求平凡生活。"众人的快乐来自饮食男女和自命不凡。只要其中的一项得不到满足,他们就觉得生活索然无味。凡欲迎合他们趣味的人必须创造出实际上普通而平庸的东西来,但要貌似不平凡。他必须赞美或至少肯定某种东西普遍地合乎人性。凡越出他们的理解力的事情都不能与他们相容。"在文化艺术中,任何对高尚或超越的要求都与大众这种活在当下、追求平凡生活的心态相冲突。"在这样的艺术里得到表达的,只是人的对立面,即赤裸裸的当下的现在。一旦出现对以往的高尚或超越的要求的追求和乐趣,就会被斥为欺骗。于是,形式在所有的客观性中最终化为技术,构造化为计算,要求化

---

[1] 喻文德:《论世俗道德的特点及其困境》,《伦理学研究》2008年第1期。

为对新纪录的追逐。当艺术执着于这样的功能时，它变得没有意义了。这种艺术今天可能称这个是重要的，明天又可能转过来说那个是重要的；它放在首位追求的乃是艺术品给人的感觉。"[1] 在某种意义上讲，现代社会大众的这种心态的形成与摧毁了形而上需求并使人专注于事实的实证主义文化有一定关系。实证主义一方面把真值函数的事实世界与价值世界分开，"是"推导不出"应当"来，既然事实世界不能为道德提供保障，道德的担当就落到了个人身上，道德变成个人感受的情感主义，个体本位泛滥；另一方面实证主义摧毁了人们对世界的终极感、无限感和神圣感，人们对世界、对人生的敬畏心被削弱，这是导致现代人及时行乐、玩世不恭心态的一个重要原因。

大众社会使功用主义泛化。功用主义的泛化在大众社会导致市侩主义的流行。阿伦特把市侩主义区分为平庸市侩主义与文化市侩主义，早期市侩主义被称为平庸市侩主义，因为这种市侩主义往往根据物质价值和实用性来评判一切，从而文化被贬低为无用之物，从事文化的职业被贬低为无用之职。后来那些发家的中产阶级发现自己依然让人瞧不起：有钱人成了满身散发铜臭气的暴发户。要想爬上上层社会，战胜贵族对他们满身铜臭味的轻蔑，就必须故作风雅，追求文化，把自己打扮成有知识有文化的人，这样"文化获得了卖弄虚荣的价值，有足够教养去欣赏文化成了一项有身份的事情"[2]。换言之，人们追求知识并不是为了自我完善，提升自己的精神境界，而是为了装点自己，让他人把自己看成有品位的人。在文化市侩主义那里，文化"变成了社会身份的象征和个人优雅品位的装饰"。文化变成了有价值的货币，可以换取更高的社会地位或更高的自我尊严，这使文化丧失了吸引我们、感动我们的能力。凡是永恒性的东西都不具有交换价值，凡是有交换价值的东西都是相对性的东西，用文化来换取自己社会地位的提升，文化也就变成了只具有相对价

---

[1] ［德］卡尔·雅斯贝斯：《时代的精神状况》，王德峰译，上海译文出版社2013年版，第134页。
[2] ［美］汉娜·阿伦特：《过去与未来之间》，王寅丽、张立立译，译林出版社2011年版，第184页。

值的东西，随时面临贬值。

今天"市侩主义"这个词代表了大众社会中人们唯利是图的心态，市侩者"把所有事物都当成其目的的手段，并在实际情形中根据它们的特殊效益来评判一切"。也就是说，市侩主义者的人格具有交易倾向和市场指向，即倾向于把任何东西都看作待价而沽的商品，牟利被看作人从事任何活动的唯一动机，正所谓"无利不起早"。现代经济理论也迎合这种市侩主义，即认为一个人无论从事什么行业，只有将其推向市场，使其外有竞争压力，内有利益驱动的动力，才能激发他的积极性和创造的欲望，繁荣是由市场竞争和人的逐利动机带来的。只有市场知道人们需要什么，要想更好地满足人们需要就得按照市场规律办事。在这种促进文化繁荣和更好地满足人们需要的市场逻辑推动下，文化单位被推向市场变成自负盈亏的企业，文化殿堂被推向市场变成消费娱乐的名利场，无论是明星的演出，还是学者的演讲都有明码标价的出场费，过去叫"走穴"，现在叫"商演"。过去我们一提到文化就习惯性用"引导和塑造"以及"有没有意义"这样的超越性语言，现在一说文化就习惯用符不符合人的心理需要，能不能吸引人和有没有意思这样的世俗化语言。要想吸引人，你就得研究受众的心理需求，迎合受众的价值偏好。文化艺术的生产者关注文化产品的使用价值主要是为了开拓市场，使其能够被市场所接受，从而卖个好价钱，至于它能给使用者带来什么，往往不是他们所关心的，只要消费者喜好就好。为此，阿伦特尖锐地指出，大众文化"并不意味着文化传播到了大众，反而是文化为了迎合娱乐的口味而被破坏了。其结果不是文化的解体而是衰变"。这种衰变的表现就是高雅文化被世俗社会所同化。

高雅文化，又被称为高层文化、精英文化、学者文化，高雅文化是社会智力精英所创造的文化。如果说大众文化是感性文化，刺激/反应是其运行机制，那么高雅文化则是理性反思文化，它是对日常生存斗争经验的精神升华。"升华那些在日常的生存斗争中，社会未完全耗尽的精神能量则是智力、美学和道德宗教精英的功能。该精英以此种方式促进客观的知识以及内向、内省、沉思、反思的倾向。"① 高雅文化包含"否定的合理性",即具有疏远现实,对抗现实,与商业秩序相异化的特征,因此高雅文化无论以什么形式出现,都与日常生活形成鲜明的对照,"它们中断并超越了日常经验"。在大众社会,文化艺术与商业秩序的同化使其与现实之间的距离消失,理想与现实同化。文化艺术走出神圣的殿堂,开始适应大众化、流行化的趋势,这样,审美活动与日常生活的界限被打破。如果说在过去文化把人带离"日常规行矩步的领域"使人获得超越性存在感,那么在现代,文化走出庄严的殿堂,通过市场回归日常生活,成为生活的功能,成为人们茶余饭后,劳动空闲时间消遣娱乐的对象。大众社会的商业秩序以其强大的同化能力削平一切,只有植根于日常生活才能找到安身立命之所,安身立命的法则就是"迎合大众""紧随时尚",做一个"常人"。在大众社会中,大众与精英的界限越来越模糊,曾激发智力精英的创造天赋的排他性逐渐丧失。卢梭曾为此愤愤不平:"我们的道德风尚流行着一种邪恶而虚伪的一致性,每个人的精神仿佛是在同一个模子里铸出来的……我们再不敢表现真正的自己。"② 这并不是说人不需要消遣娱乐,不需要紧张劳作之后的放松;也不是说人只有生活在凝重、严肃的文化环境中才算是有意义的生活,只有读那些高深晦涩的大部头哲学著作才算有文化,很难想象人们整天沉浸在对人生意义的思索中会是什么样子。问题不在于需不需要消遣,人类生活当然需要消遣,而在于赋予文化以消遣职能将会降低文化的精神价值;文化与现实保持必要距离的超越因素消失,使文化拉低了人的审美水准,并使其在迎合世俗大众的需求中丧失忧患意识和批判功能。所谓拉低人的水准,是指商业性、娱乐化文化是"一切浅薄的理解力均能接受"的通俗文化,通俗文化在利益的驱使下有被庸俗化的倾向,感性的愉悦取代了理性的严肃思考,感官刺激与反应取代了精神上的交流。文化的大众媒体已经委身于一种原始主义,这种原始主义"乃是

---

① [德] 卡尔·曼海姆:《重建时代的人与社会——现代社会结构研究》,张旅平译,译林出版社2011年版,第41页。
② [法] 卢梭:《论科学与艺术》,何兆武译,商务印书馆1997年版,第8页。

大众在其休闲娱乐中所期待的标准很低的结果；但是有教养的团体也还有'次级的原始主义'，也就是一种要用过分粗俗的刺激来麻醉自己的倾向"[1]。所谓忧患意识丧失是指大众文化秉持对现实生活的妥协态度，大众文化中虽然也有理想的成分，但是理想已经被世俗化了，这种理想不是对现实同化力量的批判和抗拒，而是对现实的粉饰；沉迷于大众文化之中将使人忘记自己的现实处境，丧失理性反思和批判能力。正所谓"不识庐山真面目，只缘身在此山中"，文化只有与现实保持一定张力并抵抗现实的同化和异化，文化才能发挥其对社会、对时代的引领和塑造功能。文化的商业化和娱乐化意味着理想与现实的同化，文化中的异己的和超越性因素被消除，文化失去了乌托邦性质和批判功能。

---

[1] ［德］阿诺德·盖伦：《技术时代的人类心灵——工业社会的社会心理问题》，何兆武、何冰译，上海科技教育出版社 2008 年版，第 37 页。

第五章　培育文明健康的社会道德风尚的路径选择

第一节　符合精神健康要求的人的需要

社会道德风尚是社会健康水平的风向标，弗洛姆认为，一个健康的社会是一个符合人的需要的社会，这里所说的人的需要是指"人类的客观需要"。这种需要不是植根于人的肉体，而是植根于人的"存在的独特性"，人类所特有的需要和情感是"人需要与他人相关，需要超越，需要有一个根，需要身份感，需要定位坐标系及信仰对象"。这些符合精神健康要求的需要的实现内在地要求人们能够爱，能够创造，能够凭借理性和信仰而生活。弗洛姆把健康社会人的精神需要概括为以下五个方面。

第一，对归属感的需要。在人性中，生物性的需求并非唯一的强制性需求，还有另外一种同样刻不容缓的需求，这种需求就是"归属"需求，"与其他有生命之物结合在一起，与他们相关联，这是人的迫切需要，人的精神健全有赖于这种需求的满足"。人之所以害怕孤独，是因为从客观上讲，独立的个体是无法生存的，"如果人想生存，就必须与他人合作，无论意在御敌抑或防御自然危害，还是意在劳动生产。即便是鲁滨逊·克鲁索，也有他的'星期五'为伴，没有'星期五'，他不但可能发疯，更可能早就死掉了"。从主观上讲，在个体化进程中，追求归属感是克服个人内心"微不足道"感的需要，由于意识到自己与自然与他人不同，意识到死亡、疾病、衰老的必然性,"与宇宙及其他所有非'他'的人相比,他必然倍感自己的微不足道与渺小"。除非他有归属感,否则,他就会感到自己像一粒尘埃,被个人微不足道感所压垮。①

同他人建立关系的方式有两种途径,一种是使人放弃自身的完整性和个性,即通过统治或臣服的方式使人超越自身的个体存在,进入一种共生关系。在共生关系中统治感或顺从感都不足以给人以身份感和一体感,因为受这两种情感驱使的人对他人都产生了依附关系,弗洛姆认为共生关系使人失去了自己的完整性与自由。正如黑格尔的主奴辩证法所说,自以为是他人主人的人实际上比他人更具有奴性,因为只有在被他人承认的情况下,主人才能意识到自己是主人,主人意识的实现要靠奴隶,并且实现在奴隶的意识之中,在此意义上,主人就是奴隶。另一种方式是在与他人建立联系的同时并没有毁灭其完整性与个性,这种联系的本质体现的就是人的爱的情感,它植根于全部人格的完整与力量之中。这种爱是一种平等的参与和交流的体验,在这一过程中,人无须抬高他人的或自己的形象,也无须贬低他人或自己的形象,"因为主动地与人共享和互爱的现实使人超越了个体性的存在,同时也使人体验到,自己也会主动地产生爱的力量"②。这种爱是一种创造性的表现,"它意味着关切、尊重、责任感及智慧"。所谓关切就是主动地关心我爱的人的成长与幸福;所谓责任就是我对我爱的人的需要做出反应;所谓尊重就是我按照他的本来面目科观地看待他。在爱中,我体会到"我便是你",在爱的体验中,我们找到了"什么是人"的唯一答案,找回了健全精神。

第二,对超越和创造的需要。超越是指人由于具有理性和想象力而使其具有了超越其自身存在的偶然性和被动性,成为一个创造者的强烈愿望。人的存在的被动性是指人来源于自然,是作为被造物而存在,人来源于自然,并受制于自然法则,人无力改变这些法则;所谓

---

① [美]艾里希·弗洛姆:《逃避自由》,刘林海译,上海译文出版社2015年版,第13页。
② [美]艾里希·弗洛姆:《健全的社会》,孙恺祥译,上海译文出版社2011年版,第24页。

人的存在的偶然性是指人不能决定自己的生死，人是被抛到这个世界上来的，他不能选择自己的出生时间和地点，也不能决定自己的死亡，这些对他来说都具有偶然性。"他在偶然的时间、偶然的地点被抛在了这个世界上，又偶然地被强行从这个世界上清除掉。"这不禁使我们想起萨特的存在主义观点，萨特的存在主义认为人是被无情地扔到这世间的，如一张空无一物的白纸，没有任何尺度可以参照，也没有任何价值必须遵循，因此，人是全然自由的，没有人为他选择和负责，一切都要由他自己来做出选择并对自己的选择负责，这种自由带来的是荒诞和虚无的痛苦。

但是人不同于动物，他的理性和想象力驱使着他去超越自己被造物的角色，成为一个创造者。理性是以思想把握世界的能力，弗洛姆认为"理性的运用是以自我的在场为先决条件的"。自我感的产生源于对固有权威和习以为常的思想观念的怀疑和抗争，源于对自我的生存状况的审视和反思，这种审视和反思使人成为"唯一会感到厌烦、不满和感觉没有达到安乐的动物。人是唯一会认为他本身的存在有问题的动物，他必须解决这无法避免的问题。……他每达到一个阶段都使他感到不满和窘困，而这种窘困又驱策他去寻求新的解决办法"。也就是说，理性使其成为"永无止境的流浪者"。[1] 驱使人们解决不满和窘困的唯一办法就是使自己由"被造物"转向"创造物"，成为一个"创造者"。"通过创造，人超越了作为被造物的自己，超乎自身存在的被动性和偶然性之上，进入意义和自由的王国。人对超越的需要是爱、艺术、宗教以及物质生产的根源之一。"[2] 通过创造来超越人的存在的被动性和偶然性，这种需要和人的与他者关联的需要有着密切的联系。弗洛姆认为人是一个矛盾的存在，既需要接近他人，又需要寻求自身独立；既需要与他人保持一致，又需要保留自身的独特性。这个矛盾只有通过人的创造性活动才能解决，因为创造是对人的

---

[1] ［美］艾里希·弗洛姆：《自我的追寻》，孙石译，上海译文出版社2012年版，第34—35页。
[2] ［美］艾里希·弗洛姆：《健全的社会》，孙恺祥译，上海译文出版社2011年版，第28—29页。

"理性"和"爱"的力量的运用,对理性力量的运用使人发现自我,人们在以思想把握世界的过程中发现自我,"使人在情绪上和智力上的潜能复活起来,使他产生自我"。对爱的力量的运用使人接近彼此,突破了"人与人之间的隔膜"。如果人的创造意愿不能得到满足,那么创造意愿的替代物——破坏的意志就会抬头。

第三,对精神家园的需要。对根的需要是由人的进化所引起的,人的进化使其逐渐脱离了自然的家,割断了与自然的联系,"他失去了原初的家——自然,再也不能返回,再也不能重新成为动物了。他只有一条路可走:从他自然的家中走出来,去寻找一个新家",只有当他找到新的家,他在这个世界上才感到安全和自在。能够给人以安全观和实在感的这个家,人所极力寻找的这个新家就是人类"安放精神之所",人的灵魂得到慰藉的"精神家园"。

早期人类虽然已经从自然脱颖而出,但是他的根仍然在自然世界,并竭力想通过与自然合二为一而找到安全感。图腾崇拜——把树木、动物当成偶像来加以崇拜——反映了原始人类抓住自然不放并从中寻找安全感的努力,对这些自然具象的崇拜就是崇拜自己的保护神,凡是自己所崇拜的自然之物——例如某种动物——无不具有非凡的能力,中国十二生肖中的龙有鳞有角,有牙有爪,能上天入地下水,能兴云布雨。弗洛姆认为人在与自然的关系中之所以处于被动地位,这与采集狩猎的原始文明活动相关,"他起初只是一个收集食物的人,一个猎人,要不是他学会了使用原始的工具,利用火,他与动物实在没有什么太大的差别"。只有在他从自然中完全走出来时,"他才会努力要在自己与动物之间划出一条明确的界限"。当人进入农业文明阶段,开始有目的地利用自然力,并感到自己的力量更强大时,他的神开始有了人的形象。"人把上帝看成保护一切、养育一切的'伟大母亲',最终,他开始崇拜代表理性、原则和法律的父亲形象的神。……在上帝的概念中,与自然的、有限的、变化的物质世界相对立的另一极被建立起来。"[①] 弗洛姆认为人脱离自然的进程在公元前一

---

① [美]艾里希·弗洛姆:《健全的社会》,孙恺祥译,上海译文出版社2011年版,第40页。

千年的中期进入一个新的阶段，在这一阶段，中国出现了孔子和老子，印度诞生了佛陀，希腊涌现了启蒙哲学家，巴勒斯坦则出现了《圣经》中提到的先知。弗洛姆所说的这一新的阶段，就是雅思贝尔斯所说的存在于公元前八百年至公元前两百年的思想进程中的"轴心时期"。雅思贝尔斯认为轴心时期聚集了我们至今都离不开的"非同寻常的人"：在中国，生活着孔子与老子；在印度，产生了《奥义书》的作者，生活着佛陀；在希腊，有荷马、巴门尼德、赫拉克利特、柏拉图这些哲学家。雅思贝尔斯认为这个时代的新颖之处，"即人意识到完整的存在，意识到人自身及自身能力的限度。人感到世界的可怕与自身的渺小，提出了极端的问题，在面临深渊时寻求解放与解脱。人在意识到自身能力的限度时，为自己提出了最高目标。人感受到深刻的自身存在与澄明的超越所具有的无条件性"[1]。人类轴心时代的精神生活一直延续到今天。中国、印度和西方都有自觉追溯往昔的努力，即文艺复兴。虽然一再有新颖、博大的精神创造，但这些创造都是由了解轴心时代所取得的成就而焕发出来的。按照雅思贝尔斯的理解，轴心时期的思想之所以伟大，影响如此深远就在于它使人认识到自身的渺小，从而提出了超越自身有限性的目标要求，信仰在有限与无限之间架起一座桥梁。雅思贝尔斯认为启蒙瓦解了信仰，"人抛弃了信仰后，便听命于理智思维，错误地指望理智思维为他指明，什么是生活中的决定性的东西。可是理智思维做不到这一点，人就只有靠错觉来满足这一要求，即将各种各样有限的、特定的东西——时而是这，时而是那——绝对化为整体"[2]。理性造成人的妄自尊大，认为人类的不幸是由于无知和贫乏造成的，因此人类的所有问题可以通过教育——使人获得更多知识，培根告诉人们知识就是力量——来解决，通过创造不断增长的物质财富来解决。

第四，对身份认同的需要。弗洛姆认为，身份感产生于人从自然

---

[1] ［德］卡·雅斯贝尔斯等：《哲学与信仰：雅斯贝尔斯哲学研究》，鲁路译，人民出版社2010年版，第333页。

[2] ［德］卡·雅斯贝尔斯等：《哲学与信仰：雅斯贝尔斯哲学研究》，鲁路译，人民出版社2010年版，第327页。

中走出来，不得不面对着与自己完全分离、自成一体的外在世界。也就是说身份感形成于人把自己同外部世界区别开来并自己做决定的时候，人同外部世界相区别的标志是"我"以及"我的"观念的形成，"我"的观念的形成说明人开始意识到自己是一个区别于他人的独特的个体；"我的"观念的形成说明人开始把自己看作所有者，懂得自己行为的界限，知道维护自己的权益。"人的身份感是在脱离母亲及自然的'原始束缚'的过程中发展形成的。婴儿仍然感到自己与母亲是一体的，还不会说'我'，他也没有这种需要。只有当他形成这样的概念——外部世界独立于自己，与自己不同——的时候，他才开始意识到自己是一个独特的个体；关于他自己，'我'是他学会用的最后几个词之一。"①

今天，我们想当然地认为我们就是我们，或者说我就是我，这有什么好怀疑的。其实不然，弗洛姆认为，在中世纪，人们缺乏自我意识，因为个人尚不存在，人只是通过某些一般的范畴而意识到自己。随着中世纪秩序的瓦解，对自我的怀疑就开始了。在中世纪，"人们认为自己是社会与宗教团体本质上的一部分，在个人尚未完全成长之前，便以这个团体作为培养自我的场所。自从近代开始以来，个人面临着自我独立的考验时，人自身的同一性便形成了一个问题"②。笛卡尔的"我思"哲学便反映了近代以来人们寻找自我的努力，这一努力实现了由我是"我们"到我是"我"的转变，笛卡尔塑造了"一种转向主体自身的哲学"。关于我是谁的问题，笛卡尔给出的回答是我疑故我思，我思故我在。发现自我是需要勇气和魄力的，"在同良心的指示发生冲突、同不合理的权威斗争的过程，人格发展了——尤其是自我意识得到了发展。因为我怀疑，我抗议，我反抗，我体验到了作为我的自己。即使我屈服了，认输了，我也体验到了作为'我'的

---

① ［美］艾里希·弗洛姆：《健全的社会》，孙恺祥译，上海译文出版社 2011 年版，第 49 页。
② ［美］艾里希·弗洛姆：《自我的追寻》，孙石译，上海译文出版社 2012 年版，第 116 页。

自己——失败的我"①。

弗洛姆认为，只有少数人获得了对"我"的新体验——我是自己力量的中心和行动的主体，对大多数人来说，个性不过是一个门面，在个性后面隐藏着寻求个人身份感的失败经验：人们表面上在追求自我，实际上是用"伪自我"取代了"真实的自我"，伪自我又被称为"第二位的自我感"。所谓伪自我，是指人们自以为是自由的，是在按照自己意志行事，但实际上他们是按照社会或者是他人的期望在生活，这个我已经是被社会文化和社会期望塑造过的"我"。用卢梭的话来说，就是我们"看起来是"和"实际上是"是完全不同的两回事。在社会向我们发出无数的要求面前，人们不得不屈服，把真实的我隐藏起来，然后让自我的"代理"，即打着自我旗号的"伪自我"粉墨登场。对大多数人来说，为了更好地适应社会就要与社会合拍，就不能过于追求与众不同，但这样做的代价就是放弃自我。这种机械的趋同倾向——按文化模式提供的人格来塑造自己，正是卢梭和浪漫派反叛社会"削平一切"的原因，卢梭指出，如果我们一直生活在自己的世界之外，只知道按照别人的意愿生活，那么"我们什么也没有，我们剩下的就只是轻浮而虚假的表象，拥有荣誉却没有道德，会思考却没有智慧，耽于享受却没有幸福"②。这种社会性的求同，弗洛姆称其为人的异化，并认为这种异化的求同倾向抑制了人们对于人类生存的基本问题——"我是什么""我应当如何生活"——的思考，人只有感受到他的"孤独"、他的存在的"支离破碎"时，才能发现自我。那么为什么我们会被我们的伪自我所欺骗，并满意于这种状态。人生而自由，却无往而不在枷锁之中，这是卢梭的名言，但实际上人们喜欢枷锁，因为它被文明之花粉饰和装扮过，在现代世俗社会，没有人喜欢哲学家式的孤独，这里的哲学家不是指以哲学为职业的人，而是以哲学信条来生活的人，人们乐在娱乐、社交和升迁之

---

① ［美］艾里希·弗洛姆：《健全的社会》，孙恺祥译，上海译文出版社2011年版，第126页。
② ［法］卢梭：《论人类不平等的起源》，高修娟译，上海三联书店2009年版，第78页。

中。追求世俗的成功就要得到他人和社会的认可，用弗洛姆的话来说，就是人在社会关系中要得到肯定与认可。金庸的武侠小说《射雕英雄传》中，欧阳锋为了争得天下第一，最后的结果是疯掉了，见人就问"我是谁？"这说明如果人一味地屈服于社会的习俗偏见，并按照社会的习俗偏见的要求来形塑自己，人真正的自我就会丧失。正如雅斯贝尔斯所说，"我沉浸于各种事物中，考虑的不是自己、自己的目的、自己的幸福、自己的极乐。毋宁说我在满足于这些认识时遗忘了自己"。①

第五，对信仰的需要。在传统的超越社会，信仰是人的生存维度，在现代世俗社会，人们依然需要信仰，只不过现代社会的信仰更多地带有理性色彩。弗洛姆认为，对信仰对象的需要是由人存在的二律背反所决定的，生与死的二律背反是人的存在的最基本的二律背反。人来自自然，是自然的一部分，这就决定了人无法脱离自然律的支配，有生就有死，无论人们以什么办法来否定死亡，死亡"仍是他的最终归宿"，存在主义认为人是"向死的存在"，来也空空，去也空空，这就决定了人的存在的"有限性"。人虽然是被自然创生的，并且不得不服从自然律，但是人不会甘于自己的被动的命运，人是理性动物，聪明的人不会处处往死处"想"，而是往生处"求"。弗洛姆认为，就我们只能接受死亡这一事实而言，我们的生命是失败的，这种生命的失败的表现就是在我们有限的生命旅程中无法完全实现人的一切潜能。人类一向都在尝试以"意理"来否定这种二律背反："假定人死后生命就开始充实，或假定一个人自己的历史时期就是人类最后和最伟大的成就，以调和或否定这种矛盾。此外还认为生活的意义并不在于它获得全部的实现，而在于为社会服务和恪尽社会责任。"②

这种否定生死二律背反的意理就是人的信仰，只有信仰才能使人

---

① [德]卡·雅斯贝尔斯：《哲学的信仰：雅斯贝尔斯哲学研究》，人民出版社2010年版，第269页。
② [美]艾里希·弗洛姆：《自我的追寻》，孙石译，上海译文出版社2012年版，第36页。

的生命富于意义和希望，才能使人克服对死亡的恐惧，那些乐于奉献和富有牺牲精神的人往往都具有坚定的信念和信仰。弗洛姆认为人不可以过没有信仰的生活，没有信仰，人就没有追求，"个人的生活会索然无趣、毫无希望，同时不敢面对他存在的真正目的"。① 不过弗洛姆却不赞成把信仰与理性及科学的思想对立起来，因为信仰有合理与不合理之分，不合理的信仰是对不合理权威的屈从，因此其带有盲目性，这种信仰并不是从我们自身思想或感受体验中产生出来的。人们信仰不合理的信仰正是因为其荒谬，因为"如果某人提出一项合理的言论，他便是做了一件原则上其他任何人皆能做的事。可是如果他敢提出一项不合理的言论，便显示他超越了一般的才识，因而具有凌驾一般人的魔力"。② 而合理的信仰却不同，它"是在创造性的理智与感情活动中所产生的坚定信念。在不该含有信仰因素的理性思想力之中，合理信仰占有重要的成分。"③ 这种信仰是从我们自身思想或感受体验中产生出来的。

第二节 文明健康的社会道德风尚的内涵

社会道德风尚是社会发展的风向标，它反映了一个社会的文明程度，好的社会道德风尚能够促进社会的健康发展，而健康的社会能促进人的如下能力的发展："爱他的同胞、创造性地工作、发展他的理性与客观性、获得自我感。"而不健康的社会"则造成人们相互之间的憎恨与不信任，将人变成供他人利用与剥削的工具，剥夺他的自我感，直至他屈从于他人，或者变成一个机器人"④。如果人们都有爱心

---

① ［美］艾里希·弗洛姆：《自我的追寻》，孙石译，上海译文出版社2012年版，第171页。
② ［美］艾里希·弗洛姆：《自我的追寻》，孙石译，上海译文出版社2012年版，第175页。
③ ［美］艾里希·弗洛姆：《自我的追寻》，孙石译，上海译文出版社2012年版，176—177页。
④ ［美］艾里希·弗洛姆：《健全的社会》，孙恺祥译，上海译文出版社2011年版，第58—59页。

和责任感,那么必然会促进社会的和谐发展;如果人们都能发挥自己的潜能,创造性地工作,那么必然会形成积极向上的社会氛围;如果人们都能凭借理性和信仰生活,那么必然会推动知荣辱、讲正气、作奉献的社会风气的形成。

一 知荣明耻的社会风尚

(一) 荣辱观的提出

在社会主义社会,树立荣辱观是社会主义道德规范的基本要求,社会主义荣辱观从肯定和否定两方面界定了社会主义道德规范:以热爱祖国为荣,以危害祖国为耻;以服务人民为荣,以背离人民为耻;以崇尚科学为荣,以愚昧无知为耻;以辛勤劳动为荣,以好逸恶劳为耻;以团结互助为荣,以损人利己为耻;以诚实守信为荣,以见利忘义为耻;以遵纪守法为荣,以违法乱纪为耻;以艰苦奋斗为荣,以骄奢淫逸为耻。

社会主义荣辱观就是针对社会道德生活领域中出现的是非、善恶、美丑不分的问题而提出来的。随着体制的转轨和社会的转型,我国的社会道德风尚发生了很大的变化,总的来看社会精神风貌的主流是好的,人们向往自由平等、追求公平正义、崇尚民主法制,对民族和国家的未来和个人的前途命运充满信心和希望。但是在思想道德领域也出现了一些与社会主义道德规范和要求不相符合的现象,例如一些人是非不明、善恶不分、美丑不辨、荣辱不知,把腐朽当神奇,把庸俗当高尚,把谬误当真理。这些现象的出现主要有以下几点原因。

市场经济的冲击。市场经济是促进社会从传统走向现代的催化剂,市场经济摧毁了传统社会的超越性秩序,赋予世俗化道德以合理性,人们不再追求神圣和崇高,现代性使人失去敬畏心,导致以工具理性主义为依托的功利主义和实用主义价值观的流行。工具理性取代价值理性意味着人们不再关心生命的终极意义的形而上的问题,而是关心什么对实现我的利益最有用的形而下的问题。在价值理性视野中,人是终极目的,人的一切努力都是为维护人的尊严、提升人的价值、凸显人存在的意义。而工具理性关注的则是作为对象的客体的世界，工具理性是为人的某种功利目的服务的，它强调手段的有效性和可计算性。工具理性是通过精确计算功利的方法最有效达至目的的理性，是一种以工具崇拜和技术主义为生存目标的价值观。工具理性的扩张导致实用主义和功利主义思想的泛滥，功利主义泛滥"使得一切事物均化约为可以用利益来计算的对象，由此造成对社会的一些领域和一些地方道德失范、是非、善恶、美丑界限混淆，拜金主义、利己主义、实用主义严重滋长，见利忘义、损公肥私行为时有发生，不讲信用、欺骗欺诈成为社会公害，以权谋私、腐化堕落现象严重存在"[1]。正如托多罗夫在《启蒙的精神》中所说，如果理性是一个工具，那么它"可以不加区别地为善和恶服务；为了犯下滔天大罪，坏人必须施展了不起的推理能力！"

西方价值观的侵蚀。现代性肇始于西方国家，但是它日益以不同的节奏和顺序席卷整个世界，也就是说全球化成为现代性的固有特征。全球化是一把双刃剑，它既打破了国际交往的民族和地域界限，促进了国际经济技术交流和合作，为各国参与全球经济分工与合作创造了条件，但同时也造成了民族国家的传统和文化受到西方价值观的侵蚀和冲击。改革开放以来，我国的对外开放程度逐渐提高，随着国外资本、先进的管理经验和技术一起进入中国的还有资产阶级的价值观念及其腐朽的生活方式。西方发达国家极力美化西方的民主制度和价值观念，鼓吹西方社会制度的普世性，"意图在价值观念渠道对我国进行意识形态的渗透。外来文化在潜移默化中对我国主流社会意识形态产生了危害，极易造成青少年价值取向的迷茫，动摇我国公民的社会主义信念。"[2] 西方的主流价值观是自由主义和个人主义，西方个人主义思想把个人原子化和孤立化，个人被设想成脱离特定的社会角色与联系的抽象的存在，能够根据个人的好恶来决定自己的目标和价值取向，也就是说个人主义解构了人的社会构成性，把个人利益与社会利益对立起来。事实上自由个人主义价值观在西方名声并不好，哈

---

[1] 喻文德：《论世俗道德的特点及其困境》，《伦理学研究》2008年第1期。
[2] 刘依霖：《文化自信背景下的思想道德建设》，《新东方》2017年第6期。

社会道德风尚的现代性阐释

耶克认为个人主义之所以名声不佳，是因为这个词和利己主义和自私自利联系在了一起。弗朗西斯·福山认为个人主义价值观是不值得提倡的，因为不受约束的个人主义文化存在严重问题。"在这种文化里，从某种意义上说，违反规则就成了唯一保留下来的规则……强烈个人主义的文化存在的第二个问题是以丧失团体而告终。一个社会若以扩大个人选择自由的名义持续不断地推翻社会规范和准则，将会发现其自身会变得越来越混乱、分裂和孤立，而且无力完成共同的任务，实现共同的目标。"①

新旧道德规范的转换。在新旧道德规范转型过程中，旧的道德规范对人们思想的长期影响还没有完全消失，正处于完善阶段的新的道德规范的权威性还没有完全发挥出来，这往往就会出现社会失范现象。"既成的事物，即使并不优良，也会因已被习惯所适应而不断延续。而新事物，即使更优良，也会因不适应于旧的习惯而受到抵制。"② 在道德规范转换过程中就会"带来一系列的'真空'或'危机'"。包括社会的权威真空、整合危机和价值真空。③ 权威真空和价值真空往往造成社会的失范，这势必在一段时间内使人们的思想产生困惑和迷茫。过去我们曾认为社会主义公有成分越高越好，为此不断地通过运动来割资本主义尾巴，改革开放以来我们从初级阶段的基本国情出发，打破了单一的公有制，在坚持公有制主体地位的前提下，鼓励、支持、引导非公有制经济发展。过去我们为了追求公平正义而取消差别，个人消费品分配实行平均主义大锅饭——"大体平均，略有差别"，改革开放以后，为了提高经济发展效率，打破了平均主义大锅饭，允许一部分人一部分地区先富起来，在一定时期内和一定范围内出现了收入差距拉大的趋势以及阶层分化和固化的现象。过去我们认为追求财富和个人享受是资产阶级腐朽价值观的表现，道德规范

---

① [美] 弗朗西斯·福山：《大分裂：人类本性与社会秩序的重建》，刘榜离等译，中国社会科学出版社2002年版，第16—17页。
② [英] 弗兰西斯·培根：《人生论》，何新译，陕西师范大学出版社2009年版，第74页。
③ 孙立平：《现代化与社会转型》，北京大学出版社2005年版，第85页。

长期奉行自私的禁忌，改革开放以来，市场经济的发展允许人们追求自身利益，并视其为人们从事经济活动的动力，它有利于调动人们的积极性。过去通过私有制的社会主义改造，资本家被改造成为自食其力的劳动者，改革开放以来，随着外资的进入以及私营经济和个体经济的发展，出现了新的社会阶层，如个体工商户、民营企业家和私营企业主等。世俗化的潮流打破了人们的传统操守，而新的社会价值规范的话语权威和解释力又没有完全形成，理想和现实之间的差距使人们"不知遵守何种规范准则，不知崇尚何种道德信仰，甚至一些青少年对现有的社会道德规范产生怀疑，错误地将享乐主义、利己主义认为是人本主义，价值观受到扭曲，甚至出现极端的拜金主义倾向；盲目追求一己私利，集体意识薄弱，将物欲能否满足作为衡量人生价值的唯一标准；热衷于追名逐利，将金钱和名誉作为最高追求目标"[①]。曾经有首歌唱道："跟着感觉走，拉着梦的手。"这多少反映了人们迷茫和无奈的心境。当达到破罐子破摔的时候，就是"无所谓，我无所谓"了。

（二）荣辱观的内涵

1. 荣誉与耻辱的概念界定

荣辱观是人们对荣誉和耻辱的根本看法和态度，它告诉人们什么是真善美、什么是假恶丑。荣就是荣誉，耻就是耻辱，荣誉与耻辱是以人的行为是否受到他人赞扬来区分的。正如斯宾诺莎所说，"荣誉是为我们想象着我们的某种行为受人称赞的观念所伴随着的快乐"。"耻辱是为我们想象着我们的某种行为受人指责的观念所伴随着的痛苦。"[②]

荣辱观自古以来就受到人们的重视。在中国古代圣贤看来，是否知荣明耻是人与非人之间的界限。孟子云："羞恶之心，人皆有之"，"无羞恶之心，非人也"，"人不可以无耻，无耻之耻，无耻矣"，"不耻不若人，何若人有？"（《孟子·尽心上》）荀子以义与利的谁先谁

[①] 刘依霖：《文化自信背景下的思想道德建设》，《新东方》2017年第6期。
[②] ［荷兰］斯宾诺莎：《伦理学》，贺麟译，商务印书馆1983年版，第159—160页。

后作为区分荣辱的标准,即先义后利者为荣,先利后义者为辱。荀子把荣誉分为"义荣"和"势荣",所谓义荣就是道义上的"荣",一个人尽管地位卑微,生活穷苦,但只要他讲求道德操守就能赢得他人的尊重,因此义荣追求的是个人修养和道德操守。所谓势荣就是追求权势地位和功名利禄这些外在的"财富",追求势荣的人注重的是体面,而不是内心的道德修养,荀子把势荣看作"小人"之荣,即小人把势荣当作最高荣誉,而君子把义荣当作最高荣誉。荀子认为,无德的小人虽然可以享受到势荣,但却得不到义荣;有德的君子虽然得不到势荣,却能获得义荣。这就是小人得势,君子取义。

在古希腊,亚里士多德把善分为内在的善和外在的善,所谓内在的善就是人的德性,荣誉不是内在于人的德性之中的东西,而是人的德性的外显化,荣誉是一种可以与财富相提并论的外在的实在的东西,在外在的善中,荣誉处于首位。尽管荣誉不内生于人的德性之中,但它却是奉献给高贵的人、高尚的人的奖品,"荣誉是对德性的奖赏"。亚里士多德说:"我们认为奉献给诸神的东西,或者那些高贵的人所企求的东西,以及对那些高尚人的奖品是最大的,这就是荣誉。"[①] 亚里士多德认为,在荣誉问题上不要走极端,即过分地追求或过分地回避荣誉。过分地追求荣誉就变成虚荣,这是因为荣誉来源于他人的评价。如果追求荣誉是为了从荣誉中博得好处,那么荣誉就会变成虚荣,人们追求荣誉的行为就是人的虚荣心在作怪。虚荣心使人爱面子、追求高人一等的体面,这种渴望得到他人的尊重和认可的虚荣心使人变得贪婪。"凡是从大众的意见中去求荣誉的人,必须日夜焦心殚虑,不息地努力、活动、图谋以保持他的荣誉。因为人们是变化无常的,如果一个人不设法将他的荣誉保持住,则他的声名转瞬就会消逝。"[②]

追求虚荣会使人刻意去迎合公众的意见,而公众的意见不一定就是正确的、公正的。众意不同于公意,法国启蒙思想家卢梭认为,众

[①] 苗力田主编:《亚里士多德全集》第8卷,中国人民大学出版社1992年版,第80页。
[②] [荷兰] 斯宾诺莎:《伦理学》,贺麟译,商务印书馆1983年版,第214页。

意"着眼于私人的利益",而公意"只着眼于公共利益,"因此"公意永远是公正的"。① 对公众意见的刻意迎合将使人丧失自我,一个丧失自我的人是不可能理性地做事情的。对大众的意见的刻意迎合被弗洛姆称为"异化的求同倾向",求同的模式发展出了一种新的道德,即把与他者一致看作是一种美德,"恶即与众不同"。一个人如果一味地求同,他就听不到自己良心的呼声,更不用说按良心的要求办事了。"就其本质来说,良心就是不求同,在大家都说'是'时能够说'不';而要说'不',则必须确定判断的正确性,这种正确性是说'不'的基础。"② 按照良心做事,就要保持自己的人格独立,不趋炎附势,不人云亦云,"我们的荣誉是我们良心的证明"(圣保罗语)。一个有良心的人必然是一个具有独立人格的人,弗洛姆有一个非常具有启发性的观点,就是自私的人不是爱己过甚的人,而是缺乏自我的人。当一个人的自我迷失的时候,就会严重缺乏安全感,因担心自己得不到别人的认同而处于焦虑和不安中的人有一种极力寻求外物来弥补自己的倾向。"内心贫乏"——缺乏基于自己力量的创造性——的人则表现出对外在东西的贪婪。一个人只有在创造性中才能实现自我,而在创造性中所实现的自我是一个能够按照自己的良心行事的人,因为创造性离不开人的理性和爱。创造性的爱在自我与他人之间架起一座桥梁,解决了人既需要与别人一致,也需要保持自身独立性之间的矛盾。自爱的人——拥有自我意识的人——促进了他人和社会的利益,不是因为"看不见的手"——奉行丛林法则的资本主义自由市场经济——的作用,而是对他人的关切和责任。创造性的理性的特征是客观性、思想者对客体的尊重,以及他对客体真正面目的了解的能力,"客观的意义并不是超然而是尊重;那是对事物、人和自己的看法具有不歪曲的能力"③。

---

① [法]卢梭:《社会契约论》,何兆武译,商务印书馆1980年版,第35页。
② [美]艾里希·弗洛姆:《健全的社会》,孙恺祥译,上海译文出版社2011年版,第142页。
③ [美]艾里希·弗洛姆:《自我的追寻》,孙石译,上海译文出版社2012年版,第90页。

(二) 社会主义荣辱观的主要内容

以热爱祖国为荣,以危害祖国为耻。爱国主义是民族精神的核心,是维系华夏各民族团结统一,激励各族人民为国家发展繁荣不懈奋斗的强大精神力量。爱国是公民应当恪守的基本道德规范,爱国要求人们以振兴中华为己任,自觉报效祖国,坚决同各种祸国、辱国、乱国言行作斗争。弘扬爱国精神,营造爱国光荣的社会风尚,对于增强民族凝聚力,增进广大人民对中国特色社会主义道路、理论、制度和文化自信,在实现中华民族伟大复兴的征程中焕发出强烈的主人翁责任感和奋斗精神具有积极的意义。

以服务人民为荣,以背离人民为耻。为人民服务是社会主义道德建设的核心。把为人民服务作为社会主义道德建设的核心,是马克思主义人民史观的体现,是由我们党的根本宗旨所决定的。人民性是马克思主义鲜明的政治品格,马克思主义人民史观强调人民是历史的创造性,是社会的物质财富和精神财富的创造者,人民应当成为国家和社会的主人。全心全意为人民服务是马克思主义执政党的根本政治立场,是我们党一切行动的根本出发点和落脚点,毛泽东指出:"群众是真正的英雄","人民,只有人民,才是创造世界历史的动力。"邓小平强调:应当把人民拥护不拥护、赞成不赞成、高兴不高兴、答应不答应作为我们党制定各项方针政策的出发点和归宿。习近平总书记指出:"党的根基在人民、血脉在人民、力量在人民。失去了人民拥护和支持,党的事业和工作就无从谈起……在任何时候任何情况下,与人民同呼吸共命运的立场不能变,全心全意为人民服务的宗旨不能忘,群众是真正英雄的历史唯物主义观点不能丢,始终坚持立党为公、执政为民。"[①] 在市场经济条件下对个人利益的合理追求与弘扬为人民服务精神之间并不矛盾。只有在道德规范建设中弘扬为人民服务的精神,才能保证市场经济沿着社会主义道路健康发展。社会主义市场经济不同于资本主义市场经济,它具有鲜明的人民性,发展社会主义市场经济是为了更好地满足最广大人民的需要,实现人民对美好

---

① 《习近平谈治国理政》,外文出版社2014年版,第367页。

生活的向往和追求。因此社会主义市场经济才能把人们的当前利益与长远利益、局部利益与整体利益、个人利益与集体利益有机结合起来。正是在这种结合中，人们才能正确地理解自己的利益，使小我具有集体意识和人民情怀。

以崇尚科学为荣，以愚昧无知为耻。科学是人们在认识世界过程中所获得的可重复检验的具有逻辑自洽性的严密的知识体系。科学知识的反义词是愚昧无知，科学的发展使人类理智战胜迷信，使求实思想获得胜利，随着求实思想获得胜利，崇尚科学成为普遍社会风气。所谓崇尚科学就是从客观实际出发，按照客观世界的本来面目揭示事物内在的本质和必然的规律，以科学的态度分析和解决问题。实验科学的创始人培根说"知识就是力量"，知识不仅是对世界的认识，它与技术的结合成为改造世界的强大力量，科学技术是第一生产力，是先进生产力的集中体现。崇尚科学就要弘扬科学精神，科学精神是人们在科学实践探索中逐渐形成发展起来的一种以求真和创新为核心的理性精神。理性精神体现了一种客观公正地看问题的态度，理性使我们"摒弃成见、情欲与个人利益，使用理智来了解世界和自我。一个理性的人就是愿意用思考代替纯粹本能反应的人，他们愿意思索生硬艰涩的真理，即使那令人不悦，他（她）也愿意尝试把个人种种信念作合逻辑性的连贯思考，并以事实来验证其信念"。[①] 合理性包含普遍性和客观性，"如果某一真理是合理的，那么它对所有人皆为真，因为我们都有共同的"。[②] 理性精神要求我们认识世界时尊重客观事实，尽量排除主观因素的影响，因此科学的理性精神是一种求实精神。理性精神要求我们认识世界和把握自我时尊重事物的发展规律，冲破固有成见和条条框框的束缚，开拓事物发展的新境界，因此科学精神是一种开拓创新精神；创新不能思想僵化，盲目地崇拜权威，而是要马克思主义指导下冲破习惯势力和主观偏见的束缚，研究新情况解决新

[①] ［美］罗伯特·保罗·沃尔夫：《哲学概论》，郭实渝等译，广西师范大学出版社2005年版，第30页。
[②] ［美］罗伯特·保罗·沃尔夫：《哲学概论》，郭实渝等译，广西师范大学出版社2005年版，第31页。

问题。

　　以辛勤劳动为荣，以好逸恶劳为耻。勤劳勇敢是中华民族的传统美德，历史上我国各族人民依靠自己的聪明才智和勤劳勇敢创造了辉煌灿烂的华夏文明，今天各族人民在中国共产党领导下凭借自己的辛勤劳动和汗水在从站起来、富起来到强起来的伟大历史性飞跃中创造着新的辉煌。马克思说：劳动创造人，人通过劳动创造价值和财富。劳动光荣是马克思主义劳动观的基本观点。习近平总书记指出："劳动创造幸福，实干成就伟业。"要在全社会形成劳动光荣的社会风尚，反对贪图享乐、好逸恶劳的消极人生态度，以辛勤劳动为荣，以好逸恶劳为耻。弘扬劳动精神，营造劳动光荣的社会风尚，有利于调动和保护广大劳动人民在创新创造实践活动中的积极性，激励年青一代树立积极向上的人生态度，在拼搏奋斗中实现人生理想和价值。

　　以团结互助为荣，以损人利己为耻。团结互助反映了社会主义道德建设的原则，即坚持集体主义，反对个人主义。个人主义是资产阶级价值观，这种价值观从抽象的个人出发，把个人利益置于他人和集体利益之上。其结果必然是破坏社会团结，消解集体的凝聚力，为了自己的利益而损害他人和社会利益。集体主义是无产阶的价值观，是共产主义道德的基本原则之一，它强调个人只有在集体中才能实现自身价值，正确理解的利益必须使"私人利益符合于全人类的利益"。[①]在全社会倡导以团结互助为荣，以损人利己为耻的社会风尚对于市场经济的健康发展，促进人际关系的和谐具有重要意义。市场经济允许人们追求自身利益，但是自利不等于自私，自利是以互利互助为前提，而自私是以损害他人利益为代价来达到利己的目的，损害他人利益自身利益也难以得到实现。因此人们对自身利益的追求必须是正当、合理、合法，通过诚实劳动与合法经营来致富，我们在追求自身利益的同时必须尊重他人权利，尊重他人对自身利益的关切，使自我利益与他人利益达到合意状态。

　　以诚实守信为荣，以见利忘义为耻。诚信是中华民族的传统美

[①] 《马克思恩格斯全集》第 2 卷，人民出版社 1957 年版，第 167 页。

第五章 培育文明健康的社会道德风尚的路径选择

德,是社会主义道德建设的重点内容,是社会主义和谐社会建设的基本要求。在现代社会,大到国家政府,小到企业个人都要讲诚信。政府的诚信是具有广泛社会影响和示范效应的公信力,政府公信力越强,民众就越信赖政府,政府的权威影响力就越大。企业的诚信被称为"商誉",它是对企业开拓市场具有决定意义的无形资产。诚信是做人的根本,"人无信不立",社会和谐的人际关系的建立要求人与人之间以诚相待。在经济体制转轨过程中,要建立与社会主义市场经济发展相适应的诚信道德体系,树立以诚实守信为荣,以见利忘义为耻的社会风尚,保障市场经济健康有序发展。

以遵纪守法为荣,以违法乱纪为耻。法治是现代文明的重要标志,依法治国是我们党领导人民治理国家的基本方式,无论是人民当家作主民主权利的保障,还是文明健康的社会秩序的维护;无论是加强和改善党的领导,还是市场经济的健康发展,都离不开法治。"法律要发挥作用,首先全社会要信仰法律",[1] 也就是说法律的实施必须具有坚实的社会基础,只有"法条"成为人们心中的"信条",法治信仰深植于人们心中,才能形成全民守法的社会风尚,更好地推进法治国家、法治政府和法治社会建设。"再多再好的法律,必须转化为人们内心自觉才能真正为人们所遵行。'不知耻者,无所不为。'没有道德滋养,法治文化就缺乏源头活水,法律实施就缺乏坚实社会基础。"[2] 全面推进依法治国需要全社会共同参与,在全社会形成崇法尊法的法治文化氛围,营造以遵纪守法为荣,以违法乱纪为耻的社会风尚。

以艰苦奋斗为荣,以骄奢淫逸为耻。艰苦奋斗是中华民族的传统美德,是我们党的优良传统作风,我们党之所以能够战胜前进道路上的各种风险挑战,一个重要原因就是始终保持艰苦奋斗的优良传统和作风。在今天,虽然我们的生活条件好了,但是艰苦奋斗精神仍然不过时,需要在全社会大力弘扬以艰苦奋斗为荣,以骄奢淫逸为耻的社

---

[1] 《习近平谈治国理政》第2卷,外文出版社2017年版,第135页。
[2] 《习近平谈治国理政》第2卷,外文出版社2017年版,第117页。

会风尚。"节俭朴素,力戒奢靡,是我们党的传家宝。现在,我们生活条件好了,但艰苦奋斗的精神一点都不能少,必须坚持以俭修身、以俭兴业,坚持厉行节约、勤俭办一切事情。"① 艰苦奋斗是积极健康的人生态度的体现,积极向上的社会风尚的营造需要我们自觉抵制西方拜金主义、享乐主义这些腐朽价值观念的影响,在创新创造的实践活动中,执着追求、不懈进取、吃苦耐劳,保持积极健康的生活态度。新时代贯彻绿色发展理念,促进人与自然和谐共生,必须倡导节俭朴素的绿色消费观念,反对铺张浪费和骄奢淫逸的腐朽的生活观念。立足于新的发展阶段,需要继续发扬艰苦奋斗精神,克服前进道路上的艰难险阻,取得全面建设社会主义现代化国家新的伟大胜利。"艰苦奋斗、勤俭节约,不仅是我们一路走来、发展壮大的重要保证,也是我们继往开来、再创辉煌的重要保证。"②

二 讲正气的社会道德风尚

正气是相对于邪气而言的概念,是指人的一心为公的胸怀,刚正不阿的气节和公道正派的作风。《太傅褚裒碑》中说:"公资清刚之正气,挺纯粹之茂质。"《文子·符言》中言:"君子行正气,小人行邪气。内便于性,外合于义,循理而动,不系于物者,正气也;推于滋味,淫于声色,发于喜怒,不顾后患者,邪气也。"充满正气的社会就是一个积极向上的充满正能量的社会,正如一个人的健康肌体被邪气侵蚀必然会生病一样,一个社会如果正气不足甚至歪风邪气盛行,那么它就是一个到处充满负能量的社会,就是一个病态的社会。

正气使人昂扬向上。孟子说:"我善养浩然正气",浩然者,乃天地之正气也,是天地之间的博大刚正的凛然正气。无论是范仲淹的"先天下之忧而忧,后天下之乐而乐",还是林则徐的"苟利国家生死以,岂因祸福避趋之",无不说明:秉持浩然正气,使人胸怀远大

---

① 《立志做党光荣传统和优良作风的忠实传人 在新时代新征程中奋勇争先建功立业》,《人民日报》2021年3月2日第1版。
② 《习近平关于"不忘初心、牢记使命"论述摘编》,党建读物出版社、中央文献出版社2019年版,第245页。

第五章　培育文明健康的社会道德风尚的路径选择

理想抱负。胸怀远大理想抱负者不会贪图享乐，不会计较个人得失。正如马克思所说：选择了最能为人类而工作的职业，"我们所享受的就不是可怜的、有限的、自私的乐趣"。当面对外在的物质诱惑，能够泰然处之，始终保持艰苦奋斗的本色不动摇；当面对艰难险阻，能够不计较个人得失，敢于斗争，勇于牺牲；当面对失误和挫折，能够勇于面对，主动承担，不回避问题，不文过饰非。勇于自我革命是中国共产党区别于其他政党的显著标志，我们党之所以能够做到勇于自我革命，始终保持朝气蓬勃、昂扬向上的精神状态，是由党的为中华民族谋复兴，为中国人民谋幸福的初心和使命所决定的。胸怀决定眼界和气度。"'不私，而天下自公'。我们党之所以有自我革命的勇气，是因为我们党除了国家、民族、人民的利益，没有任何自己的特殊利益。不谋私利才能谋根本、谋大利，才能从党的性质和根本宗旨出发，从人民根本利益出发，检视自己；才能不掩饰缺点、不回避问题、不文过饰非，有缺点克服缺点，有问题解决问题，有错误承认并纠正错误。"① 昂扬向上是一种积极健康的人生态度，充满正气的社会使人抱有积极向上的人生态度。积极向上的人生态度，是不贪图安逸享乐，不信奉享乐主义、拜金主义腐朽的价值观念，相信只有拼搏才能带来希望，只有奋斗才能实现幸福的人生态度；积极向上的人生态度，是不自我和自私，相信只有服务他人和奉献社会才能实现自己的人生价值的态度。积极向上的人生态度，是不安于现状和故步自封，相信只有不懈怠，不断开拓创新、锐意进取才能开创新局面，取得更大成就的态度。

正气使人刚正不阿、疾恶如仇。当社会正气不足，人们面对邪恶现象和不合理现象就可能因为缺乏担当和社会责任感而表现出自私冷漠。疾恶如仇，扶危济困，敢于同社会不合理现象作斗争，这在卢梭看来，是一个有良知的人的本分和职责："无论这个世界上的坏人多么的多，象这样除了个人的利益之外，对一切公正善良的事情都无动

---

① 《党必须发扬自我革命精神——三论学习贯彻习近平总书记在省部级专题研讨班上重要讲话》，《人民日报》2017年2月16日第1版。

于衷的死尸般的人还是很少的。……当我们在大街小巷看到凶暴和不公正的事情时，我们的心中马上就会激起一阵愤怒，使我们去保护受压迫的人……当我们看到慷慨仁慈的行为时，我们将产生多么敬慕之心啊！谁不在心中想到：'我也要这样做呢？'"① 而良心的缄默不语导致人的冷漠：除了我的利益，其他一切都跟我没关系。这就是为什么我们常常把自私与冷漠放在一起的原因，当良心被泡到自私的冰水之中，良心这种"优美的情感"也就被窒息了，"他的眼睛再也不会流出热情的眼泪了，他对任何东西都不喜欢了；这可怜的人既没有什么感觉，也没有什么生气，他已经是死了。"② 人是社会动物，我们之所以有自我观念是因为"他者"的存在，人的身份意识是从他所分有的社会角色中产生的。没有他人的自由就没有我们的自由，没有他人利益的实现就没有我们利益的实现，费希特认为只有想让自己周围的一切人都自由的人，他自己才是自由的。这就要求我们具有正义感，维护社会的秩序与和谐。古希腊思想家柏拉图因此把维系社会的秩序与和谐看作正义的事业，正义就是众人纳入秩序而成为组织。

正气使人顾大体，识大局。作为社会性存在，我们不能离开群体而独立存在，人只有在社会中才能独立。亚里士多德说："离群索居者不是野兽，便是神灵。"在社会中，人只有生活在集体之中才能使自己产生归属感，是群体给了我们安全感和实在感，只有在群体之中人才能实现自己的价值，使自己的人生充满意义。社会公序的形成内在地要求我们跳出自我中心主义的藩篱，尊重他人权益，服从公共利益，正如爱因斯坦所说："作为自我中心主义的尚不自知的俘虏，他们感到不安、孤独、不能再天真、单纯、质朴地享受生活。人只有通过把自己奉献给社会才能找到那短暂而充满危险的人生的意义。"③ 而

---

① [法] 卢梭：《爱弥儿——论教育》（下卷），李平沤译，商务印书馆 1978 年版，第 412—413 页。

② [法] 卢梭：《爱弥儿——论教育》（下卷），李平沤译，商务印书馆 1978 年版，第 412 页。

③ [美] 艾里希·弗洛姆：《健全的社会》，孙恺祥译，上海译文出版社 2011 年版，第 196 页。

反常的社会把个人原子化、孤立化和分离化，人们以自我为中心，只有相互利用的需要才能把人们聚合在一起，其结果是造成人与人之间的互不信任。这种把个人非社会化的结果就是使人产生反社会化倾向：无视社会的公序良俗，把个人利益与公共利益对立起来。

充满正气有利于保持党的先进性、纯洁性。中国共产党是中国工人阶级的先锋队，是中华民族和中国人民的先锋队，是社会主义事业的领导核心。我们党除了最广大人民群众的利益，没有自己的特殊利益，在革命、建设和改革的任何时期都始终把人民的利益放在第一位，把实现和维护好最广大人民的根本利益作为自己一切工作的出发点和落脚点。应当看到，我们党所处的历史方位已经发生变化，我们已由领导人民为夺取政权而奋斗的党转变为领导人民长期执政的党，已由受到外部封锁和实行计划经济条件下领导人民进行社会主义建设的党转变为对外开放和在市场经济条件下领导人民进行社会主义建设的党。长期执政使我们党面临执政的考验，市场经济的发展使拜金主义、享乐主义以及极端个人主义滋生蔓延。面对种种考验，党员干部只有讲政治、讲正气，坚决同歪风邪气作斗争，才能切实履行全心全意为人民服务的宗旨。

三　促和谐的社会道德风尚

和谐是社会健康发展的重要标志。汉语中的和谐是指事物之间配合得匀称、适当、协调，《晋书·挚虞传》中说："施之金石，则音韵和谐。"按照常识，和谐很容易被理解为一种无矛盾、无差别状态，无论是在西方文化还是在东方文化中，和谐都不是指事物的无矛盾、无差别的状态。如果没有矛盾和差别，也就没有和谐的要求。《论语·子路》中说："君子和而不同。"和而不同即为和谐，和谐产生于对立的事物，对立面的统一就是和谐，和谐是对立事物之间的相辅相成、共同发展的状态。正如柏拉图所说，和谐就是"各种愿望纳入秩序而成为才能，众人纳入秩序而成为组织"[1]。

---

[1]　[美]维尔·杜兰特：《哲学的故事》，肖遥译，中国妇女出版社2004年版，第34页。

与和谐相对立的是异化，不和谐状态就是一种异化状态，就是具有差异性或矛盾性的事物之间只有对立而没有协调，或者说协调统一性比较差。在马克思的思想体系中，异化是指人的这样一种状态："人本身的活动对人来说成为一种异己的、同他对立的力量，这种力量压迫着人，而不是人驾驭着这种力量。"也就是说人与自身处于疏离对抗状态。人对自身的这种感受取决于人与人之间的关系，在阶级社会中，这是一个被剥削被压迫的劳动者的感受，劳动者为了生存不得不把自己的劳动力出卖给资本家，自己的劳动不归自己支配，自己的劳动成果也不归自己所有，人们在这种劳动中不是肯定自己，而是否定自己。这种异化也是现代社会中缺乏获得感，感觉自己被社会边缘化的人的感受。被边缘化的人会觉得自己矮人三分，人前没有尊严和面子，甚至自己都瞧不起自己；被边缘化的人会因为自己受到了社会的不公平对待而仇视他人和社会，人与人之间的异化和不和谐就是人与人之间产生距离感，相互之间处于敌视和冷漠状态，彼此成了互相利用的工具。人与自然之间的异化和不和谐就是人类为了自身利益而肆意破坏自然资源和生态环境，从而把人类自身置于与自然对立的状态，结果导致人类生存环境日益恶化，人与自然之间的矛盾日益突出。

和谐社会是一个人与自身、人与人、人与自然之间协调统一，和谐发展的社会。

（一）人与自身关系的和谐

人与自身的和谐就是人应当是一个具有自我感的人，有自我感的人在自己的生命活动中"肯定自己"，而人与自身的不和谐就是人成为一个丧失自我的人，丧失自我的人在自己的生命活动中不是肯定自己，而是否定自己。对"自我"身份感的需要是人类超越自然的需要，是人类超越偶然性和被动性的需要。文明化使人逐渐丧失自然的根，"人从自然中走了出来，被赋予了理性与想象力，需要形成一个关于自我的概念，需要说出并感觉到：'我就是我'。因为他不是被动地活，而是主动去生活，因为他丧失了原有的与自然的一体状态，他不得不自己做出决定，并且意识到自己与他人是不同的个体"①。拥有自我的人是能意识到自己是一个与众不同的具有独立人格和尊严的人，是一个能感到他是自己的力量和丰富品质的主动拥有者；拥有自我的人是一个在自己的创造性活动中体现出理性和爱的人。

反之，一个丧失自我的人不但意识不到自己是一个具有独立人格的人，反而会因担心得不到他人的认同而焦虑和不安。卢梭认为这样的人只知道生活在他人的意见之中，并且按照别人的意愿生活。从来不敢拿"自己是什么"这样的问题来问自己，也不敢表现真正的自己。对丧失自我的人来说，与众不同和离经叛道就是"罪恶"，在权威面前，自我意识——对笛卡尔来说，自我意识源于怀疑和追问——的出现使其产生"罪恶感"。对权威的盲从、对公众意见的附和使人不敢冒险和承担责任，创造性的缺乏使人在自己的生命活动中不能肯定自己，因而无法感受到快乐和幸福。"他没有感到自己是创造者，是中心，而觉得自己是他的双手创造出来的机械人的奴仆。人释放出的力量越大，人越感到，作为一个人，他是多么无能为力。"② 在马克思那里，人与自身的和谐就是能够按照自己的意愿运用自己的生命力量进行创造性活动，而不和谐则是人们不能按照自己的意愿运用自己的生命力量，我的劳动不归我自己支配，劳动成果不归我所有，"这种活动是他自身的丧失"。马克思认为，人与自身的不和谐，是由于私有制造成的。私有制导致雇佣劳动关系出现，在雇佣劳动中人被当作有价值的生产要素来看待，按照投入产出关系中最符合利润最大化的原则来安排使用"人"这个生产要素。在这种被支配的劳动中，人不是为了实现自己的（人生）价值，而是为了实现资本家和企业主的（资本）价值。因此在雇佣劳动中，劳动者不会把自己所从事的工作当作事业去做，工作只是谋生的手段；为了谋生去劳动就是为必然性需求——肉体生存的需要——所驱迫而去劳动，在这种劳动中，劳动

---

① ［美］艾里希·弗洛姆：《健全的社会》，孙恺祥译，上海译文出版社2011年版，第49页。
② ［美］艾里希·弗洛姆：《健全的社会》，孙恺祥译，上海译文出版社2011年版，第101页。

者是感受不到做人的尊严的。"他在自己的劳动中不是肯定自己,而是否定自己,不是感到幸福,而是感到不幸,不是自由地发挥自己的体力和智力,而是使自己的肉体受折磨、精神遭摧残。"[①] 人与自身的和谐,在劳动中的表现就是劳动是人的自愿活动,充分体现了人的自由意志和创造性,就是说要充分发挥劳动者的主人翁作用。在劳动中劳动者被当作完整的人来看待,而不是被当作商品和生产要素来看待,就是说要尊重和保护劳动者的权益,使其体面地劳动和生活。

在弗洛姆看来,现代社会人与自身的不和谐是由市场经济造成的。弗洛姆认为,市场经济造成人格的市场指向,因为市场经济使工作主义失去了分量,贩卖主义变为至高无上。在市场经济条件下,虽然商品是用来使用的,但是人们更重视交换价值而非使用价值,如果交换价值不能实现就意味人的一切努力没有被他人和社会所承认,他就是一个失败者;按照政治经济学上的说法,就是个别劳动没有转化为社会劳动,个别劳动就是无效劳动。"就商品的'交换价值'而论,交易日就是'判决日'。"这种对交换价值的重视致使人们对自己也形成了价值的观念,正如商品如果不被市场认同就要被淘汰掉一样,如果一个人不能在人格市场上的竞争中把自己成功地推销出去,那么他的人生就可能是一个失败的人生。"成功大部分依靠他在市场上是怎样推销自己的,他的人格被人欣赏的程度如何,他的'包装'是否精美;他是否'爽朗'、'健全'、'积极'、'可靠'、'进取';此外,他的家庭背景如何、他参加何种俱乐部,以及他是否认识有关人士。"[②] 在市场指向中自我实证的获得主要是靠别人对自己的看法,这样就使人受制于反复无常的市场判断标准,而市场决定人的价值的方式就像它决定一件商品的价值的方式一样。如果把人格看作一件待价而沽的商品,那么人生价值就只剩下量化指标——"有多少成就"

[①]《马克思恩格斯选集》第 1 卷,人民出版社 1995 年版,第 43 页。
[②][美] 艾里希·弗洛姆:《自我的追寻》,孙石译,上海译文出版社 2012 年版,第 58 页。

第五章 培育文明健康的社会道德风尚的路径选择

和"能够带来多少好处","值不值得去做"和"是否有利可图"就成为人们唯一的追问。

对成功的渴望,对害怕得不到他人和社会认可的担忧使人陷入焦虑和不安之中。人是理性动物,人的理性的功能就是比较、判断和选择,而只要有人群聚积,人与人之间就会产生差异,人身上那些能够吸引人关注的东西就会成为人们竞相效仿和追逐的对象,"一旦人们开始相互品评,尊重的观念便在人的心底扎根,每个人都要求别人尊重他,再也没有人在不尊重他人的时候还能安然无恙"[1]。要求得到尊重的观念激起了人们追求声望、荣誉和地位的热情。而这种追求在蒙田看来,只是徒有其表的虚荣——为了能够给自己带来利益,这些东西并不能代表和反映人自身的价值,因为不是他本身固有的本质。虚荣弄昏了我们的头脑,以至于我们看不到事物的本质,"人们抓住了树叶,却放弃了树干和主体"。舍本逐末的结果是使人迷失自我,出人头地的强烈冲动使"人们汲汲于滥用那些能给自己带来荣誉的种种能力,结果却迷失了自我",对于一个迷失自我的人来说,"剩下的就只是轻浮而虚假的表象,拥有荣誉却没有道德,会思考却没有智慧,耽于享受却没有幸福"[2]。

渴望成功和被承认的焦虑和不安是人缺乏自尊自信的表现。随着"经济的快速发展、社会结构的急剧变化、利益格局的深刻调整,使整个社会心态发生了很大变化,急功近利、心浮气躁、焦虑迷茫、失衡偏激、怨天尤人等不良社会心态不同程度存在,给社会稳定、国家发展、个人幸福带来负面影响"[3]。避免心浮气躁、急功近利和偏激失衡,保持人与自身的和谐,需要人们养成自尊自信、理性平和的心态。自尊既不是依靠因高人一等而引起他人的嫉妒和艳羡获得的,自尊也不是依靠因屈从和迎合他人的意见而得到他人的认可换来的。无论是通过这两种方式中的哪一种获得的自尊都是把自己生存的意义交

---

[1] [法]卢梭:《论人类不平等的起源》,高修娟译,上海三联书店2009年版,第54页。
[2] [法]卢梭:《论人类不平等的起源》,高修娟译,上海三联书店2009年版,第78页。
[3] 王晶雄:《培育理性平和的社会心态》,《青年记者》2013年第24期。

给别人来评价，表面上看是为了自己，实际上是在为了别人活着，别人认为他幸福，他才感觉自己幸福，"他们的幸福和满足更多地来源于别人的评价，而不是根据自己的感受"。这两种赢得自尊的方式都是爱慕虚荣的表现。真正自尊的人宠辱不惊，在习俗偏见面前始终保持良心自由。《论语·雍也》中说颜回"一箪食，一瓢饮，在陋巷，人不堪其忧，回也不改其乐"，孔子称赞颜回"贤哉"。佩尔西乌斯说："我不畏避称赞，我没有铁石心肠；但若做好事的目的只是为博得赞扬，就是你连声叫好，我也却辞相让。"真正自尊的人不趋炎附势，不迎合不媚俗，挺直腰板和脊梁做人。针对文明社会中一味屈从于社会习俗偏见的现象，卢梭称赞高傲的野蛮人："宁愿在暴风雨中享自由，而不愿意在牢笼里图安逸。"当然这种比较的目的是高扬人的卓尔不群的独立人格和自由，而不是对离群索居生活的向往。人在与世隔绝的完全独立的情况下是不可能产生人格独立和自由的观念的，这种观念只有身处社会关系之中才有可能形成。在社会中，人只有自尊自信才能够始终保持乐观向上的精神状态，以饱满的热情投入工作和生活中去；能够以理性平和的心态看待事物，不怨天尤人，不抱怨牢骚，不急功近利，懂得用自己的劳动和智慧创造自己的生活和未来。

（二）人与人之间的和谐

人与人之间的和谐是由人的社会本质所决定的。现代性带来了民主政治的发展，它倡导自由平等，反对人身依附，因此现代性理念凸显了人的个体性存在。正如《后现代精神》的作者大卫·雷·格里芬所说，现代性的解释者都强调个人的中心地位，强调个人独立于他人的重要性，也就是反对使人成为他人的附庸。但是人不是抽象的存在，社会化在使人成为人——不是指生物学意义的人——的过程中发挥了重要作用。黑格尔指责启蒙主义的人性观太过个人主义化，它将人类自我等同于人的自然禀赋和需要，"这种抽象观念忽视或掏空了人类个体性内容，并因此产生了灾难性后果"。黑格尔认为社会在塑造人的人格中发挥了关键作用："我的人格是通过我接受的社会化构成的。并且,我的身份意识也是从我分有的社会角色中获得的。"① 马克思则指出,孤立的个人的观念是缺乏想象力的虚构,孤立的个人在社会之外进行生产,只可能发生在已经内在地具有社会力量的文明人身上,就像落到荒野孤岛上的鲁滨逊,人的本质在其现实性上是"一切社会关系的总和"。阿伦特引入"他人在场"的观念来说明人是一种社会动物,阿伦特认为,只有他人的在场才证明了我们的实在性,"因为他们看见了我所见的、听见了我所听的"②。"不在一个直接或间接地证明他人在场的世界里,就没有任何人的生活是可能的,甚至荒野隐士的生活也不可能。"③ 他人的在场性证明了我们的现实感依赖于公共领域的存在,公共领域使我们拥有共同的东西,因而把我们聚拢在一起,但同时又防止我们倾倒在彼此身上。也就是说公共领域把人的合群性与独立性有机统一起来,这就是马克思所说的人"只有在社会中才能独立"。

人为什么合群?卢梭认为,人们之所以放弃自然权利而进入社会,是因为个人在自然状态中不能自保,除非集合起来形成一种力量的总和,把个人置于强大的共同体的力量保护之下,没有别的办法。个人一旦进入社会,他的行为就被赋予了道德性:义务的呼声代替了生理的冲动,权利代替了嗜欲。个人不能再凭自己的本能做事,只知道关心一己之私利。《伦理学》的作者斯宾诺莎认为,从人是社会动物这个定义可以得出这样的结论:人与人的关系比人与物的关系更为重要,除了人之外,没有什么东西对人更为有益了。因此,有理性的人都应当去追求共同的善,人们为自己所追求的善,也应当愿意为他人去追求,否则人就无法在共同体中保持他的存在。"人要保持他的存在,最有价值之事,莫过于力求所有的人都和谐一致,使所有人的心灵与身体都好像是一个人的心灵与身体一样,人人都团结一致,尽

---

① [美] 伍德(Allen W. Wood):《黑格尔的伦理思想》,黄涛译,知识产权出版社 2016 年版,第 323 页。
② [美] 汉娜·阿伦特:《人的境况》,王寅丽译,上海人民出版社 2009 年版,第 33 页。
③ [美] 汉娜·阿伦特:《人的境况》,王寅丽译,上海人民出版社 2009 年版,第 14 页。

可能努力去保持他们的存在，人人都追求全体的公共福利。"① 从人的社会性出发，凡是能够使人们协调共处的东西就是对人最有益的东西，而引起人们之间相互对立和冲突的东西对人最有害。比起其他事物，人对人最为有益，这一见识也体现在鲍德里亚的思想中，鲍德里亚以这一思想批评消费社会中把丰裕仅仅理解为物质财富的生产和消费。鲍德里亚认为，现代工业社会并不存在真正的丰盛，因为现代社会把丰盛建立在物质财富之上，而仅有物质财富并不能满足人的"真正需要"，如果人的世界被物所围困，表面的物质丰裕并不能掩盖人的内心的贫乏。因为我们所拥有的物质财富在人际交往和比较中都会被相对化，正所谓天外有天，人外有人，当人们在人际交往的比较中感到自己所拥有的不如他人时，自尊心就会使人变得焦虑、不安和贪婪。这说明有限的东西无法满足人的无限需要，仅仅物质丰裕的社会并不能使人变得富足。真正的丰盛是建立在人与人之间的具体交流之中的，正如鲍德里亚在《消费社会》中所说，丰盛还是贫困不在于物质财富的多少，我们只有在人与人之间的关系中才能理解贫困和丰盛，"丰盛不是建立在财富之中的，而是建立在人与人之间的具体交流之中的。它是无限的，因为交流圈没有边际，哪怕是在有限数量的个体之中，交流圈每时每刻都增加着被交换物的价值"②。

从人的社会性出发，人与人之间的和谐要求我们反对道德相对主义，遵守共同的道德规范。

所谓道德相对主义就是认为道德判断和道德选择是纯主观的和情感性的事情，没有普遍性的客观依据。如果把道德判断和选择看作纯主观的事情，那么道德上的是非善恶就会因人而异，没有公认的客观尺度。

道德相对主义是个人主义价值观的逻辑产物。个人主义否认人的社会性，把个人看作没有任何社会规定性的抽象的存在，个体自我的

---

① [荷兰]斯宾诺莎：《伦理学》，贺麟译，商务印书馆1983年版，第184页。
② [法]让·鲍德里亚：《消费社会》，刘成富、全志钢译，南京大学出版社2014年版，第48—49页。

兴趣、愿望、目的和需要是既定的、独立于社会环境的，这种脱离了社会角色与联系的自我能够根据个人的好恶独立地选择自己的价值、目标和社会关系。个人主义反对外在的权威，个人的体验被赋予终极意义，其理由是：没有人比自己更了解自己需要什么，因此也无须别人告诉什么是自己真正所需要的，每个人都可以自由选择那种他想成为的人以及他所喜欢的生活方式。个人主义的箴言是：每个人都是他自身利益的最可靠的裁决者。个人主义把终极选择权交给个人，暗含了任何人都不能把自己的意志强加于人，因为每个人都拥有同等的判断是非的理性能力，你有你的幸福标准，我有我的幸福追求，它们都应该受到尊重，不能够在它们之间进行比较和论证。对于这种以自我为中心的个人主义所导致的相对主义，查尔斯·泰勒作了这样的概括："每个人都有发展他们自己的生活形式的权利，生活形式是基于他们自己对何为重要或有价值的理解。最后，每个人必须为自己确定自我实现取决于什么。人们被号召去真实地对待自己，去寻求他们自己的自我实现。任何别的人都不能或都不应该试图规定其内容。"[①]

既然是选择，就要有选择的标准和准绳，这个标准和准绳使人们能够在选择对象中作出高下之分，好坏之别，否则谈选择是没有意义的。如果没有高下、好坏之分，那么人们在需要作出选择的时候就会陷入困惑和迷茫，使人在实践活动中进退失据。相对主义否定存在判断高低好坏的价值标准，从而使个人的选择失去意义。查尔斯·泰勒认为："除非某些选择比别的更有意义，否则，自我选择这个观念就流于浅薄，并由此支离破碎。"如果不能在被选择对象中确定哪些更有价值和意义，只是因为你单纯作出了选择，就说自己进行了选择，并证明自己有选择自由，这种选择自由是没有意义的。有意义的选择要求预先存在一个有关重要性的视野，这个视野帮助我们定义哪些方面对自我选择是重要的，哪些事物是有价值的，哪些事物是无价值的。而什么事物有价值，什么事物无价值，并不是个人主观性的"我认为"和"我感觉"的问题；价值问题不是个人的私见，而是有社

[①] ［加］查尔斯·泰勒：《本真性的伦理》，程炼译，上海三联书店2012年版，第17页。

会标准的。因此，价值问题和重要性问题是在关系中形成的，"只有通过将自我的构成理解为关系性的，理解为对超越自我之共同背景的依赖，我们才能恰当地理解和实践个人自主性的理想"。①

相对主义否定存在绝对的合理的权威，从而使人们在重大的社会问题上难以达成共识。传统社会是一个整体主义社会，人们对群体有着强烈的归属感，人们考虑问题能够从整体利益出发，正如哈耶克所说，在部落式的小群体中，休戚与共与利他主义几乎成为人的本能反应，在这种情况下，共同体成员容易达成共识，非个人的道德权威在其中发挥着重要作用。而现代社会是一个个人本位的社会，摆脱人身依附的个人走向独立和自由。走出传统的身份社会的个人进入法理性的契约社会，也就是城市化过程中的人口从具有亲缘纽带的农村社区进入城市，亲缘纽带丧失。法理性的契约社会就是大众社会，大众社会由毫不相干——这里是指人们之间没有血缘和地缘纽带，风俗习惯也存在很大差异——的分立的个人组成，社会因此而缺乏群体认同感和归属感，人们往往以自我为中心，从个人的偏好出发来考虑问题，从而使客观的、非个人的道德权威对社会的整合作用受到影响。如果客观的道德权威不被普遍认同，不能有效发挥社会价值整合功能，那么社会的各种利益矛盾将无法得到有效解决，社会就不能和谐健康的发展。如果人们不能在是非、善恶等重大问题上达成广泛社会共识，人们不知道应当遵守什么样的道德规范，那么社会将变成一盘散沙，失去社会凝聚力。"任何一个社会都存在多种多样的价值观念和价值取向，要把全社会意志和力量凝聚起来，必须有一套与经济基础和政治制度相适应并能形成广泛社会共识的核心价值观。"②

从人的社会性出发，人与人之间的和谐要求人们在人际交往中要秉持主体间性的思维方式。

主体间性的思维方式是对主体性思维方式的克服和超越，它把

---

① ［加］查尔斯·泰勒：《本真性的伦理》，程炼译，上海三联书店2012年版，中文版导言第18页。
② 《习近平总书记系列重要讲话读本》，学习出版社、人民出版社2016年版，第189页。

第五章　培育文明健康的社会道德风尚的路径选择

主体与客体之间的不平等关系转换为主体与主体之间的平等关系。主体性思维方式把我之外的一切事物都作为对象性存在的客体，对象是为我而存在的，根据我的偏好和取舍来选择对待它们或他们的态度。在主体性思维方式下，主客体之间的关系是不平等的认识与被认识、支配与被支配的关系，主体倾向于把自己打造成毋庸置疑的权威形象。

在主体间性思维方式中，客体对象被当作主体一样来看待。虽然说主体间性思维方式依然是对象化思维方式，但是主体不再把对象看作外在于自己的被动的受体，而是如同自己一样具有主体能动性，因此不能把自己的意志强加于对象，要学会理解和尊重，要懂得合作与分享，从而同客体对象形成良性互动关系。这样，对象就不是"外在"于主体，而是与主体"共在"；所谓共在即世界是"我"与"他人"共同分有的世界，在这个有着共同的话语和意义图景的生活世界中，我与他人之间得以沟通、交流与合作。在主体间的沟通交流过程中，世界作为主体间共有的生活世界背景始终处于在场状态，正如海德格尔所说："由于这种共同性的在世之故，世界向来已经总是我和他人共同分有的世界。此在的世界是共同世界。'在之中'，就是与他人共同此在。他人的世界之内的自在存在就是共同此在。"① 共有的生活世界背景为主体之间相互的交流达到一定意义的共享提供了可能。也可以说共同的生活世界背景使人把自己看作复数性的存在，而不是单数性存在。把人看作复数性存在意味着单个的人是不能够生存的，他的存在离不开其他的人，他人的在场是世界实在性的保证，因此人不能完全独立和自由。以复数形式存在的人也就是具有社会性的人，社会性是人的内在的构成性，我们需要他人并不是出于功利目的，而是由人的存在方式所决定的。

主体间性思维方式要求人们超越私利的藩篱。人是"必须见证他之所是的那个东西"。我们从海德格尔这句话中可以得到这样的启示：

---

① ［德］海德格尔：《存在与时间》，陈嘉映、王庆节合译，生活·读书·新知三联书店1999年版，第138页。

在不同的存在视野下，我们所见证的"人之所是"是不同的。如果以自我为中心，我们所见证的"人之所是"将是狭隘和平庸的；如果超越自我的藩篱，我们所见证的"人之所是"将是坦荡和崇高的。世俗化道德对个人价值的极端推崇将不可避免地使人陷入漠视他人和社会存在的利己主义的泥潭，由于缺乏群体认同，这种标榜个人自我发展的主张毫无崇高性可言，因为它将"导致以自我为中心，以及随之而来的对那些更大的、自我之外的问题和事物的封闭和漠然……其后果就是生活的狭隘化和平庸化"。马克思指出，人是一种社会性存在，个人无法脱离社会而孤立地、抽象地存在，人是"只有在社会中才能独立的动物"。也就是说，人的个体性存在的价值和意义是在与"他者"的社会性交往中实现的，自由对个人而言意味着超越个人狭隘的眼界和私利的藩篱，在更宏大的社会存在视野下来见证自己的生命价值和意义。正如在马克思那里，自由就是崇高的代名词，"每个人的自由发展是所有人自由的条件"，换句话说，个人是通过他人的自我实现而达到自身的自我实现的。

从人的社会性出发，人与人之间的和谐要求人们在处理好个人与群体的关系时要坚持集体主义，反对个人主义。

现代社会凸显出人的个体性存在和价值，强调个人的权利、自由和尊严，这本无可厚非，然而对个人的极端推崇将不可避免地走向利己主义深渊。利己主义者"不关心别人的需要，也不尊重别人的尊严与完整性。他除了自己之外，便目空一切；他对一切人物事件的评判，皆以其对自己的利用价值为准，他根本没有爱的能力"。利己主义是利己观念的颓废，即利己的含义发展到与自私相等同。利己观念的颓废与市场经济的发展不无关系，市场经济的发展使人的自我理解日渐狭隘化，人们不再从"我是什么"的意义上来理解自我，而是从"我有什么""我占有什么""我值多少钱"的意义上来理解自我。拥有市场指向人格的人所关心的不是在运用力量过程中的自我实现，而是在售卖权利过程中是否成功。正如卢梭所说，社会的进步唤醒了利益却窒息了人道，我们可以把"人道"理解为使人之所以为人的道理。卢梭认为，只具有自然情感的人——只关心自己的人——还不能称为人，只有以社会情感克服了自然情感的人，才能称其为人，因此人只有首先成为公民，才能成为人。个人主义意义上的人是脱离了"人道"的人，是"完全蛰居于孤寂的自我心灵之中"的冷漠自私的人。

我们反对个人主义，但是也要反对从一个极端走向另一个极端。我们既要反对无视集体利益的个人本位主义，又要反对无视个人利益的集体本位主义。集体本位主义使个人成为集体的功能和附庸，成为集体的附庸意味着个人对集体形成了人身依附关系，不能独立作出判断和选择，个人利益无条件地服从集体利益。以部分和整体的关系来看集体本位主义，就是部分是为了整体而存在，但整体的存在并不是为了部分；在集体中追求自身利益就是自私的表现，集体主义的唯一替代物是利己主义："如果你不能为了整体牺牲自己的利益，那么你就是自私的。"① 换言之，集体本位主义把利己与利他完全对立起来，二者水火不相容，人要么利己，要么利他，没有中间道路；可以说集体本位主义道德是一种纯粹的道德。如果说个人本位主义使人专注于自我，那么整体本位主义则使人否定自我，失去自我观念。我们不能把否定自我或无视自我看作无私的源泉和表现，否定自我会使人产生卑微感，并催生出奴性人格，这种人格怎么会有责任和担当？正如马克思所说，否定自己的人只会感到不幸和折磨，只有逃离才会使其感到自在。真正的无私不是否定自己，而是忘我，这是出于理性的选择和责任。

成为集体的功能就是按照最符合整体运转的方式来安排个人，并使其按照固定方式发挥作用，就像车间机械上的齿轮一样。如果仅仅把个人作为集体的功能，个人的存在仅具有功能合理性，那么将会麻痹人的理性判断能力，因为既然一切都按照固定方式去做，就不用发挥自己的理性判断能力。如果不是把个人看作主体，而仅仅是整体的功能，那么"必定使普通的个人丧失思想、洞察力和责任心，以及必定把这些能力转让给指导理性化进程的个人"。当一个人只知道服从，

---

① ［英］卡尔·波普尔：《开放社会及其敌人》第1卷，陆衡等译，中国社会科学出版社1999年版，第200页。

没有学会独立作出判断和选择，必然会使其养成"等靠要"的依赖心理，做事缺乏主动性，追求安逸和逃避责任。

无论是个人本位主义，还是集体本位主义都没有看到个人与集体之间的内在统一性。个人离不开集体，这是因为人"不仅是一种合群的动物，而且是只有在社会中才能独立的动物"。独立不同于孤独，离开集体、缺乏集体归属感叫孤独，人是无法忍受孤独的，在社会之外生存的人不是野兽，就是神。人只有在群体中才能独立，只有在集体之中才能使自己找到归属感，为自己存在的意义和价值确定"定位坐标系"。个人本位主义的问题是否定人的社会性，并把社会共同体看作机械复合体，个人与社会共同体的关系是数学的加减关系，公共利益仅仅是个人利益的总和，因此公共利益可以理解为个人追求自身利益的不经意的结果，自私自利由此获得了道德上的合理性。集体也离不开个人，因为集体是由个人所组成，集体的存在和发展离不开个人的努力和贡献，在集体之中只有充分调动个人的积极性、主动性和创造性，才能促进集体事业的发展。但是集体不是一个简单的集合体，不是部分的简单相加，而是一个不可分割的有机整体。

马克思把集体区分为真正的集体和虚假的集体。真正的集体由作为"人"的个人构成，如果以身份的个人，例如只有成为某一阶级成员才能成为集体的成员，那么就可能把阶级成见带到集体中来，就可能会把阶级的特殊利益说成是集体的普遍利益，把少数人的意志说成是集体的意志，这是虚假的集体；在虚假的集体中，集体利益不具有普遍性。如果在集体中个人是身份的个人，那么个人就会因其身份而被消融在集体中，在实现集体利益的过程当中个人利益被忽视和抹杀。

真正的集体把个人利益与集体利益有机统一起来，集体尊重个人的权利和合理的利益诉求，为个人的聪明才智的发挥创造良好的环境；个人懂得离开了集体自身利益是得不到保障的，因此为了集体利益甘愿做出奉献和牺牲。

（三）人与自然关系的和谐

之所以提出人与自然和谐的问题，是因为现代性使人与自然的关系发生了深刻的变化。在传统社会,人与自然之间形成了一种相互依赖和相互服务的关系,因为农业生产方式依赖于动植物的生长、季节的更替以及气候的变化。"从新石器时代直到近代的开端,农业一直是人类的经济基础,而且这种农业基础有着一种道德涵义:饲养动物和培育植物总是包括着一种相互的服务,因为它们为人类而存在,所以人类也为它们而存在。"由于受认识水平的限制,人们尚未掌握动植物的生长规律和气候变化规律,在这种情况下,"人在应付自己对无法预言的自然事件之依赖性时所持有的最好态度,便是甘愿忍受牺牲。对他来说,否认自己也是一个被创造物这一观念,乃是不可想象的"。① 因此在农耕文明时代,人们处理与自然的关系遵循的是"天人合一"思想,在自然的与人为的比较中倾向于认为自然的东西优于人为的东西。中国道家思想崇尚自然:"人法地、地法天、天法道、道法自然。"所谓道法自然就是要顺应自然,按照自然规律做事。在道家眼中,自然为人类提供了无穷的智慧,道家中最高的善就是"水德"——"上善若水",水润万物而不与万物争;道家主张自然和谐,所谓"无为"就是反对人为干预。《增广昔时贤文》中说:有心栽花花不发,无心插柳柳成荫。用法国启蒙思想家卢梭的话说,就是出于自然的都是好的,一经人手就变坏了。

与农耕文明时代的"天人合一"思想形成鲜明对比,在工业文明时代,人们处理与自然的关系遵循的是对象化的思维方式和"人定胜天"的观念,把自然看作人类利用、改造和征服的对象。自近代工业革命以来,人类中心主义——以人类利益和价值作为评价和安排整个世界的根本尺度——使人与自然走向分裂和对抗。现代性意味着世界的祛魅,理性主义的现代化过程就是"解神秘化"过程,近代科学技术的发展在这种"解神秘化"过程中扮演了重要角色:科学揭开了自然的神秘面纱,自然不再是神灵们的王国,而是由僵死的、无生气的物体构成;理性主义的祛魅运动导致"大地颤动""诸神逃遁";在

---

① [德] 阿诺德·盖伦:《技术时代的人类心灵——工业社会的社会心理问题》,何兆武、何冰译,上海科技教育出版社2008年版,第89页。

社会道德风尚的现代性阐释

人类理性的法庭上,自然等待着人类的审判和裁决。在笛卡尔的预言中,对于自然界的帝国主义式的控制成为近代科学的特征,"科学已经禁锢和审讯了无机自然界的强大力量,而技术则宣判对它们处以强迫劳动"[①]。在培根那里,知识就是力量,知识已不仅仅是对自然的认知,而是一种改造和征服自然的力量;培根把自然比作一位性感的妇女,需要以强制手段迫使其脱离本身状态。现代性范式的一个重要特征就是对力量的崇拜,这种崇拜在生物学上的表达就是达尔文的进化论,即把"适者生存"的生存斗争看作生命的基本法则;其在社会学上的表达就是社会达尔文主义,社会达尔文主义崇尚适者生存的丛林法则,在残酷的竞争中,只有强者有资格生存下去;其在哲学上的表达就是尼采对强者和征服的渴望,在尼采的权力意志理论中,尼采把同情、谦卑、仁慈和友善称为奴隶的道德,认为这些价值观念只是对弱者有利,是弱者的计谋,它们将导致生命意志的衰朽和人的平庸。要想防止生命意志的解体和衰朽,必须抵制多愁善感的虚弱,在尼采看来,生命在本质上就是"对异己者和弱者的占用、伤害和征服,是各种不同形式的压制、施暴和强迫"。把这种思想运用到人与自然的关系上,必然导致人在自然面前以主人自居,这意味着在与自然界打交道时只有主人的姿态才是值得称许的。人们对自然界的认识和利用不存在伦理上的限制,只有技术上的限制,而技术上的限制也总是暂时的,随着时间的推移,这种限制将会消失。在这一点上人类理性始终抱有无限进步的乐观主义态度。技术弥补了人的生理限制,增强了人类利用和改造自然的力量,但是离开了伦理的限制,这种力量可能会产生破坏性结果,例如核能的开发和利用,既可能造福人类,也可能毁灭人类,核武器始终是悬在人类头上的达摩克利斯之剑。

当人以主人和支配者的姿态出现在自然面前,人与自然的和谐关系就被打破了,人与自然之间的矛盾和冲突也就开始了,人类征服自然的每一次胜利,都为自身的生存和发展带来麻烦和危机,正如黑格

---

① [德]阿诺德·盖伦:《技术时代的人类心灵——工业社会的社会心理问题》,何兆武、何冰译,上海科技教育出版社2008年版,第88页。

尔所说:"当人类欢呼对自然的胜利之时,也就是自然对人类惩罚的开始。"人类胜利的欢呼与自然对人类的报复循环往复,使我们终于认识到只有保持人与自然的和谐关系,才能避免这种恶性循环。人类来源于自然,人类的生存发展离不开自然,自然为人类的生存发展提供所需的物质资源,人类活动所产生的各种废弃物也需要自然来承载和消化。自然是人类生存之本、发展之基。"人与自然是生命共同体。生态环境没有替代品,用之不觉,失之难存。'天地与我并生,而万物与我为一。''天不言而四时行,地不语而百物生。'当人类合理利用、友好保护自然时,自然的回报常常是慷慨的;当人类无序开发、粗暴掠夺自然时,自然的惩罚必然是无情的。人类对大自然的伤害最终会伤及人类自身,这是无法抗拒的规律。"① 只有保持人与自然之间和谐共生的关系,人类社会才能实现可持续发展。我们要正确处理好人与自然的关系,树立尊重自然、顺应自然和保护自然的生态文明理念。我们要尊重自然,尊重自然的创造和存在,减少人为因素对自然生长的干预;要深刻认识到人类与自然是平等的,我们不是自然的奴隶,但也不要把人类自身当作自然的主人,更不能抱有所谓"人定胜天"的人类中心主义的天真与自负的观念;我们要清醒地认识到自然界是人类赖以生存的基本条件,人与自然是休戚与共的命运共同体。我们要顺应自然,顺应自然的客观规律,按自然规律办事,不要把我们的主观意愿凌驾于自然之上,自然不是一块可以按照我们的意愿任意裁剪和取舍的衬布。我们要保护自然,把人类活动控制在自然能够承载的限度之内,人在向自然界索取生存发展之需的同时,要呵护自然,回报自然,保护自然界的生态系统。习近平总书记指出:"要正确处理好经济发展同生态环境保护的关系,牢固树立保护生态环境就是保护生产力、改善生态环境就是发展生产力的理念。……决不以牺牲环境为代价去换取一时的经济增长。"② 海德格尔认为,"人不是存在者的主人。人是存在的看护者",人的高贵并不在于人是存在者的

---

① 《习近平谈治国理政》第 3 卷,外文出版社 2020 年版,第 360—361 页。
② 《习近平谈治国理政》,外文出版社 2014 年版,第 209 页。

主体,"以便作为存在的统治者让存在者之存在状态消融在那种被过于聒噪地赞扬了的'客体性'中"。在马克思那里,超越主客对立状态,就是从必然王国向自由王国的飞跃。在自由王国(共产主义社会)中,人与自然和谐共处,"人与自然之间的矛盾得到真正的解决"。"共产主义作为完成了的自然主义,等于人道主义,而作为完成了的人道主义,等于自然主义。"

四 埋头苦干、甘于奉献的道德风尚

虽然时代环境发生了变化,但是埋头苦干、无私奉献的精神并没有过时,在新时代,在踏上实现第二个百年奋斗目标,实现中华民族伟大复兴的征程中,仍需要大力弘扬埋头苦干、无私奉献的道德风尚。

习近平总书记指出:"社会主义是干出来的,就是靠着我们工人阶级的拼搏精神,埋头苦干、真抓实干,我们才能够实现一个又一个的伟大目标,取得一个又一个的丰硕成果。"从一穷二白到跻身世界第二大经济体,从温饱不足到小康富裕的伟大飞跃,从一辆汽车、一架飞机、一辆坦克、一辆拖拉机都不能造到成长为世界制造业强国。我国是世界唯一拥有联合国产业分类中全部工业门类的国家,包括汽车、电脑在内的220多种工业产品产量位居世界首位。社会主义建设所带来的翻天覆地的变化使科学社会主义在21世界的中国焕发出强大生机与活力,在世界上高高举起中国特色社会主义伟大旗帜。这些成就是中国共产党团结带领全国各族人民自力更生、埋头苦干、奋斗拼搏取得的。值得一提的是,我国社会主义脱胎于半殖民地半封建社会,人口多、底子薄,经济文化比较落后,社会主义建设起点低、起步晚;新中国成立后的一段时间里西方发达国家对我国进行封锁、禁运和遏制,使我国现代化建设得不到来自西方的资金和技术援助,我国社会主义建设的任务异常繁重艰巨。中国共产党坚持以马克思主义为指导,善于把远大目标、奋斗纲领同脚踏实地、埋头苦干紧密结合起来,"以自力更生、艰苦奋斗的实干精神开展建设,使国家在一穷二白的基础上持续走向繁荣富强;以'不争论''杀出一条血路'的

实干精神开创改革，开拓出中国特色社会主义的广阔前景"。历经革命、建设和改革，弘扬拼搏奋斗和实干奉献精神已经成为党和广大人民的广泛共识。邓小平说："我们改革开放的成功，不是靠本本，而是靠实践，靠实事求是。"针对改革开放中人们对姓社姓资的争议，邓小平指出不要作无谓的争论，所谓不争论就是不要空谈社会主义，空谈社会主义的优越性，建设社会主义要脚踏实地，具有真抓实干的务实作风。"深圳发展这么快，是靠实干干出来的"，"不干，半点马克思主义也没有"。习近平总书记反复强调不要空谈，要脚踏实地干好工作，"九层之台，起于累土。要把这个蓝图变为现实，必须不驰于空想、不骛于虚声，一步一个脚印，踏踏实实干好工作"。实现中华民族的伟大复兴，我们正在路上，还要进行具有许多新的历史特点的伟大斗争，来自国内外的各种风险挑战依然十分严峻。"行百里者半九十"，离奋斗目标越近，越不能精神懈怠，必须大力弘扬真抓实干、埋头苦干和甘于奉献的道德风尚。

弘扬埋头苦干、甘于奉献的精神就是把个人梦想与国家梦想紧密联系在一起。我们每个人的前途命运与民族和国家的前途命运都是密切相连、息息相关的，没有民族的独立和国家的富强，就不可能有人民的幸福安康。对那些战乱频仍而导致民众流离失所和难民危机的国家，对那些因贫穷落后而无力抗击疫情的国家来说，就连民众的生存都得不到保障，更遑论人民幸福。我们经常说赶上了好时代，如果没有国家的发展和社会的进步，我们怎么会成为时代的弄潮儿；国家和民族的进步发展给了我们每个人发挥自己聪明才智和创造力的机会和平台。正如习近平总书记所说："历史告诉我们，每个人的前途命运都与国家和民族的前途命运紧密相连。国家好、民族好，大家才会好。""中国梦是民族梦，也是每个中国人的梦。"可以说国家梦和民族梦是个人梦想的源泉和依托，这就要求我们把私人的"小我"融入公共的"大我"之中，把个人理想融入国家和民族的伟大梦想之中，勇于承担责任，甘于吃苦、乐于奉献。"牺牲奉献不仅是一种道德境界，更是一种精神力量。有了这样一种精神支撑，面对荣誉和喧嚣，就能战胜浅薄与浮躁；面对困境和挫折，就能战胜脆弱与消沉；面对平淡和安逸，就能战胜孤独与惰性。"①

弘扬埋头苦干、甘于奉献的精神就是要摒弃奢靡享乐风，树立劳动光荣的观念。马克思主义崇尚劳动，反对不劳而获和好逸恶劳。在马克思主义思想中，无论是其劳动价值论，还是人民史观，都对劳动和劳动人民在历史发展和社会进步中的作用给予高度评价：劳动创造价值，劳动人民创造历史，人民群众是社会物质财富和精神财富的创造者。离开了劳动和创造，人类不仅无法生存，也无法实现自由而全面的发展。马克思主义崇尚劳动，反对不劳而获，绝不仅仅是出于阶级立场问题，而是建立在科学的唯物主义认识论基础之上的。实践的观点是马克思主义哲学首要的基本观点，马克思指出："哲学家们只是用不同的方式解释世界，问题在于改变世界。"认识世界是为了改变世界，人类全部社会生活的本质在于实践，只有创造性的实践活动才能满足人们生存和发展的需要，使人们过上美好生活。劳动，是人类最基本的实践活动，奋斗就是积极的实践活动，人们只有在劳动中才能真正体会到劳动创造带来的属于自己的幸福。习近平总书记指出："幸福不是毛毛雨，幸福不是免费午餐，幸福不会从天而降，人世间的一切成就，一切幸福都源于劳动和创造。""全社会都要以辛勤劳动为荣、以好逸恶劳为耻"，"牢固树立劳动最光荣、劳动最崇高、劳动最伟大、劳动最美丽的观念，让全体人民进一步焕发劳动热情、释放创造潜能，通过劳动创造更加美好的生活"。②

第三节　培育文明健康社会道德风尚的路径选择

一　以核心价值观引领社会风尚

要加强社会主义核心价值体系建设，积极培育和践行社会主义核

---

① 丁晓兵：《以牺牲奉献精神涵养道德底蕴》，《解放军报》2007年6月1日。
② 习近平：《在同全国劳动模范代表座谈时的讲话》，《人民日报》2013年4月28日第2版。

心价值观，全面提高公民道德素质，培育知荣辱、讲正气、作奉献、促和谐的良好风尚。

（一）核心价值观的内涵

在这里，价值不是经济学中可以用社会必要劳动时间来衡量的凝结着一般人类劳动的价值，这种价值是可以用货币来衡量的，凡是能够被衡量和交换的东西都是有限的和相对的。而有限的和相对的东西容易贬损，它只能满足人的形而下的具体的物质性的需要，这种需要取决于人自身的偏好和取舍，例如我喜欢喝咖啡而不喜欢喝绿茶。我们这里所说的价值属于道德哲学中的应然判断，它的基本表达形式是"你应该怎样"，它告诉我们什么是正确的，什么是错误的，什么是值得我们向往和追求的，什么是我们应当反对和摒弃的。这种价值判断不但不取决于我们个人的喜好和取舍，而且是我们在处理人与人之间以及人与社会关系时借以进行判断和选择的标准和尺度。这种价值标准和尺度不取决于我们的特殊的偏好——众意不等于公意，因而其具有普遍适用性，我们每个人都应当遵循。核心价值观是一个国家中能够有效整合社会意识、维系社会系统正常运转的具有强大生命力、凝聚力和感召力的主导价值观念，核心价值观的强大的生命力、凝聚力和感召力来源于其深厚的文化底蕴，它立足于优秀的文化传统，来源于其对时代发展的准确把握，它具有鲜明的时代特征。核心价值观集中反映了一个社会所崇尚和倡导的理想信念、道德准则和精神风貌，因此它既是一种"大德"——国家的德、社会的德，也是个人的德。

习近平总书记用"维系""承载""体现"三个动词深刻地阐述了核心价值观的内涵。"核心价值观是一个民族赖以维系的精神纽带，是一个国家共同的思想道德基础。""核心价值观，承载着一个民族、一个国家的精神追求，体现着一个社会评判是非曲直的价值标准。"也就是说核心价值观反映了各族人民共同的价值追求，核心价值观是一个民族凝聚力和创造力的源泉，一个民族之所以不断发展壮大、生生不息，是因为这个民族具有强大的凝聚力和创造力，这种凝聚力和创造力的源泉就是人们有着共同的理想信念和价值追求。核心价值观是一个社会健康有序运转的基石，一个社会之所以能够持续健康协调发展，是因为人们有着共同遵循的价值规范，从而使人们能够把个人利益和集体利益、自我价值实现和社会价值有机统一起来。任何一个社会都存在多种多样的价值观念和价值取向，要把全社会意志和力量凝聚起来，必须有一套与经济基础和政治制度相适应并能形成广泛社会共识的核心价值观，"如果一个人社会没有共同理想，没有共同目标，没有共同价值观，整天乱哄哄的，那就什么事也办不成"①。社会主义核心价值观则是凝聚不同社会认知的最大公约数，社会主义核心价值观在国家、社会和个人层面为人们进行价值选择和行动提供了一个清晰明确的价值依据。"培育和弘扬核心价值观，有效整合社会意识，是社会系统得以正常运转、社会秩序得以有效维护的重要途径，也是国家治理体系和治理能力的重要方面。历史和现实都表明，构建具有强大感召力的核心价值观，关系社会和谐稳定，关系国家长治久安。"②

那么在我国，中华民族的精神纽带和精神追求，评判社会是非曲直的价值标准是什么呢？就是社会主义核心价值观，社会主义核心价值观集中体现了社会主义的本质要求，社会主义核心价值观是社会主义核心价值体系的内核，是对社会主义核心价值体系的高度凝练和集中表达。党的十八大报告明确指出，倡导富强、民主、文明、和谐，倡导自由、平等、公正、法治，倡导爱国、敬业、诚信、友善，积极培育和践行社会主义核心价值观。中共中央办公厅印发的《关于培育和践行社会主义核心价值观的意见》明确指出："富强、民主、文明、和谐是国家层面的价值目标，自由、平等、公正、法治是社会层面的价值取向，爱国、敬业、诚信、友善是公民个人层面的价值准则，这24个字是社会主义核心价值观的基本内容，为培育和践行社会主义核心价值观提供了基本遵循。"

（二）国家层面的价值目标

富强、民主、文明、和谐，是国家层面的价值目标。富强是社会

---

① 《习近平谈治国理政》第2卷，外文出版社2017年版，第335页。
② 《习近平谈治国理政》，外文出版社2014年版，第163页。

第五章　培育文明健康的社会道德风尚的路径选择

主义现代化强国建设在经济方面的目标，是中华民族梦寐以求的美好夙愿，也是国家繁荣昌盛、人民幸福安康的物质基础。从新中国成立之初的"一穷二白"到新中国成立一百周年把我国建设成为经济上繁荣富强的现代化强国，充分体现了社会主义制度的优越性。富是强的基础，强是富的保障，落后就要挨打，没有以经济为基础的强大的综合国力，中华民族就不可能以昂扬的姿态屹立于世界民族之林；今日的中国携世界第二大经济体的雄风，以昂扬的姿态走向世界舞台的中央，为人类作出更大的贡献。"惟创新者进，惟创新者强，惟创新者胜"，只有不断地与时俱进，开拓创新，建设创新型国家，提高国家的核心竞争力，才能保持国民经济的强劲发展势头，在实现中华民族伟大复兴的道路上迈出更加坚实的步伐。民主是我国现代化强国建设在政治方面的目标，我国是人民当家作主的社会主义国家，民主是社会主义的生命，没有民主就没有社会主义，就没有社会主义现代化。自古希腊就出现了民主的观念和实践，但是只有到了社会主义社会，广大人民才享有广泛而真实的民主权利；在我国，社会主义民主具体而生动地体现在人民当家作主的全过程，人民依法有序参与民主选举、民主协商、民主决策、民主管理和民主监督。中国共产党始终坚持以人民为中心的发展思想，秉持立党为公、执政为民，全心全意为人民服务的宗旨，广大人民群众的政治、经济和文化权益得到了充分的尊重和保障。文明是我国社会主义现代化强国建设在文化方面的目标，真正现代化的国家不但要经济上富庶，还要精神上富足，既要有发达的经济硬实力，也要有强大的文化软实力，因此必须加强文化建设。文化是一个民族的灵魂，是民族凝聚力和创造力的重要源泉；文化是人的精神家园，丰富精神文化生活越来越成为我国人民的热切期盼。当今世界综合国力竞争中文化软实力的地位日益凸显，强大的文化软实力体现在有发达的文化事业和文化产业，有强大的意识形态感召力、吸引力和影响力，人民有高度的科学文化素质和思想道德素质，社会道德风尚积极健康向上。和谐是我国现代化强国建设在社会方面的目标，和谐的社会是人与人、人与社会之间协调统一、和谐发展的社会，社会既充满活力又组织有序，共享发展得到全面落实，社会公平正义日益凸显，人民有更稳定的工作，更可靠的保障和更满意的收入，社会安定有序，人民安居乐业。

把我国建设成为富强、民主、文明、和谐、美丽的社会主义现代化强国，这是我国各族人民的共同理想。这一共同理想是激励全国各族人民团结一致，战胜前进道路上的各种艰难险阻的强大精神武器。没有共同理想追求的民族不但是一个没有发展前途的民族，而且还会在挑战面前无所适从，变成一盘散沙。习近平总书记在庆祝改革开放40周年大会上的讲话中指出："信仰、信念、信心，任何时候都至关重要。小到一个人、一个集体，大到一个政党、一个民族、一个国家，只要有信仰、信念、信心，就会愈挫愈奋、愈战愈勇，否则就会不战自败、不打自垮。无论过去、现在还是将来，对马克思主义的信仰，对中国特色社会主义的信念，对实现中华民族伟大复兴中国梦的信心，都是指引和支撑中国人民站起来、富起来、强起来的强大精神力量。"富强、民主、文明、和谐之所以成为全国各族人民的共同理想，是因为它们体现了我国的社会制度体系是一个共享的公平体系。社会主义不是穷，而是富，社会主义是人民当家作主的国家，社会主义发展的人民性决定了这种富不是少数人的富，而是由人民共享的共同富裕。这种共享的社会体系是一种公平的体系，在这种体系下，人们必然会产生获得感、公平感和责任感，从而使人们能够把自我实现和社会奉献有机结合起来；一个被边缘化、被抛弃、失去自我的人是不会产生什么社会责任感的，只有一个在创造性社会条件下实现自我的人，才会把自我实现与社会价值有机统一起来。习近平总书记指出："我们的方向就是让每个人获得发展自我和奉献社会的机会，共同享有人生出彩的机会，共同享有梦想成真的机会，保证人民平等参与、平等发展权利，维护社会公平正义，使发展成果更多更公平惠及全体人民，朝着共同富裕方向稳步前进。"①

---

① 习近平：《在中法建交五十周年纪念大会上的讲话》，《人民日报》2014年3月29日第2版。

（三）社会层面的价值取向

自由、平等、公正、法治，是社会层面的价值取向。自由、平等、公正、法治是一个成熟的现代社会的标志，如果说前现代的传统社会是一个封建的、专制的、身份等级的人治社会，那么现代社会则是一个自由的、平等的、契约平权的法治社会。从传统到现代的转变，以英国法律史学家梅因的话来说，就是从身份向契约的运动，契约关系是一种平权关系，是建立在自由合意基础之上的。从传统到现代的转变，以马克思的话来说，就是从人对人的人身依赖向以物的依赖性为基础的人的独立性的转变。同样是现代社会，西方资本主义对自由、平等、公正、法治的理解不同于社会主义，在人与自然的关系上，自由是指人类中心主义意义上的自由，人类中心主义把人视为万物的尺度，从人类利益出发评价和安排整个世界；这种自由把自然看作没有内在价值的工具和材料，人类有绝对支配和处置自然的权利。在人与社会的关系上，自由指的是抽象的个人主义意义上的自由，它否定人的社会构成性，强调个人利益和个人权利的至上性。这种个人主义式的自由将不可避免地孕育出自私自利思想，"从自由人的骄傲自负变为一种封闭的自私思想，最大限度地发展个人自由，而不考虑对他人承担义务，这种自私思想已成为一种目标"[1]。在个人主义文化和社会背景下，人们以自我为中心，只想享有权利，不愿履行义务，生活中人们很少关心他人及社会；在这种原子化的社会中，只有利益能够把分立的个人暂时联系在一起，正是基于这个原因，马克思说资本主义社会人与人之间的关系是赤裸裸的金钱关系。

在人与自然的关系上，我们所理解的自由并不是西方那种"人为自然立法"的人类中心主义的自由，"自由不在于幻想中摆脱自然规律而独立，而在于认识这些规律，从而能够有计划地使自然规律为一定的目的服务"，也就是说，自由是建立在对必然性认识的基础上的，人要获得自由就必须摆脱任性，认识和遵从必然规律。在人与社会的

---

[1] ［美］弗朗西斯·福山：《大分裂：人类本性与社会秩序的重建》，刘榜离等译，中国社会科学出版社2002年版，第54页。

关系上，我们所理解的自由并不是西方那种把个人拽向自身的自我中心主义的自由，这种自由假设个人脱离了特定的社会角色与联系，能够根据个人好恶自主决定和选择自己的目标、价值和社会关系。马克思说，人是社会动物，而且人只有在社会中才能独立，"只有在共同体中，个人才能获得全面发展其才能的手段，也就是说，只有在共同体中才可能有个人自由"[①]。如果我们把自由理解为免于强制，那么在共同体中，免于强制的自由不是无拘无束，更不是肆意妄为，而是自律。希腊先哲毕达哥拉斯说过，不能约束自己的人不能称为自由的人。自律的人就是对社会公序良俗心存敬畏的人，就是能够在任何情形下坚守自己做人的道德底线的人。正如《唤醒敬畏》的作者施奈德所说，"赏识、面对、负责任和信仰，这些就是充满敬畏的生活特征，按克尔恺郭尔的观点，是我们人类所能达到的最佳状态"[②]。如果我们把自由理解为选择自由，那么选择自由不是那种凭借个人的好恶所进行的选择，因为这将导致人们目光短浅、心胸狭窄，丧失对他人和社会的应有关怀。在共同体中，选择自由意味着对他人和社会的责任。萨特认为，当我们说人要对自己负责时，并不是指仅仅对自己负责，而是对所有人都要负责。我们成为什么样的人是我们选择的结果，选择成为什么样的人的行动就是塑造一个他认为自己应当如此的人的形象，这个应当如此的人的形象，在萨特看来就是大家都认为是更好的形象，这个形象是对所有人以及我们所处的时代都是适用的形象。也就是说，在塑造社会公序良俗所需要的人的道德形象的过程中，每个人都有责任。这就是为什么萨特会说"人在为自己作出选择时，也为所有的人作出选择"的原因。没有平等就没有自由，建立在等级差别基础之上的传统社会是一个人对人人身依赖的社会，人们没有自由可言，而摆脱了人身依附的现代社会是一个契约社会，契约社会是一个自由的社会，正如黑格尔所说，导致人去缔结契约的是自在的理性，即自由人格的实在定在的理念。《民主新论》作者乔·萨托利把平等

[①] 《马克思恩格斯选集》第 1 卷，人民出版社 1995 年版，第 119 页。
[②] ［美］科克 J. 施奈德：《唤醒敬畏》，杨韶刚译，机械工业出版社 2016 年版，第 22 页。

分为四种形式：使每个人都有相同的法律和政治权力的"法律—政治平等"；使每个人都有相同的社会尊严的"社会平等"；使每个人都有相同的进取机会和发展潜力的"机会平等"；不给任何人以任何经济权力的经济平等，也就是结果相同。西方自由主义思想认可的平等主要是形式平等，所谓形式平等即以同一标准对待不同的人，哈耶克认为："只有法律和行为的一般准则的平等才能导向自由；我们只有在确保这种平等时，才不致伤害自由。自由不仅与任何其他种类的平等毫无关系，而且还必定会在许多方面造成不平等。"[①] 形式平等，被马克思称为"资产阶级法权"，形式平等只是给予人们平等竞争的机会和权利，形式平等不考虑获得平等机会的人们之间事实上是否平等，它也不考虑结果上是否平等。主张对所有人一视同仁，不是因为人们在事实上是平等的，也不是为了企图造成一种平等的结果。哈耶克认为，结果平等是以控制所有人进行选择和活动的外部条件为前提的，也就是说只有在集权社会才会出现结果平等，而这就扼杀了人的自由；西方自由主义是把自由放在平等的前面，这导致其只认可形式平等。西方自由主义之所以只认可形式平等，完全是出于效率考虑，迷信"看不见的手"的作用，认为只有自由竞争才能充分发挥市场在资源配置上的高效率，反对政府为了公平而干涉私人经济活动，认为政府的积极作为将破坏公平竞争。

社会不能仅仅停留在形式平等这个维度上，只有形式平等的社会不是一个真正平等的社会，应当将形式平等与实质平等有机统一起来。作为与形式平等相对应的范畴，实质平等是结果上的平等，形式平等注重政治上的权利平等，而实质平等强调的是经济上的财富和收入平等。如果说形式平等是按照同一规则对待强者和弱者，那么实质平等则是给予弱者以更多的关怀，关怀弱者是文明社会的标志。"实质平等，从一般意义上讲，主要指为了在一定程度上纠正由于保障形式上的平等所致的事实上的不平等，依据各个人的不同属性分别采取

[①] [英] 弗里德里希·奥古斯特·哈耶克：《自由宪章》，杨玉生、冯兴元、陈茅等译，中国社会科学出版社1999年版，第125页。

不同的方式，对作为各个人的人格之形成和发展所必需的前提条件进行实质意义上的平等保障的原理。"① 经济基础决定上层建筑，经济上的平等是政治上平等的基础和保障，离开经济上的平等，政治上的平等就会沦为空谈。追求实质平等是社会主义的题中应有之义，我国是人民当家作主的社会主义国家，共同富裕是社会主义的本质要求，是社会主义与资本主义的本质区别，资本主义生产的目的是为少数人的利益服务。邓小平指出："社会主义的目的就是要全国人民共同富裕，不是两极分化。如果我们的政策导致两极分化，我们就失败了；如果产生了什么新的资产阶级，那我们就真是走了邪路了。我们提倡一部分地区先富裕起来，是为了激励和带动其他地区也富裕起来……总之，一个公有制占主体，一个共同富裕，这是我们所必须坚持的社会主义的根本原则。"② 习近平总书记指出："共同富裕是社会主义的本质要求，是中国式现代化的重要特征。我们说的共同富裕是全体人民共同富裕，是人民群众物质生活和精神生活都富裕，不是少数人的富裕，也不是整齐划一的平均主义。"③ 实现共同富裕就要"使改革发展成果更多更公平惠及全体人民"，充分尊重和保障广大人民的政治、经济和文化权益。党的十八大提出"逐步建立以权利公平、机会公平、规则公平为主要内容的社会公平保障体系"，党的十八届四中全会进一步提出要"强化规则意识"，"加快完善体现权利公平、机会公平、规则公平的法律制度"。所谓机会公平是指人们生存发展的机会都是平等的，不因身份、地位、职业、民族、性别等而有差别；所谓权利公平是指人们的基本权利不能因为身份、地位、财富、职业等的不同而被区别对待；所谓规则公平是指人们在程序规则面前是平等的，规则不能因人而异，因事而异，否则将会导致人们不遵守规则，甚至可能会想尽一切办法去改变规则以便对自己有利。

自由、平等、公正是法治社会的价值目标和追求，法治是自由、

---

① 陈霞明：《论实质平等》，《江西社会科学》2007年第4期。
② 《邓小平文选》第3卷，人民出版社1993年版，第110—111页。
③ 《习近平主持召开中央财经委员会第十次会议强调在高质量发展中促进共同富裕 统筹做好重大金融风险防范化解工作》，《人民日报》2021年8月18日第1版。

平等、公正的制度保障。没有法律，就没有自由，自由是法律之下的自由。法治是通过两个途径保障和实现公民自由的，一方面是限制政府权力，政府权力来源于人民的权利，是人民权利的让渡，政府的权力越大，人民的权利就越小；政府权力掌握资源，控制暴力机器，权力越集中越容易给人性的弱点以极大的诱惑，从人类历史看，权力既可以用来为人民谋利益，也可能被滥用来谋取私利。阿克顿说："权力导致腐败，绝对权力导致绝对腐败。"列宁指出："不受制约的权力，必然导致不受节制的堕落。"现代文明在政治领域的伟大成就之一就是创造了法治这一驯化权力的制度，政府权力被严格限制在法律的范围内，使其得以规范运行，"这样，一方面使人民可以知道他们的责任并在法律范围内得到安全和保障，另一方面，也使统治者被限制在他们的适当范围之内，不致为他们所拥有的权利所诱惑，利用他们本来不熟悉的或不愿承认的手段来行使权力，以达到上述目的"①。习近平总书记指出："要加强对权力运行的制约和监督，把权力关进制度的笼子里，形成不敢腐的惩戒机制、不能腐的防范机制、不易腐的保障机制。……任何人都没有法律之外的绝对权力，任何人行使权力都必须为人民服务、对人民负责并自觉接受人民监督。"②

另一方面，法治为公民自由创造了平等的制度环境和条件，法治反对特权，强调法律面前人人平等。在法治社会，任何组织和个人都没有超越于宪法法律之上的特权，都必须尊重宪法法律的权威，都必须在宪法法律范围内活动，都必须依照宪法法律行使权利。法律是对人的"身份"的否定，它所面对的是"抽象"的人，即被抽掉了造成人们之间差别的东西；在法律面前，没有高低贵贱之分，法律并不会因为特殊情况而有出入。也就是说，法律的对象是普遍性的，法律平等地适用于所有人，它不考虑个别的人以及个别的行为。坚持法律面前人人平等，要坚持法治、反对人治，反对权大于法；作为公权力

---

① ［英］洛克：《政府论》（下篇），叶启芳、瞿菊农译，商务印书馆1964年版，第86页。

② 《习近平谈治国理政》，外文出版社2014年版，第388页。

社会道德风尚的现代性阐释

的行使者，为官者尤其要带头遵守法律、敬畏法律，严格依照法定权限、规则、程序行使权力、履行职责。习近平总书记指出："行政机关是实施法律法规的重要主体，要带头严格执法，维护公共利益、人民权益和社会秩序。各级领导机关和领导干部要提高运用法治思维和法治方式的能力，努力以法治凝聚改革共识、规范发展行为、促进矛盾化解、保障社会和谐。"[1]

维护和实现公平正义是法治的宗旨和灵魂，我们党高度重视社会公平正义，习近平总书记指出追求公平正义是由我们党的宗旨决定的："公正是法治的生命线。公平正义是我们党追求的一个非常崇高的价值，全心全意为人民服务的宗旨决定了我们必须追求公平正义，保护人民权益、伸张正义。"[2] 全面依法治国，必须紧紧围绕保障和促进社会公平正义来进行，把公平正义贯穿到立法、执法、司法、守法的全过程。

在立法上，立法要充分体现人民的意志。卢梭认为，法律之所以是公正的，是因为它"结合了意志的普遍性"，这里的意志是指公共意志，人民的意志。公意不是作为单纯的集合体意义上的个人意志的总和，而是作为有机统一体意义上的人民的意志，前者是倾向于特殊利益的众意，后者永远以公共利益为依归，亚里士多德说，"正义以公共利益为依归"，以公共利益为目的的公意就是公正的代名词。公意的普遍性保证了体现公意的法律的对象的普遍性，它不倾向于个别的目标，不考虑个别的行为，法律真正体现了人民的利益，反映了人们的愿望。

在执法上，执法要严格。执法环节的公正性要做到一个"严"，执法标准要严格，要严格按照法律规定和程序执法，不能因私废公。执法态度要严格，执法者首先要守法、敬法，对法律心存敬畏；执法者要秉公执法，做社会公平正义的守护者和维护者，要杜绝权力、人

---

[1] 《习近平谈治国理政》，外文出版社2014年版，第145页。
[2] 中共中央文献研究室编：《习近平关于全面依法治国论述摘编》，中央文献出版社2015年版，第38页。

情、关系等因素对执法的干扰和破坏。如果执法不严，法律的权威性就难以树立起来，人们就不会敬畏法律。当法律失去权威性，人们做事就不懂规矩，也不会守规矩，各种与个人努力无关的因素——关系、背景、人情和权力等，就会影响和左右人们的选择。

在司法上，司法要公正。公平正义是法治的生命线，司法是维护社会公平正义的最后一道屏障，离开了公正，司法就失去了灵魂。弗兰西斯·培根认为："一次不公正的裁判，其恶果甚至超过十次犯罪。因为犯罪虽是冒犯法律——好比污染了水流，而不公正的审判，则毁坏法律——好比污染了水源。"[①] 习近平总书记强调指出，司法是维护社会公平正义的最后一道防线，只有"努力让人民群众在每一起案件中都能感受到公平正义"，才能增强司法的公信力，使人民群众相信法律和司法。"我们要通过不懈努力，在全社会牢固树立宪法和法律的权威，让广大人民群众充分相信法律、自觉运用法律，使广大人民群众认识到宪法不仅是全体公民必须遵循的行为规范，而且是保障公民权利的法律武器。"[②] 近年来，为了促进司法公正，我们的党和政府深入推进司法体制综合配套改革，依法纠正了一大批重大冤案错案，并开展了对政法队伍的教育整顿活动，人民群众的公平感、安全感、幸福感显著提升。

在守法上，要自觉服从和维护法制权威，做遵纪守法的好公民。对法制的权威，我们可以用这样一个形象的说法：在专治社会，国王就是法律；在法治社会，法律就是国王。自觉服从法制的权威，是因为法制的权威为民众所认可，权威在为民认可中得到服从，法制的权威之所以为民认可是因为法制的权威建立在良法善治基础之上。良法善治充分体现人民至上的价值理念，习近平总书记强调，全面依法治国的目的就是依法保障人民权益，实现好、维护好、发展好最广大人民的根本利益。只有把"体现人民利益、反映人民愿望、维护人民权

---

① ［英］弗兰西斯·培根：《人生论》，何新译，陕西师范大学出版社2009年版，第157页。
② 《习近平谈治国理政》，外文出版社2014年版，第141页。

益、增进人民福祉落实到全面依法治国各领域全过程",维护社会公平正义,才能实现良法善治的价值目标。自觉维护法制的权威,表明民众对法律制度具有崇敬之心,因而遵守法律变成自觉行动;自觉维护法制的权威,表明民众具有公共理性精神。公共理性不同于个人理性,它是公民在参与公共事务过程中所表现出来的对价值共识的认同和对公共善的追求。"所谓公共理性,就是指各行动主体以公正的理念,自由而平等的身份,在社会这样一个持久存在的合作体系之中,对公共事务进行充分合作,以产生公正的、可预期共治效果的能力。"[1] 践行公共理性精神,内在要求公民以公共的视野来思考问题,即我们参与公共事务时要超越个人私利的藩篱。胡塞尔的"悬搁"理论和罗尔斯的"无知之幕"理论为我们理解公共理性精神提供了重要的理论视域。公平正义要求立法者、执法者与广大公民都要客观公正地看问题,秉持公道,超越私利的藩篱。人们习惯于戴着有色眼镜看问题,或者说人们往往把自己的偏见和特殊利益带到对事物的理解中去。正如歌德所说,人头脑中的思维定式和知识图像影响了他客观公正地看问题,"我们见到的只是我们想知道的"。为了清除人头脑中固有的偏见,防止人们按照自己的偏好看问题,胡塞尔的先验还原理论提出了"悬搁"这一概念。"'悬搁'意味着为我们关于世界实在性的全部信念加上括号或者使它们失去作用。"这样事物才能以其本来的面目显现,而不是以我们看待它们的方式显现出来。[2] 在罗尔斯那里,"无知之幕"相当于"悬搁"的作用,无知之幕对人们在进行选择时所能利用的信息进行了过滤和限制,在无知之幕遮蔽下,人们忘却了会影响自己作出选择的身份信息和知识。在无知之幕下的自我不是"自私的"自我,而是"普遍的"人类自我。"假如我们关于自己所知的一切被放到一边,然后再被要求为我们必须确实身处其中的社会进行协商,那么我们就不会冒险把特权赋予那些拥有财富、权力、

---

[1] 黄建洪、施雪华:《论公共理性精神》,《山西大学学报》2011年第5期。
[2] [英]A. D. 史密斯:《胡塞尔与〈笛卡尔式的沉思〉》,赵玉兰译,广西师范大学出版社2007年版,第31页。

美丽、智慧和人脉的人,因为万一摘下幕布我们发现自己贫穷、弱势、丑陋、愚钝且无依无靠,结果协商出的却是一个对自己非常不利的社会。"[1] 当然在现实生活中是没有这种无知之幕的,但是我们在制度设计上要体现去身份化原则,只有去身份化,才能去除人们在社会中的排他性的优越感,并为了维持这种优越感而形成特殊利益集团,特殊利益集团会利用自身的优势地位和掌握的资源左右和影响公共决策,破坏社会的公平正义的实现。

(四)个人层面的价值准则

爱国、敬业、诚信、友善,是公民个人层面的价值准则。爱国是调节个人与祖国关系的行为准则,它要求人们以振兴中华为己任,促进民族团结、维护祖国统一、自觉报效祖国。习近平总书记指出,在社会主义核心价值观中,最深层、最根本、最永恒的是爱国主义。在我国,爱国主义是民族精神的核心,它表现为对祖国的深深的眷恋,对国家兴旺发达的坚定的信心,"爱国主义始终是把中华民族坚强团结在一起的精神力量",爱国主义"始终是激励我国各族人民自强不息的强大力量"。当代中国爱国主义的鲜明主题是实现中华民族伟大复兴的中国梦,"要大力弘扬伟大爱国主义精神,大力弘扬以改革创新为核心的时代精神,为实现中华民族伟大复兴的中国梦提供共同精神支柱和强大精神动力"。树立爱国主义精神要求我们涵养家国情怀,家国情怀是中国人的群体生命观的生动体现,个体的生命与群体的生命紧密相连,薪火相承,家庭的前途命运同国家和民族的前途命运紧密相连,国家好,民族好,家庭才能好。2018年习近平总书记在北京大学师生座谈会上的讲话中说:"爱国,不能停留在口头上,而是要把自己的理想同祖国的前途、把自己的人生同民族的命运紧密联系在一起,扎根人民,奉献国家。"树立爱国主义精神要求我们要有民族自尊心和自豪感。没有民族自尊心就不可能在世界上赢得别人的尊重,有强烈自尊心的民族是一个自立自强,在富民强国的道路上勇于

---

[1] [美]唐纳德·帕尔玛:《伦理学导论》,黄少婷译,上海社会科学院出版社2011年版,第285—286页。

迎接各种挑战和困难，始终不懈奋斗的民族。民族自豪感是民族自信心的来源。作为中国人，为我们拥有五千年悠久的历史和辉煌灿烂的文明而自豪，为我们能够在逆境中崛起，跻身于世界强国之列而自豪，今天的中国以更加自信和昂扬的姿态走向世界舞台中央，为人类文明作出更大贡献。

敬业。爱国绝不是一句空泛的口号，在现实生活中，爱国就是立足自己的岗位，把自己的工作当作一项事业，坚守自己的职责，认真干好每一项工作，不畏艰难险阻，不计较个人得失。在市场经济大潮和利益诱惑面前，如果我们抱着交易倾向，仅仅把工作当作发家致富的手段，那么工作对我们来说就没有任何重要性和严肃性可言，也不可能产生敬畏心和责任感。"工作的唯一意义就在于拿薪水，而不在于任何与工作本身或产品相关的事情。工作似乎是件不自然的事情，是令人不快的、毫无意义和价值的获得薪水的条件，工作本身并无尊严和重要性可言。"① 因此有敬业精神的人把工作当作实现人生意义而奉献其中的一项事业，劳动对他们来说不是一种负担，而是一种快乐和幸福。实现中华民族伟大复兴是近代以来中国各族人民的伟大梦想，国家梦和个人梦是紧密相连、息息相通的；只有国家富强了、民族振兴了，我们每个人才有发展前途和未来，才能梦想成真，才会有人生出彩的机会。把我们个人的命运与国家和民族的命运紧紧联系在一起，内在地要求我们心系国家，在我们各自的工作岗位中发扬爱岗敬业的奉献精神，求真务实，老老实实做人，踏踏实实做事。

诚信。诚信可以理解为因诚而信，一个人因为真诚而获得他人的信任，一个人因为信守承诺而赢得他人尊重。诚信在现代社会为什么这么重要？不同于传统的熟人社会，现代社会是陌生人社会，"我们不断地与之不同程度互动的，是那些我们或者知之甚少或者从未见过的人，而这种互动所采取的是转瞬即逝的交往形式。在现代社会活动数不清的背景中，构成日常生活的种种彼此相遇的，是被霍夫曼称之

---

① ［美］艾里希·弗洛姆：《健全的社会》，孙恺祥译，上海译文出版社 2011 年版，第 149 页。

为'世俗的不经意'的东西"①。陌生人的社会缺乏熟人社会那种自发的信任感，要想获得他人的信任就必须真实、真诚、热诚，只有这样才能使交往对象放下戒心，产生因合作而形成的归属感。在传统社会交换关系大多发生在熟人之间，买卖的时空不分离；而现代社会是商品经济社会，买卖的时空分离性使交易风险增大，只有信守承诺，认真履行合同约定内容，这种买卖关系才能得以兑现，这就是买现房的风险远远低于买期房的原因。现代社会是利益驱动下的市场经济社会，逐利就有可能产生机会主义行为倾向，例如制假售假、不信守承诺等，只有信守承诺，本着互利共赢的态度，才能维系公平竞争的市场交易秩序。从公民和政府关系来看，政府的权力是公权力，政府的信用属于公信力，具有广泛的社会示范效应；只有提高政府公信力，才能赢得民众的信任和支持，才能做到政令畅通，提高政府的行政效能。公信力"关乎政府的公共形象和行政效能。有了公信力，政府就能够凝心聚力，降低改革发展过程中付出的社会成本，集中力量办大事、办难事、办成事。一旦政府失去了公信力，犹如机器失去了发动机，即便有科学的组织架构、有精致的制度设计、有强大的人才队伍，一切行政活动也很难顺畅、有效地开展"②。提高政府公信力，就必须依法行政，防止滥用权力，做到权力运行的公开、公正、规范、透明。从企业与市场的关系来看，守法诚信是企业安身立命的根本。市场经济是信用经济，在激烈的市场竞争中，企业要想赢得市场，就必须讲诚信、守信用，不偷工减料、不以次充好、不缺斤少两。作为企业家，不能只顾赚钱，要承担起社会责任，要"一手拿算盘，一手拿《论语》"。从人与人的关系来看，人是社会动物，人的生存发展都离不开他人和社会，要想获得他人和社会的承认和尊重，就必须学会尊重他人，对他人要坦诚相待。孔子说："人而无信，不知其可也。大车无輗，小车无軏，其何以行之哉？"意思是人要是不讲信用，不知道他还能做什么？习近平总书记指出："人与人交往在于言而有

---

① ［英］安东尼·吉登斯：《现代性的后果》，田禾译，译林出版社2011年版，第70页。
② 张洋：《公信力，政府执政能力之基》，《人民日报》2013年4月17日第17版。

信","中华文化强调'言必行，行必果'，'人而无信，不知其可也'"。

友善。查尔斯·傅立叶认为友爱是人类的基本情感，一个健康的社会应当较少关注物质财富的增加，较多关注友爱的实现。之所以倡导友善，是因为人是名副其实的社会动物。人是合群的社会动物，正因为如此，人都需要有归属感；在社会中，人们追求独立，但是却害怕孤独。人们之所以对归属感有着强烈的需求，从客观上讲，是因为人只有同他人进行合作才能生存下去，如果没有"星期五"，流落荒岛上的鲁滨逊恐怕早就死掉了。从主观上讲，是因为人的理性使其意识到自身的有限性，"除非他有所归依，除非他的生命有某种意义和方向，否则，他就会感到自己像一粒尘埃，被个人的微不足道感所压垮"[①]。对归属感的需要使与自身之外的世界建立联系成为人的迫切需要，一个精神健全的人必然是一个具有归属感的人。但这种归属感的获得不是以失去自我的完整的人格为代价的，因此那种通过使人失去自我的方式——顺从他人或统治他人——使人与自身之外的世界建立的联系并不能使人产生归属感，黑格尔的主奴辩证法告诉我们，自以为是他人主人的人实际上更具有奴性，因为他依赖奴隶们的承认。马克思劳动异化理论实际上说明了这样一个道理：当一个人不能成为自己的主人，那么他在社会中所进行的活动就是被动的，他不可能体验到做人的尊严，他就会像逃避瘟疫一样逃避这种社会关系下的活动。一个人在保持自己的完整性和独立性的情况下与他人建立联系的方式只有一种，那就是友爱，建立在关心、责任与尊重基础上的爱使人超越了个体性的狭隘存在。现代大众社会充斥着无根——由各自所在农村涌入城市——的陌生人，人们之间充满了冷漠和猜疑，而人们对物的依赖——对普遍交换中货币的依赖——以及竞争所造成的社会分化进一步加剧了这种冷漠和猜忌。这种人际交往人情味和直接性的缺乏——表现为分立的人之间被利益接合在一起——势必造成社会关系

---

① ［美］艾里希·弗洛姆：《逃避自由》，刘林海译，上海译文出版社2015年版，第13页。

的不和谐，使人不能以理性平和的心态对待他人和社会。在由陌生人组成的社会中，人们之间只有多一分理解和包容、多一些关心和关爱，才能使人有归属感，才能使人以理性平和的心态对待他人和社会。可以说友爱是社会的黏合剂和润滑剂。

二　制度他律与道德自律的结合

良好社会道德风尚的形成，既需要有来源于制度的他律，又需要来源于公民个人的道德自律。

在前现代社会，对人们的行为起规范和约束作用的主要是宗教和伦理道德。宗教和神话之所以能够发挥作用，是因为前现代社会的秩序是超越秩序，人们的价值、信念和制度规范的正当性来自超越世界。在中国古代社会，人们所遵守的礼仪规范来源于对神灵与祖先的祭祀活动；中国古代社会虽然也存在着刑法，但是与伦理道德相比仍然处于辅助地位，"出礼入法"之说凸显了伦理道德的主导地位。伦理道德之所以能够成为前现代社会的主导性规范，是由前现代社会的特点所决定的。传统的农业文明社会是一个身份社会，社会的基本单元不是具有自由意志的个人，而是以血缘宗法关系维系的共同体，例如家族和公社，在这种共同体中，人们结合在一起不是依靠"明白的规定"——契约，而是依靠本能。古代共同体中人们之间的关系不是契约性的利益关系，这是因为"个人并不为其自己设定任何权利，也不为其自己设定任何义务。他所应遵守的规则，首先来自他所出生的场所，其次来自他作为其中成员的户主所给他的强制命令"[1]。因此在古代共同体中人们没有"我"的观念，有的只是通过自己在共同体中所扮演的角色来认识自己的"我们"的观念。这种"我们"的观念的形成，在哈耶克看来，是由于依靠本能结合在一起的共同体具有排他性，对于共同体的成员来说，只有努力维系这种休戚与共的关系，才能在共同体中更好地生存，这就是古人这么重视名节以及重义轻利的原因，中国墨家——代表小生产者利益——之所以在中国古代社会

---

[1] ［英］梅因：《古代法》，沈景一译，商务印书馆1959年版，第176页。

不能够流传,根本原因是墨家的功利主义思想对休戚与共的共同体是一种瓦解力量。可以说伦理道德之所以在传统社会有效地发挥作用,一方面是因为社会相对封闭,人们的交往半径狭小且相对固定,"仅限于相互了解和信任的同胞之间";由于交往对象比较固定,人们并不能自由地选择自己的交往对象;交往对象越固定,交往频率越高,人们就越在意自己的名声和他人对自己的评价。在封闭的小群体中,如果人的败德行为一旦被发现,就会遭到他人的唾弃而无法在群体中立足,这对一个人来说意味着无法生存。另一方面是因为传统社会被赋予超越和信仰维度,社会奉行禁欲主义,人的逐利的自私行为受到极大的限制,人们奉行朴实节俭的生活作风,崇尚君子风范。在传统社会人们的界限观念是非常强烈的,老子《道德经》中说:"知其雄,守其雌,为天下溪。为天下溪,常德不离,复归于婴儿。知其白,守其黑,为天下式,为天下式,常德不忒,复归于无极。知其荣,守其辱,为天下谷。为天下谷,常德乃足,复归于朴。朴散为器,圣人用之,则为官长,故大制不割。"

在现代社会,对人们的行为起规范和约束作用的主要是规章制度。从传统到现代的过程就是一个以血缘宗法关系维系的共同体瓦解的过程,弗洛姆将其称为是一个个人日益从原始纽带中脱颖而出而成为个体化存在的过程,个体化进程是一个"丧失与别人共有的原始共同性……与他人越来越分离的过程"[1]。人们被从依靠本能"结合"在一起的共同体中抛出而进入依靠契约"接合"在一起的大众社会,之所以用"接合"二字,是因为大众社会不是一个休戚与共的有机共同体,而是一个组织松散、人员流动频繁的机械集合体,"现代社会已经变成了同浪漫主义者在他们的中世纪梦想中奉为神明的有机整体截然相反的东西。今天的'人民'代表一个无定型的集合体,一个高度混乱和分化的社会,它最终成了一个无序的社会"[2]。伴随着与他人

---

[1] [美] 艾里希·弗洛姆:《逃避自由》,刘林海译,上海译文出版社2015年版,第19页。

[2] [美] 乔·萨托利:《民主新论》,冯克利、阎克文译,东方出版社1993年版,第28页。

共有的共同性丧失的是人的休戚与共和利他主义的情感，在陌生人社会，陷入孤立的个人或如阿伦特所说"被抛入自身"的个人开始专注自我，为自己而筹划，为自己而生活，亚当·斯密所说的"每个人考虑的只是他自己"，与其说是对人性的前提性假设，不如说是社会的变迁使人的生存状态改变使然，人性不是固定不变的，而是具有极大的可塑性。托克维尔在《美国的民主》中写道：每个人都收缩到自身之内而几乎毫不注意别人的命运。对他而言，人类就是他的子女和他的私人朋友。至于他的其他同胞，他们距离他虽也够近，但他却没有注意到他们。在这个使人越来越自我并且是利益支配陌生人之间的关系的契约社会中，人的道德情感是不会自发产生的，社会秩序的维系内在地要求那种传统的基于本能冲动的不假思索的"自然道德"必然被命令性的"应当道德"所取代。

如果说道德是对人的行为的软约束，主要依靠人的"自律"，这其中良心发挥了重要作用，那么制度则是对人的行为的硬约束，主要依靠的是"他律"。虽然说这两者都不可偏废，但是在现代社会，制度建设在规范人的行为方面发挥了更为重要的作用。现代社会是高度开放和流动性极强的大众社会，在这种社会中，没有选择的交往被自愿交往所取代，频繁的固定交往被一次性的或偶发的交往所取代。随着人身依附关系被打破，没有选择的交往逐渐地被有选择的自愿的交往所取代；在互联网时代，地球变成了"地球村"，人与人之间交往的空间限制被极大地消除，自愿的社会联系被推向了前所未有的高度，人们不再受自己所处的地理位置所限，可以在全球范围内选择与人交往。交往的自愿性使来自共同体的对人的束缚被大大削弱，这种束缚是人的义务感的来源。高度的社会流动性使人际交往失去确定性，陌生人之间的一次性交往或者说是偶发性交往增多，"尤其是在许多城市情境中，我们不断地与之不同程度互动的，是那些我们或者知之甚少或者从未见过的人，而这种互动所采取的是转瞬即逝的交往形式"[1]。交往的偶然性和不确定性使人可能面临的舆论压力——道德

---

[1] ［英］安东尼·吉登斯：《现代性的后果》，田禾译，林出版社2011年版，第70页。

发挥作用主要靠舆论和人的良知——下降，无视道德规范和挑战道德规则的机会主义行为倾向就会增多，比如利用人们的信息不对称，打一枪换一个地方的诈骗行为，令人防不胜防。由于道德不具有强制性，离开了那种封闭环境下的确定的频繁交往，或者说在陌生人的环境中，人们就有可能不在乎他人对自己的评价，在这种情况下，违反道德所需要付出的成本很小甚至是无成本的。

另外，市场经济讲求利益交换，功利主义和实用主义流行，人们做事的逐利倾向明显，这就使人际交往的不确定和危险性因素增多。在利益诱惑面前，道德的软约束就可能失去作用，"无数的事实反复告诉我们，靠讲天地良心保证一个人行善、不作恶，是绝对靠不住的。……天地良心当然要讲。人也不能不讲天地良心。但不能把国家的长治久安、把社会的和谐、把人们的道德品德寄托在讲天地良心上"[①]。制度是"必要的恶"，它的作用应当是遏制人性之"恶"，不给人性"恶"以机会，越是成熟的社会，越要注重发挥制度对于人性"恶"的约束作用，以便更好地规范人们的行为。

社会的健康有序运行，需要有各项规章制度对人的硬性要求，无论你喜欢不喜欢，愿意不愿意，都得遵循。这种他律性的刚性要求往往是对人的"底线要求"。他律针对的是人性的阴暗面，即哲学家所说的人性恶。大卫·休谟认为，我们在社会制度设计时必须把人作恶的各种可能性考虑进去，以防患于未然。如果说软性的道德是基于对人性的乐观态度和信任，那么刚性的制度则是基于对人性的悲观态度和不信任。伦理道德的前提预设是人皆可成尧舜，人是可教化的，通过教化人可向善。而制度的前提预设是人很难被教化，因此必须堵死人们可能作恶的通道，尽量不给人作恶的机会；我们在维护社会秩序问题上，不能只做消防员，哪里发生火灾就到哪里去灭火，这样付出的代价太大，长此以往必然加剧社会道德风气的堕落和败坏。与其在下游设网拦堵被污染的水，不如到源头上去解决造成污染的根源，从而形成防治污染的长效机制。

---

① 秦海：《靠不住的"天地良心"》，《杂文月刊》2013年第8期。

邓小平在强调制度因素对人的道德行为的决定意义时指出:"制度好可以使坏人无法任意横行,制度不好可以使好人无法充分做好事,甚至会走向反面。"曾经有人做过这样的比喻:把一个饿了三天的人关进肉包子店里,如果这个人不偷吃肉包子,那么这个人就是一个不正常的人。制度针对的是"正常人",有着七情六欲的普通人,这样的人不会因为他所处的环境和地位的改变而改变作为人所具有的欲望。如果我们认为"西方学者认为制度不是用来给人造福的,而是为了消除罪恶的"这种说法片面,那么我们可以说制度既是给人造福的,也是消除罪恶的,而且前者以后者为前提。制度是"必要的恶",它必须严谨、严密和严明。如果在一个社会中制度缺位和制度不严明,善恶不分和赏罚不明,积善之家没有余庆,积恶之家没有余殃,就会出现劣币驱逐良币的"逆淘汰"的现象,那么整个社会必然礼崩乐坏,道德沦丧。只有让那些为了个人私利而不惜铤而走险的人付出应有的代价,才能遏制不良道德现象的蔓延,铲除不良道德现象产生的土壤。实践已经证明:"没有制度建设作为支撑……是难以形成良好道德风尚的,即使形成了,也难以巩固和持久保持。"[①] 总的来说,制度对人们形成良好的道德行为产生两方面影响:一是使人们明确什么应当做,什么不应当做,并对自己行为可能产生的影响产生明确的预期。良好而严谨的制度和监督体系可以树立明确的行为标准和规程,使人们能预见到不规范行为带来的不良后果和自己要承担的责任,从而更好地规范自己的行为,做到自律;可以说没有他律,人就无法做到自律,也不知该怎样自律。二是通过严明的赏罚机制使人们趋善避恶。只知道善恶、是非、美丑,并不能使人自动趋善避恶,知道善不等于爱善,人都有自私的一面,都不同程度存在机会主义行为倾向,机会主义行为是指在信息不对称的情况下人们不完全如实地披露所有的信息或做出其他损人利己的行为。

强调制度的约束作用,并不否定人的道德自律在其中发挥的作用。尽管制度是刚性的,但是它不是被动的。制度有效实施,发挥维

[①] 吴来桂:《良好道德风尚的培育机制》,《光明日报》2013年3月30日第11版。

护社会公序良俗的作用，必须得到社会成员发自内心的认同和自觉的维护和遵循。也就是说社会制度的有效运行，离不开社会成员自觉地规范和约束自己的行为。老子在《道德经》中说："我无为，而民自化；我好静，而民自正；我无事，而民自富；我无欲，而民自朴。"说的就是人的高度自律状态。这种具有高度自觉性和内生性的自律状态包含两层意思：一是道德是对自己的要求，而不是对他人的要求，不是要求别人服从某种道德规范，而自己却不服从；二是服从某种道德规范是发自内心的，而不是来自别人的要求和外部打压力，爱国是发自内心认为自己应当爱国，而不是谁规定你爱国，这种爱国是没意义的。

道德自律之所以能够发生，在康德看来，是因为人是道德主体，有自由意志，可借自由意志去实践道德理想，建立"道德王国"。康德认为，人是一种自由且道德的能动力量，他能够在善与恶之间作出选择。道德自律"意味着人之意志的自主性和自觉；只要我们能够遵守铭刻在所有人心中的道德律，那么我们在道德上就是自由的。这一道德律要求我们根据某一被我们希望成为普遍之法的准则而行事。康德把这种道德律称为'绝对命令'"[1]。在此意义上，良好的道德风尚形成的标志也体现在两个方面：一是人们能把自己的意志普遍化，换种说法，就是自己的选择和行为要符合大多数人的道德意愿和要求，否则就是把自己与群体对立起来；二是社会道德规范被普遍而有效地执行是出于人们的自由意志和自律，所以由他律到自律的转变是促进社会风尚转好的重要标志。

从运行成本来看，道德自律之所以重要，是因为社会制度的被动执行会增加社会交易成本。正如弗朗西斯·福山所说，自觉遵守某种道德规范能使任何一个群体或组织的运转变得更加有效，否则就会增加社会的监控、定约、裁决、执行正式协议的费用，即经济学所说的交易成本。一个社会中民众的自我组织能力越强，那么这个社会的秩

---

[1] [美] E. 博登海默：《法理学：法律哲学与法律方法》，邓正来译，中国政法大学出版社2004年版，第80—81页。

序就越良好，如果社会自我组织能力差，那么无论什么事都得依靠政府来组织推行，只要政府一放手，社会秩序就会紊乱，正所谓"一管就死，一放就乱"。

三 以制度正义规范人们的行为

制度作为行为规则，具有伦理道德所不具备的确定性、规范性和可预期性，没有作为行为规则的制度，社会将充满不确定性。制度有好坏之分，而衡量制度好坏的首要标准就是看其是否公平正义。罗尔斯把真理和正义看作人类活动的"首要美德"，在《正义论》的开篇中，罗尔斯写道："正义是社会制度的第一美德，如同真理之为思想的第一美德。一种理论，无论多么雄辩和机智，若不真实，就必须加以拒绝或者修正；同样，法律和制度，无论多么行之有效或治之有序，只要它们不正义，就必须加以改革和废除。作为人类活动的首要美德，真理和正义不容妥协。"[①] 习近平总书记指出：促进社会公平正义是全面深化改革的出发点和落脚点，要把促进社会公平正义作为"审视我们各方面体制机制和政策规定"的"一面镜子"，"哪里有不符合促进社会公平正义的问题，哪里就需要改革；哪个领域哪个环节问题突出，哪个领域哪个环节就是改革的重点"。[②]

制度正义是指制度的建构和运行充分体现了自由平等、公平正义、和谐有序等反映人类对美好幸福生活向往和追求的价值理念。制度正义在政治上的表现就是建设法治国家、法治政府和法治社会。民主是法治的基础，法治是民主的保障。我们党领导和支持人民当家作主，"法是党的主张和人民意愿的统一体现，党领导人民制定宪法法律，党领导人民实施宪法法律"，法是人民权利和自由的保障。法治有利于加强和改进党的领导。法保障人民的权利，规范和约束政府的权力，使政府权力行使科学规范、职责明确。习近平总书记指出：

[①] ［美］约翰·罗尔斯：《正义论》，何怀宏、何包钢、廖申白译，中国社会科学出版社1988年版，第3页。
[②] 习近平：《切实把思想统一到党的十八届三中全会精神上来》，《求是》2014年第1期。

社会道德风尚的现代性阐释

"权力是一把双刃剑，在法治轨道上行使可以造福人民，在法律之外行使则必然祸害国家和人民。把权力关进制度的笼子里，就是要依法设定权力、规范权力、制约权力、监督权力。"[①] 制度正义在经济上的表现就是要努力实现经济的高质量发展，在把蛋糕做大的同时分好蛋糕，使发展的成果由人民共享。促进社会公平正义，就要从最广大人民的根本利益出发，"我们要在不断发展的基础上尽量把促进社会公平正义的事情做好，既尽力而为、又量力而行，努力使全体人民在学有所教、劳有所得、病有所医、老有所养、住有所居上持续取得新进展"[②]。

制度正义有利于人们养成规则意识。没有规矩不成方圆，无论是治国理政，还是社会治理与人际交往，都需要有明确的规则，从而使人们的行为进退有据。使人们养成良好的规则意识，是现代社会文明程度的重要标志。所谓规则意识就是无论做什么我们都能够明了自己的行为边界，能够按规则办事。在以伦理——无反思地作为习俗或习惯存在的东西——调节的熟人社会中，由于社会有亲疏远近之分和高低贵贱之别，不同的出身决定了不同的权利和义务，因而普遍性的规则不发挥作用，即使有规则也是关于界定尊卑贵贱界限的繁文缛节。而在以法治调节的陌生人社会中，"人与人之间需要明确的规则来协调彼此关系，定义'该做什么，不该做什么'。从楼道里'不准倒垃圾'的告示，到国家的成文法律，只有规则才能成为现代社会正常运转的'润滑剂'"[③]。有了明确的规则，人们知道自己行为的自由度：拥有什么样的权利，承担什么样的责任。只有公平正义的制度才能使人们养成法治观念和规则意识，因为它强调法律面前一律平等，绝不允许区别对待人；在规则面前，没有高低贵贱之分，也没有亲疏远近之别。

制度正义有利于培养人们的社会责任感。正义的社会制度使人们

---

① 《习近平谈治国理政》第 2 卷，外文出版社 2017 年版，第 128—129 页。
② 习近平：《切实把思想统一到党的十八届三中全会精神上来》，《求是》2014 年第 1 期。
③ 《培育深入人心的规则意识》，《人民日报》2018 年 11 月 14 日第 5 版。

产生尊严感、获得感、归属感和安全感。在正义的制度下，因为人们的权利和自由得到充分的尊重和保障而产生尊严感；因为"不断克服各种有违公平正义的现象，使改革发展的成果更多更公平惠及全体人民"而产生获得感；因为遵纪守法者扬眉吐气，违法失德者寸步难行而产生安全感和正义感。尊严感、获得感、安全感的获得使人们在这种制度中会产生高度的自我认同，深刻感受到自己的存在价值和意义。借用马克思的话说，人们在自己的生命活动中肯定自己，而不是否定自己，感到幸福，而不是不幸。因制度的正义而使人产生的自我认同会使人产生社会责任感，即在认同和信奉这种制度的基础上使人竭力去维护社会的公平正义，使人自发产生同不合理现象作斗争，自觉维护社会公序良俗的勇气和道义感。如果制度不公或者在维护社会公平正义上的软弱无力将会造成人的冷漠和麻木，当需要出手扶危济困时，人们就可能会为了自保而选择观望和退缩，好人不敢做好事或者无法充分做好事，甚至会走向反面。正如邓小平所说："制度好可以使坏人无法任意横行，制度不好可以使好人无法充分做好事，甚至会走向反面。"

制度正义有利于社会的自由和谐发展。柏拉图认为，正义是和谐的力量，"各种愿望纳入秩序而成为才能，众人纳入秩序而成为组织。正义不是强者的权利，而是整体的和谐"[①]。和谐不是消灭了差别和多样化的整齐划一状态，在这种状态中，虽然消灭了矛盾和冲突，但是也丧失了活力，造成死气沉沉的局面。这种一致性是通过控制个人借以进行选择的外部条件形成的，个人没有选择自由，服从是最大的美德，离经叛道是最大的恶，人们只有盲从权威的超我意识，而没有充满创造冲动的自我意识。没有自由就没有多样化，而没有多样化，一切将归于不变。和谐社会是一个充满活力的社会，充满活力是社会主义和谐社会的基本特征之一。习近平总书记指出："一个好的社会，既要充满活力，又要和谐有序。"充满活力的社会是一个自由的社会，个人的选择自由受到社会的尊重，允许差异性，鼓励多样化。这种宽

---

① ［美］维尔·杜兰特：《哲学的故事》，肖遥译，中国妇女出版社2004年版，第34页。

容的社会氛围有利于人的个性的发展，有利于人的创造性才能的充分开发和利用。马克思认为自由而有意识的活动是人的类特性，这种类特性表现在人的创造性实践活动中，"通过实践创造对象世界，改造无机界，人证明自己是有意识的类存在物，它把类看作自己的本质，或者说把自身看作类存在物"①。通过创造性实践活动，自然界表现为人的作品，实现人的类本质就要为人的创造性活动创造宽松自由的社会环境，使人们的创造愿望得到尊重，创造活动得到支持，创造才能得到发挥，创造成果得到肯定。

　　制度正义有利于形成公平竞争的市场环境。市场经济追求效率，以最小的成本获得最大的产出，以最小的投入获得最大的收益；在市场经济条件下，效率的提升是通过优胜劣汰的竞争来实现的，竞争不是友谊赛，有竞争就有淘汰，"适者生存"的社会达尔文主义体现的是强者原则，也就是《马太福音》中所说的好的越好，坏的越坏，多的越多，少的越少。尼采的超人哲学是对"适者生存"这一原则的表达：在竞争性社会中不要做一个懦弱的人，而要做一个强者，强者不会为收获而施舍，不会以表现仁慈来凌驾于他人之上，也就是说强者才配仁慈。强者就仁慈吗？弗洛姆认为，市场的竞争原则往往带来的是社会的普遍冷漠，因为人们认为不冷漠，竞争就无法进行下去。这种观点听起来似乎有理，但实际上是错误的。如果一个社会一味奉行强者至上原则，不关心弱者，不解决好社会公平问题，将破坏由竞争带来的经济效率和社会繁荣。发生在西方社会的周期性经济危机的根本原因就是社会的严重两极分化，造成社会有效需求不足，从而引发生产相对过剩的经济危机。自由竞争经济理论的一个基本假设就是供给自动创造需求，因此政府不应当干预市场，一切都要交给竞争性的市场去解决。破坏性的经济危机使凯恩斯认识到需求不等于具有实际支付能力的有效需求，财富集中于少数人手里，将造成社会大多数人无力支付消费品的开支，造成供给与需求失衡。只有解决好社会公平问题，把效率与公平有机统一起来，才能避免经济的大起大落，保持

———————
① 《马克思恩格斯选集》第1卷，人民出版社1995年版，第46页。

社会的繁荣稳定。

　　市场经济是竞争经济，没有竞争就不可能带来经济效率的提高和市场的繁荣，但是竞争不是无序竞争，竞争必须是公平、充分的。谈到公平，首先让我们想到的就是机会公平，所谓机会公平，指的是机会的获得不取决于除了个人自身努力之外的其他因素，例如家庭背景、社会地位、权力关系等。市场经济条件下，市场对资源配置起决定性作用，有问题找市场，而不是找市长；如果权力参与资源分配，权力成为叩开市场大门的钥匙，那么将会造成竞争的不公平，将会导致市场经济变成权贵经济。在市场经济条件下，政企职责分开，政府不能既当裁判员又当运动员，如果既当裁判员又当运动员，那么市场主体——企业和个人——不是眼睛朝下盯着市场，在加强管理、改进技术和开拓市场上下功夫，而是眼睛朝上盯着政府，通过权力寻租去改变游戏规则或制定对自己有利的市场规则。

　　虽然除了个人努力的其他因素不应当影响机会的获得，比如说"富二代"的父母利用自己形成的社会影响和资源帮助自己的孩子获得某种机会，这是不公平的。即使我们把这个因素排除掉了，即"富二代"父母对自己孩子的机会的获得不能施加影响，也不能说就是公平的，因为家庭背景、社会地位、权力关系等因素会影响个人自身的竞争能力。人们常说"贫穷限制人的眼界"，家庭条件和家庭背景对个人成长的影响是非常大的，经济学家阿瑟·奥肯对这种影响曾作过这样的表述："人在怀胎的起跑线上就不平等了。"因此我们不能认为，让一个弱者同强者站在同一条起跑线上，或者说给弱者以同强者同等的竞争机会就是公平，正如拳击比赛中不能让一个60公斤级的选手与100公斤级的选手去竞赛。在原初意义上，公平应指相同者同样对待，不同者不同对待。在此意义上，对弱者的公平不是简单地给他机会，使弱者不但有机会，还要有能力改变自己。这就要求社会在强调效率原则的同时要多关怀和保护弱者的利益，公共资源应当向弱者倾斜，规章制度应体现对弱者的利益的保护。改革的过程就是利益关系调整的过程，在这一过程中尤其要关注和保护那些弱者的利益，这既关系到社会的和谐稳定，又关系到人们对社会所倡导的价值理念的认同。在制度完善和定型过程中，由于制度设计的不完善、制度运作的不规范而出现的不公正现象可能会削弱人们对于社会的认同度。如果出现民众的相对剥夺感和社会挫折感日益加深的现象,那么对社会制度不满乃至对立情绪就会滋长,这一切就可能"使广大民众对主流意识形态和社会制度的认同度降低"[①]。

四 道德规范要体现超越性精神

现代化是一个"解神秘化"的过程,也就是哈贝马斯所说的"宗教世界图景的瓦解"以及"世俗文化的形成"的过程。在世俗文化中,社会道德规范的合法性与正当性的源泉被回溯到人自身,道德不再是一个人之上的"更高的存在"所订立的戒律。理性主义的启蒙运动以"人性"取代"神性",以"人权"取代"神权":"我们可以恰当地将启蒙的重要遗产之一看作这样一个规划:将道德规范的根源置于人的本性而不再是上帝之中。"[②] 近代以来自然科学的发展使地球的真实地位得到说明,人身上的神性也随之被祛除,"人发现自己生活在一个微小行星上,而这颗行星又隶属于无数个恒星的世界之一,那么此时人的宇宙地位不再能继续得到维持。人的地位降低到一只昆虫,蠕行于'泥堆'之上"[③]。人被赶出伊甸园的神话故事的象征意义就是人告别超越世界的神圣和崇高,回归世俗社会的现实的平凡生活;人有了欲望、情感和烦恼,卢梭认为人的欲望和烦恼起源于文明在人的心中种下了善恶、美丑、高低、贵贱的区分和差别的概念,文明人都想在"势荣"上高人一等,贪欲由此而产生,在社会中人的欲望大多都是社会培植起来的,而不是人本身所固有的。

随着给人带来无限感、终极感和神圣感的超越维度的丧失,道德被世俗化。世俗化道德所针对的不再是那些有着向彼岸世界超越的人生理想,追求"成仁成圣"的完美人格的人,而是那些关注当下的现

---

① 孔德永:《当代我国主流意识形态认同建构的有效途径》,《马克思主义研究》2012年第6期。

② [美]查尔斯·拉莫尔:《现代性的教训》,刘擎、应奇译,东方出版社2010年版,第48页。

③ [英]约翰·伯瑞:《进步的观念》,范祥涛译,上海三联书店2005年版,第112—113页。

实生活，过着忙碌而琐碎的平凡生活，并在这一过程中体现出人性的弱点和欲望的人。超越维度下的道德规范的目的是使人通过追求神圣和崇高来超越此岸世界的有限性，这种道德规范是靠信仰来维系的，道德规范与自我利益之间处于紧张对立状态。而世俗化道德则肯定人的现世欲望的合理性，"世俗化就是肯定现世生活、肯定感官享受、肯定大众在社会生活中的地位与作用。世俗道德表现出以追求世俗功利、感官享受和平凡生活为目标的价值取向"[①]。无论是西方社会还是东方社会，现代性道德规范都承认人有追求自身利益的合法权利，并将其视为人性的法则。正如法国启蒙思想家卢梭所说，维护自身的生存是人性的"首要法则"，对于自身应有的关怀是人性的"首要关怀"。在西方个人主义文化中，自由主义思想否认人的社会性，把个人与个人利益看作最高的存在，并试图在私人之恶与公共之善之间搭起一座桥梁，公共利益被看作是人们追求自身利益的副产品，是个人利益的总和。《蜜蜂的寓言》的作者曼德维尔为这一个人主义的理路提供了一个纲领性的宣言："私恶即公益。"我国社会主义价值观倡导集体主义，但并不是一味地讲牺牲奉献，否定个人利益。正如邓小平所说："不讲多劳多得，不重视物质利益，对少数先进分子可以，对广大群众不行，一段时间可以，长期不行。革命精神是非常宝贵的，没有革命精神就没有革命行动。但是，革命是在物质利益的基础上产生的，如果只讲牺牲精神，不讲物质利益，那就是唯心论。"集体主义强调把集体利益与个人利益有机统一起来。

在现代社会，道德是每个社会成员都必须遵守的行为规范，因此现代社会的道德规范都要求其社会成员在实现自己利益的同时要顾及社会利益，换言之，要在超越个人利益的视野理解个人利益。"道德"一词从其普遍意义上讲就是超越个人利益，托多罗夫认为："具有道德，这首先是能够倾向于他人而非自己。通过想象出极端的情况，人们大概会说：具有道德就是能够自我牺牲，能够找到比自己的生命更

[①] 喻文德：《论世俗道德的特点及其困境》，《伦理学研究》2008年第1期。

高的价值。"① 世俗化维度下的道德规范是建立在人们对自身利益的正确理解之上的,但是理性主义的世俗化运动在祛除神魅的同时也限制了人们理解自我的视野。现代性使人被抛回了自身:超越之维的丧失"并没有把人抛回到这个世界,而是被抛回到自身。自笛卡尔以来现代哲学的一个最坚定趋势,以及现代对哲学的最独创性贡献,就是对自我(有别于灵魂、人格或一般意义上的人)忘乎所以的关注,并试图把所有经验,对世界的以及对他人的经验,都还原到人和他自身之间的经验上"②。对自我的专注意味着人们拒绝从自身之外寻求自身的目的,这将使人的生活变得狭隘平庸。所谓狭隘就是人们在生活中专注自我,很少关心他人和社会,正如卢梭所说,社会的进步会唤醒个人的利益却窒息内心里的人道,所谓人道是指人作为社会动物所具有的共同生存的道德情操。卢梭认为人是社会动物,只有成为社会的生物,他才能成为道德的生物,"人类作为一个道德人格而赋有一种共同生存的情操,这就赋给他以个性并使之构成为一个个体;同时还赋有一种普遍的动力,能为着一个与整体相关的总目标而把各个部分都发动起来"③。

所谓平庸就是人们在生活中不再具有超越自我的形而上要求。弗洛姆认为,现代人用造作的、粉饰过的伪现实掩盖了人生存的根本现实问题:"现代人在一切重要的事情上都缺乏现实感,且程度令人惊异。这些事情包括:生与死的意义,幸福与痛苦,以及感情与严肃的思想。现代人将人类生存的整个现实掩盖起来,挂上造作的、粉饰过的伪现实的图景,这跟野蛮人用土地和自由来换取亮晶晶的玻璃珠子的做法没有多大差别。"④ 苏格拉底说:"未经反思的生活是不值得过的",现代人则满足于活在当下。孔子说:"朝闻道,夕死可矣",现

---

① [法]茨维坦·托多罗夫:《不完美的花园——法兰西人文主义思想研究》,周莽译,北京大学出版社2015年版,第235—236页。
② [美]汉娜·阿伦特:《人的境况》,王寅丽译,上海人民出版社2009年版,第203页。
③ [法]卢梭:《社会契约论》,何兆武译,商务印书馆1980年版,第188页。
④ [美]艾里希·弗洛姆:《健全的社会》,孙恺祥译,上海译文出版社2011年版,第141页。

代人则"不再感觉到有某种值得以死相趋的东西"。查尔斯·泰勒把人的这种甘于平庸的倾向称为"受害于激情之缺乏"。这是现代性的"大脱嵌"的结果,现代性把个人从对有机共同体的身份束缚中解放出来的同时,也割断了自我与超越自我的更大视野之间的联系。阿诺德·盖伦认为这是因为工业化的发展使大量钢筋水泥挡住了人们的视野,人与自己的根——自然失去了联系。在传统的超越秩序中,人们能够在自身之外寻找人生的意义,这在很大程度上是因为有机共同体的生存环境放大了人的自我,使人无法把自我拽向自身,封闭在内心的孤独之中,就像费希特所说的那样由自我来设定自我,由自我来设定非我。个人主义凸显人的个体性存在的"绝对性",个人被看作先于社会的独立的自足的存在,把个人看作第一位的,也就是把个人利益看作第一位的,而集体利益则成为虚假的存在;在自由主义者看来,强调集体利益,强调个人的奉献和牺牲是对自我的否定,这种否定是极权主义道德所需要的。个人主义对公共利益的敌视和偏见使其陷入个人中心主义的旋涡。自我由一连串的欲望所组成,人们"不仅要努力满足欲望,而且要不断刺激和开发欲望"。人的基本需要与物质欲望是不同的,需要能得到满足,物质欲望是无法得到满足的,因为这种物质财富会使人在与他人的比较中被相对化。人越是把自我拽向自身就越是会迷失自我,自我失去了坐标参照系,失去了给其归属感的精神家园;正是因为坐标参照系的缺失,使现代人不知道如何对待自己,如何有意义地度过他的一生。

虽然现代性摧毁了人的存在的超越维度,限制了人的自我理解的视野,但是人对超越性的需求却并没有泯灭。卢梭发现人的天性中有两个截然不同的本原:"一个本原促使人研究永恒的真理,去爱正义和美德,进入智者怡然沉思的知识的领域;而另一个本原则使人故步自封,受自己的感官的奴役,受欲念的奴役;而欲念是感官的指使者,正是由于它们才妨碍着他接受第一个本原对他的种种启示",也使人失去了欣赏美的能力。[①] 这就是现代人经常感到迷茫和困惑的原

---

① [法]卢梭:《爱弥儿——论教育》(下卷),李平沤译,商务印书馆1978年版,第397页。

因，为了过上幸福生活，拼命地工作赚钱，有了钱，生活富庶了又感到空虚无聊，生活缺乏意义和方向。弗洛姆认为，人是唯一对自己感到不满的生物，不满于自己作为自然的创造物的被动性和偶然性，这就有了对超越自我的形而上要求，人通过超越自我而进入意义和自由的王国，"人对超越的需要是爱、艺术、宗教以及物质生产的根源之一"①。弗洛姆认为，在现代社会，使人摆脱对自我的忘乎所以的关注，并不是要消灭个人作为完整的自我；在保证个人完整性的前提下，使人走出自我，在与他人和社会建立联系的过程中找到归属感，人身上只有一种情感能满足这种需要，这种情感就是爱，爱是对他人命运的关注，这种关注是为了使被爱的对象的潜能得到充分实现。托多罗夫认为把人作为终极目的的人文主义思想应当积极地倡导友爱，这是作为人的构成的社会性的需要。在别尔嘉耶夫看来，超越自我是为了使人实现生命的完满。对生命的完满的追求使人超出自我来理解自己的目的，使人从比自己高的东西来理解人，这就产生了对超越性形象的信仰。在古老的东西方文明中都不约而同地产生了人是由神所创造出来的观念，这既有蒙昧时代人的认知水平低下的原因，也有着人对卓越和崇高的追求方面的原因。从古希腊人对幸福的理解中就可以看出这一点，在古希腊人看来，幸福就是生命的力量在生活赋予的广阔空间中展现自己的卓越；对希腊人来说，过纯粹私生活的人——这是现代个人主义的生活，也只有现代人才有的观念——不是完整意义上的人，他被剥夺了人的能力中最高级的东西。之所以从比人高的东西来理解人，是因为只有精神才能把人与动物区别开来；我们在肉体上是无法把人同动物区别开来的，物质的东西只能使人存活，只有精神的东西才能使人升华。别尔加耶夫认为，人是意义的载体，但是意义却不能从人自身去寻找，人活着是有意义还是没意义，不是一个纯主观个人的判断，只有超越于个人主观之外和之上才能作出判断，我们只能从高于个体主观的东西那里寻找意义。"意义应该超越生命。

---

① [美]艾里希·弗洛姆：《健全的社会》，孙恺祥译，上海译文出版社2011年版，第28—29页。

从意义的立场所做的评价永远要求超越被评价的东西。生命可以上升不是由于它在数量上的增长，而是由于它能够提升到高于它的东西，即超生命。这使我们得出一个结论，除了对生命的生物学理解外，还有对生命的精神理解。"① 孙正聿先生用反证法来证明人是一种超越性存在："人无法忍受单一的颜色、凝固的时空、存在的空虚、自我的失落和彻底的空白，这意味着人是一种超越性的存在。"人之所以是超越性存在，是因为人的生命活动是一种生活的生命活动，生活是一种寻求意义的生命活动。② 辛斌、申荷永从意志自由和人的自我实现出发，认为人之所以有对超越性精神的需要，是因为人心灵深处存在超我的意识结构。"'自我'总是试图与'非我（他人及外部世界）'相区别，探索自我的独特意义，也就是说'自我'一生都在进行'个性化'的过程，努力从'非我'中超脱出来，确定自己在群体中的个性心理特征……'人类的心智是天生地趋向自由自在的发展的，具有不可估量的尚未实现的潜能，充满着理想和希望'，所以每一个体都希冀挖掘内在潜能，摆脱各种'物界'与'识界'的约束，依托个体的信仰，寻求心灵的宁静，从而达到一种自我实现的境界。这是人类特殊而高级的心理升华的过程。"③

人对超越性的需求，要求我们在道德的理解和建构上赋予道德以超越性精神。超越性道德具有与现实相异化的特征，在这里，异化是相对于同化的概念，同化是对现实的非反思和非批判的态度，存在的就是合理的，理想与现实生活的间距消失，理想被现实所俗化。而异化代表了"否定的合理性"的力量，是一种对现实的反思和批判态度，因此它要求与现实生活保持必要的间距和张力。异化在这里类似于哲学上的"反讽"，"反讽通过使思想从其断言之事之中退却来挑战这样一种理念——思想的功能是要再现现实和控制现实。反讽意

---

① ［俄］别尔嘉耶夫：《论人的使命》，张百春译，学林出版社2000年版，第30页。
② 孙正聿：《崇高的位置》，人民出版社2010年版，第3、5页。
③ 辛斌等：《论超越性道德精神在构建和谐社会中的心理学价值》，《武陵学刊》2011年第6期。

在……抗拒理性之现代标准的霸权"①。道德虽然来源于实然现实，是人们对于现实社会生活及社会关系的反映，但是道德要想发挥规范和引导功能，就必须对现实生活抱有批判性的应然态度。从道德的来源上看，道德与现实生活之间既是因果关系，又是逻辑关系。因果关系说的是道德是对人们的现实关切的回应，逻辑关系说的是道德对现实的回应不能简单依靠现实来证明，用经验现实来证明道德主张的合理性就说明这种主张不具有自我持存的内在价值，它有没有用，究竟能发挥多大作用由倡导它的人和遵循它的人说了算。经验现实都是有条件的，而且都是在一定时间内发生的，用经验现实来证明道德主张的合理性就说明这种主张不具有绝对性和永恒性，它只具有相对价值、相对合理性，这种价值规范很可能在人们心中没有固定下来就随着时间的流逝而被重新理解和诠译。这种缺乏内在价值、不具有绝对性和永恒性的规范要求没有崇高性和神圣性可言，因为它会随着时间而贬损，任由人的需要来裁剪。人们遵循它不是出于敬畏，而是出于对现实需要和自身利益的考虑。建立在利益基础上的道德规范只具有工具合理性，而不具有价值合理性，以效用最大化为中心，以管用为尺度的工具理性导致手段僭越了目的，工具理性思维方式指导下的人必然是一个利己主义者，现代社会道德问题就是由于工具理性的独断与价值理性的缺失而产生的。

在工具理性主义视野中，人们遵循道德规范是基于成本与收益的核算，而现实告诉我们：社会道德问题的出现恰恰是由功利主义的泛化所引起的。

人们遵守道德是为了更好地实现自身的利益，你不损害他人利益或者去维护他人利益，是为了实现和维护自身利益。当社会赏罚不分明或出现制度漏洞的时候，利益往往会诱发人性恶的一面。长期以来，诚信缺失困扰着社会的健康发展，欺骗欺诈成为社会公害，这其中的一个重要原因是人们观念上存在一个误区，即仅仅用利益关系来

---

① ［美］查尔斯·拉莫尔：《现代性的教训》，刘擎、应奇译，东方出版社2010年版，第216页。

解释诚信,讲诚信有利于企业和个人利益的实现,不讲诚信损害企业和个人利益。这就意味着,诚信成为人们实现自身利益的手段和工具,而不具有内在的价值和目的属性;当不讲诚信可能会带来更大利益的时候,人们就可能做出背信弃义的事情,劣币驱逐良币的结果就是整个社会礼崩乐坏。在我国古代,诚信被看作做人的根本,而与经济利益无关。《论语·颜渊》中,子贡问政。子曰:"足食,足兵,民信之矣。"子贡曰:"必不得已而去,于斯三者何先?"曰:"去兵。"子贡曰:"必不得已而去。于斯二者何先?"曰:"去食。自古皆有死,民无信不立。"在西方,人们的经济行为受新教伦理的制约,因此诚信是建立在信仰的基础上,做一个成功的企业家并不仅仅是出于追求财富的动机,而是为了证明自己是上帝的选民,选民与上帝之间是一种信托关系,要对上帝负责。昔日荷兰曾垄断海上贸易并获得"海上马车夫"的美誉,这是与荷兰出现巴伦支这样的以生命去兑现承诺的船长分不开的。16 世纪末,荷兰船长巴伦支带领 17 名船员试图开辟一条从荷兰往北经过北极圈到亚洲的航线时,被困在三文雅岛上,在漫长的 8 个月时间里,巴伦支船长和 17 名水手为了御寒拆掉船板作燃料,靠打猎来维持生存,在这种极端恶劣的环境中先后有 8 名船员死去,但他们丝毫未动客人委托给他们的货物,而这些货物中就有可以救他们生命的衣物和药品。8 个月后幸存下来的人把货物完好无损地交到委托他们的人手里,他们以生命捍卫了自己的承诺,同时也为荷兰商人赢得了宝贵的声誉。

赋予道德以超越性就是赋予道德以价值合理性。工具合理性解决的是人的形而下的物欲的满足,它使理性成为人的欲望的奴隶,"工具理性是指人在特定的活动中,对达到目的所采取的手段进行首要考虑、计算的态度"。而价值合理性解决的是人的形而上的精神追求,它使理性成为人的欲望的主宰。工具理性告诉人们什么对满足人的当下物质需要最有用,它关心的是有用没用的问题,而价值理性关心的是有意义没意义的问题,价值理性视野中的世界是一个关于意义和价值的形而上世界。有用没用是一个理性算计的问题,这是一种活在当下,沉溺于现实物质利益的非反思的态度。有意义或没意义是一种对现实生活的反思和批判态度,是一种面对困惑和迷茫时的自我诘问的态度。有用没用的工具理性态度是一种功利主义的结果论,正所谓无利不起早,不能给自己带来直接利益和实惠的事情被视为无意义的事情,是不值得去做的。以工作为例,在工具理性主义视野中,工作本身并无尊严可言,它只不过是一种获取金钱的手段,这种态度只会使工作变成一种令人困扰的负担,而不会给人带来快乐和满足。而价值理性往往只看重行为本身的价值,这是一种非功利主义的态度,人们做事情是基于意志的纯粹性,是一种出于信仰和敬畏的态度。"价值理性关注的不仅是人当下的需求与满足,更是未来的自由与发展,它所扮演的角色从来不是守护者和辩护者,而是批判者和超越者。价值理性通过对现实世界的反思、批判与变革,将人的目光从当下的利益需求拉向了一个自由的、合乎人的本性与发展的美好未来。价值理性的这种超越性精神在理想与现实之间,在终极指向性与历史确定性之间,保持着一种合理的、必要的张力,立足现实而又超越现实。"①

赋予道德以超越性就是要赋予道德以超验价值。理解超验就要从与这个概念相对立的经验说起,经验是有限的,经验性的道德规范不会给人以无限感,但是人的心灵的能动性使其具有对无限性的渴望。"从能动性上说,因为心灵的存在表现为绝对的主体,所以它有确立目标、探索意义的绝对自由,当面对生命的有限及外在世界给个体发展制造阻碍时,个体有选择超越有限、直趋精神'天的高度'的绝对权利。"② 如果道德规范不能给人以无限感,它就不可能使人产生信仰;从信仰的根源来看,人对无限性的觉知和向往是为了克服或者说超越自身局限性,只有信仰才能给人以无限的意志和力量。对超越有限的无限的向往使人产生敬畏心,因为它使人认识到自身不是无所不能的,谦卑心由此而产生,可以说没有信仰,人就不可能产生敬畏心和责任担当意识;这种敬畏心,这种责任担当意识是不能够从权衡利

---

① 王珊珊:《工具理性的独断与价值理性的回归》,《河南科技大学学报》2021年第2期。
② 辛斌等:《论超越性道德精神在构建和谐社会中的心理学价值》,《武陵学刊》2011年第6期。

弊的理性算计中产生的,因为工具理性价值观只会导致人以自我为中心的自私自利,导致理解自我的视野受到极大的限制。

经验是有条件的,经验性的道德规范不可能成为绝对命令。经验性的道德规范要告诉人们服从它的理由,在功利主义泛化的背景下,这个理由就是你应当这样做,因为这将对你有利;经验告诉我们,趋利避害是人的本性。劝人为善时经常被人提及的一句话是"送人玫瑰,手有余香",为善被披上了功利的外衣,这是康德的"善良意志"——无条件的——所不能认同的。当为善有了功利性的考量,权衡利弊的冷漠的理性考量就会粉墨登场,这种带有功利主义色彩的道德说教必然造成道德冷漠症;当道德权威成为权衡利弊的功利主义式的说教,它的权威性就会被削弱。卢梭认为,真正的权威是不以暴力而能约束人,不以论证而能说服人。强制不能产生义务,说理可能只会改变人的理智的认知,但并不一定会改变人的情感,"知道"并不会自动导致"情感升华"和"自觉行动",往往深思熟虑的东西是不会感动人的,眼泪是不会在人"想好"之后才流淌出来的,那是惺惺作态。极力通过说理来被对方接受,这已经隐含着从对方的需要出发来进行劝说的意思,只有得到被说服者认可,权威的存在才有意义,权威在这种论辩中已经不起作用了。

经验呈现给我们的是现象,它只能告诉我们是什么,却不能告诉我们应是什么。从是不能推导出应当来,应然的价值判断不能运用归纳的方法从实然判断中得出来。"我们不可能从'什么是'中得出,什么是富有价值的,什么是正确的,什么应该是(怎样的)。也从未有什么东西因为'它是'或者'它曾经是'中——或者即使'它将要是',就能说明'它是正确的'。……不可避免的事并非因此就值得追求,不可能的事也并非因此就是不正确的,更确切地说,堂·吉诃德是一扇门,而且是一扇通向高尚的门。"[①] 人的生命是有限的,人因此被称为"向死的存在",那么人活着的意义何在?这个问题不是能从经验事实中归纳出来的,它不是一个实证主义能够解决的知识论

---

① [德] G. 拉德布鲁赫:《法哲学》,王朴译,法律出版社2005年版,第7页。

问题，而是一个信仰问题，它解决的是人如何超越自身存在的有限性，在有限与无限之间搭起一座桥梁的问题。人的这种试图超越自身有限性的努力是为人生寻找安身立命之本，正如保罗·蒂利希所说："人的心灵之所以要寻求无限者，是因为那是有限者想要得到安顿的地方。在无限者那里，有限者看到了它自己的完成。这就可以解释何以终极性展现于其中的每一事物都具有这种使人着迷的吸引力了。"①在中世纪，人通过宗教信仰来超越自己的有限性，使自己的生活获得一种神圣的意义。在现代社会，寻找我们生活的意义是不能回到宗教那里去的，孙正聿先生提出使我们的生活有真实意义的"四世界"说很具有启发意义，即需要有超越"无情世界"的艺术的世界；需要有超越"小我世界"的伦理的世界；需要有超越"经验世界"的科学的世界；需要有超越"有限世界"的哲学的世界。②但是这四个世界是需要加限定条件的，能够提升人生境界的艺术是那种能够促使人对现实生活进行反思，扩展人的思想的想象空间，加深人的深层的情感体验的艺术，而不是那种被商业化、工业备份和娱乐化的即时消费的大众艺术，它会消磨人的意志，使人丧失忧患意识；它会压抑人的创造性冲动，使人安于现状和及时行乐。科学世界中的科学不是那种强调科学万能的唯科学主义，科学与科学万能主义并不等同。科学万能主义是科学技术被神化的产物，对科学技术的盲目崇拜使人失去谦卑心和敬畏心，并变得傲慢自大，看不到自身的有限性。现代性的创造力量之所以会转向破坏——战争和生态灾难等，根本原因是人失去了敬畏心，使科学技术一再突破其合理性边界。哲学世界里的哲学是那种在被唯科学主义和功用主义浸染的时代中保持自身独立性的哲学。这种哲学给人以启迪人生的智慧。无论是亚里士多德把"理性沉思"看作人的最高尚、最持续的幸福，还是笛卡尔把自我的确定性归结为"我思"，都告诉我们不要一味地追求外在的不确定的东西，满足于"势荣"，在世俗的喧嚣中回归心灵的宁静；不要总是用"有用"还

---

① ［美］保罗·蒂利希：《信仰的动力学》，成穷译，商务印书馆2019年版，第13页。
② 孙正聿：《崇高的位置》，人民出版社2010年版，第13—16页。

是"没用"这种市侩主义眼光来衡量我们的行为和外在对象,世上总是有因其自身就值得我们追求的东西。面对临界境遇给我们带来的焦虑和迷茫,要在有限与无限之间搭起一座桥梁。雅斯贝尔斯认为,哲学使人在思考中追求幸福、模仿神性,哲学以三种方式进行沉思,即自我反思、超越意识和对自身使命的意识。以这三种方式进行沉思就会使人意识到求之不得的东西:"在自己始终不安宁的生活中寻找到安宁,尽管有惊人的不幸,仍对万物之根据充满信心,在激情起伏时,坚定不移地做出抉择,在这充满一时间的诱惑的世界做到忠诚可靠。"①

五 营造文明健康的社会舆论氛围

防止市场交易原则的泛化,营造敬畏职业、严肃做事的舆论氛围。在市场经济条件下,对交换价值的重视使人的人格具有了市场指向,即把任何东西都看作有交换价值的东西,把自己的人生也看作一项投资,"一个人感到自己的价值主要不是由他所具备的人类德性构成,而是由于他在状况不断变化的一个竞争市场上所获得的成功构成"②,成功了,他就有价值;反之则毫无价值可言。人格的市场指向使人无论做什么事情都以是否对自己有利,能否给自己带来实惠为标尺。这种市场指向一旦进入政府,公权力就会成为交易的对象,成为为自己谋利的工具;在市场经济条件下,当权力成为获取资源,叩开市场大门的金钥匙,那么市场经济就会变成权贵经济,人们在市场竞争中考虑最多的不是去如何改进技术和改善经营管理,而是如何通过贿赂政府这个裁判员去改变游戏规则,从而破坏市场经济秩序。权力寻租的结果使升官发财的官本位价值取向左右人们的选择,无论人们做什么工作,都把升官作为自己的终极追求,正所谓"学而优则仕""演而优则仕"……这种扭曲的价值观念渗透到人们的日常行为中,

---

① [德]卡·雅斯贝尔斯等:《哲学与信仰:雅斯贝尔斯哲学研究》,鲁路译,人民出版社2010年版,第351页。
② [美]艾里希·弗洛姆:《自我的追寻》,孙石译,上海译文出版社2012年版,第60页。

就会形成一种习以为常的所谓"腐败文化","'腐败文化'的猖獗极大地助长了个人主义、利己主义、拜金主义、享乐主义等腐朽的道德观念,使得不正之风盛行,腐败行为频发。这已成为不争的事实"[①]。这种市场指向一旦进入经济领域,将不可避免地扰乱市场交易秩序,在利益驱使下,一些经济活动主体背信弃义,不履行合同承诺,偷工减料、以次充好、制假售假,以至于欺骗欺诈成为一种社会公害,骗生宰熟的结果使人与人之间充斥着隔阂和冷漠。一边倡导利他主义的美德,一边却让市场经济的利益交换原则大行其道,在这种情况下,主流价值观念的整合力和社会形塑力就会被削弱,反应主流价值观的社会舆论就不能充分发挥作用,甚至可能会变成官样文章。

发展市场经济,必须遵循价值规律,但市场经济毕竟属于经济范畴,而社会不是只由经济范畴组成,属于市场经济范畴的利益交换、成本与收益的算计并不适合所有领域。生命是无价的,生命至上是一个社会应秉持的最高价值规范,如果医院变成赚钱的企业,医生在这个企业中追求利益最大化,那么看病难、看病贵、医患矛盾就永远也解决不了。一味地把本不应由市场交易原则来支配的领域推向市场,虽然减轻了政府的负担,但其造成的后果就是人们在社会上再也找不到令人肃然起敬的神圣的场所和神圣的职业,没有人再会对自己的职业抱有严肃的态度。脱去神圣的光环,剩下的就是世俗的欲望和偏见。当逐利成为人生信条,人们就会告别崇高,教师根据家庭背景区别对待学生,大学教授羡慕有钱人,官员追求舒适享乐,医生对病人过度医疗,当这一切发生的时候,谁还会去相信道德说教。借用马克思的话来说,这将"抹去了一切向来受人尊崇和令人敬畏的职业的神圣光环。它把医生、律师、教士、诗人和学者变成了它出钱招雇的雇佣劳动者"[②]。在这种情况下,令人敬畏的职业都蜕变为谋生赚钱的职

---

① 王少伟等:《腐败与价值观扭曲:一对互哺的"恶之花"》,《中国纪检监察报》2014年9月30日。
② 《马克思恩格斯选集》第1卷,人民出版社1995年版,第275页。

业，没有任何神圣性可言。

反对商业炒作和媚俗倾向，使主流价值观念唱响舆论阵地。在现代商业社会，满足市场需要成为多数舆论媒介的运营宗旨，而满足市场需要在某种程度上就是迎合大众的口味和需要。现代性把人抛回自身，从而使人活在当下，把闲暇时间用在消遣和娱乐活动上的人越来越多，在这种情况下那些迎合大众的东西往往缺乏催人奋进和发人深省的内涵。而主流价值观起着引领和塑造符合时代发展和社会进步要求的社会风尚的作用，不会像商业媒体那样去一味迎合大众的消遣娱乐需要，一味地迎合往往就会走向低级趣味；主流价值观所倡导的价值观念指向国家的发展、民族的未来和人的生存的根本问题，它的目的是如何使人的生活更有意义和价值。比如作为社会主义核心价值体系灵魂的马克思主义所追求的是人摆脱人身依附和对物的依赖而实现人自身解放的终极问题，马克思虽然重视生产力和物质基础，但那是为了使人们从生存必需的劳动束缚中解放出来，以便有更多的闲暇时间从事创造性活动，促进人的全面发展，而不是让人把物质的东西看作是人生的全部内容和人生意义的载体和支柱。作为社会正确的价值导向，主流价值观要想发挥引领社会风气的作用，就不能像蜻蜓点水一样一拂而过，没有任何波澜，也不能流于形式。要让每一个舆论场都能感受到主流价值观的魅力和影响，主管部门要加强对新闻娱乐媒体及其从业人员的引导和监督，引导新闻娱乐媒体主动承担起以主流价值观塑造良好社会风气的责任，把经济效益和社会效益、当前利益和长远利益有机结合起来。习近平总书记指出："坚持团结稳定鼓劲、正面宣传为主，是宣传思想工作必须遵循的重要方针。我们正在进行具有许多新的历史特点的伟大斗争，面临的挑战和困难前所未有，必须坚持巩固壮大主流思想舆论，弘扬主旋律，传播正能量，激发全社会团结奋进的强大力量。"[1]

加强监督和管理，营造风清气正的网络空间。当代社会是高度信息化的社会，无论人们的生产还是生活都离不开互联网，互联网空间

---

[1] 《习近平谈治国理政》，外文出版社2014年版，第155页。

已经成为人们表达自己的意见、意愿和诉求,人与人之间进行沟通交流的重要平台。"互联网的迅猛发展,深刻改变着舆论生成方式和传播方式,改变着媒体格局和舆论生态。""互联网已经成为舆论斗争的主战场。"① 互联网空间具有高度自由性,各种观点、信息鱼龙混杂、良莠不齐,既有针砭时弊的善意的批评,也有无中生有、夸大其词的恶意攻击;既有对个人权益的理性诉求,也有情绪化的非理性宣泄。"随着现代网络信息通信技术的不断进步,信息的传播速度越来越快,扩散范围越来越广,重大社会事件产生的汇聚效应也早已突破了地域的限制,不少重大社会事件甚至引发国际社会的广泛持久关注。"② 要想发挥互联网空间的正确的舆论引导作用,使其成为听民情、解民忧、聚民力的平台,就必须营造一个风清气正的网络空间。要对民众加强教育和引导,使其能够在网络空间理性地表达自己的诉求,各级网络主管部门要积极回应民众意见和利益诉求,"对建设性意见要及时吸纳,对困难要及时帮助,对不了解情况的要及时宣介,对模糊认识要及时廓清,对怨气怨言要及时化解,对错误看法要及时引导和纠正,让互联网成为我们同群众交流沟通的新平台,成为了解群众、贴近群众、为群众排忧解难的新途径,成为发扬人民民主、接受人民监督的新渠道"。网络空间不是法外之地,既要提倡自由,也要保持秩序。习近平总书记指出:"形成良好网上舆论氛围,不是说只能有一个声音、一个调子,而是说不能搬弄是非、颠倒黑白、造谣生事、违法犯罪,不能超越了宪法法律界限。"③

六 赋予发展人文主义精神关怀

从传统到现代的发展过程是一个理性主义的世俗化过程,祛除神魅的世俗化过程使实证主义思维方式取代了神学的以及作为神学变体

---

① 《习近平总书记系列重要讲话读本》,学习出版社、人民出版社2016年版,第204页。
② 沈若波:《社会心态视域中的主流意识形态认同》,《湖北大学学报》2014年第1期。
③ 《习近平谈治国理政》第2卷,外文出版社2017年版,第337页。

的形而上学思维方式。实证主义思维方式使对事物的"形而下"的功用判断取代了对事物的"形而上"的价值判断,在这种情况下,祛除神魅的世俗化过程使理性本身也被世俗化为工具理性,理性被仅仅理解为工具理性。理性化的启蒙运动使人从对教会和贵族权力的屈服中解放出来,使人成为自己命运的主人,对被解放的人来说,来自彼岸的救赎不再是不可或缺的,对幸福的追求取代了对救赎的渴望,对物欲的追求取代了精神的升华。这反映在人们对知识的理解上就是人们把知识工具化,知识并不满足于向人们展示真理,它的真正目标是"行之有效地解决问题",以便更好地服务于人类生活。这是求实思想的胜利,它只要求理性是工具理性。

工具理性缺乏对意义的探寻。《启蒙辩证法》的作者霍克海默和阿道尔诺认为,知识的工具化将导致人放弃任何对意义的追求。"在通往现代科学的道路上,人们放弃了任何对意义的探求。他们用公式替代概念,用规则和概率代替原因和动机。……实体和质量、能动和受动、存在和生存……这些范畴被当作旧形而上学的理论偶像而遭弃绝,它们已经成了当时的历史本质和历史权力的象征;神话用这些范畴描绘和编造了生与死。"[①] 意义不能在自身中寻找,意义问题的关键是要为人生找到一个坐标参照系,我们这个世界的意义要到这个世界作为其中一个部分的更大框架中去寻找。在此意义上,放弃任何对意义的探求将导致人丧失观察和理解人生和世界的宏大的视野,用阿伦特的话来说,就是超越和信仰维度的丧失将把人抛回自身,囚禁在自身之中,使人陷入孤独和焦虑。在《本真性的伦理》的作者查尔斯·泰勒看来,放弃任何对意义的探求将使人产生失落感,泰勒认为,前现代的超越秩序是一个"伟大的存在之链",人们在自己的位置上与天使、天体和我们的世人同侪一起共舞翩跹,它在"限制我们的同时,也给世界和社会生活的行为以意义"。而现代人在发现自我的同时也陷入空前的意义迷失,随着超越秩序的瓦解,人们不再能够将自

---

① [德]马克斯·霍克海默、西奥多·阿道尔诺:《启蒙辩证法》,渠敬东、曹卫东译,上海人民出版社2006年版,第3页。

己与超越自我的更大的社会和宇宙视野相伴相随，于是产生了某种失落感；这种失落，泰勒称其为生命的"英雄维度"的失落。随着生命的英雄维度的失落，"人们不再有更高的目标感，不再感觉到有某种值得以死想趋的东西"。尼采的"最后的人"处于这种衰落的最低点，"他们的生命中不再留有任何抱负，只要'可怜的舒适'"①。当超越秩序瓦解了，人开始为自身立法，管用就会成为人的理性尺度；当人类把自身当作中心，那么周围的一切事物都丧失了其内在价值，它们就可以被当作我们计划实施的原材料或工具。当这一切发生的时候，工具理性主义就会主导我们的生活，应该由其他标准来确定的事情，就会"按照效益或'代价—利益'分析来决定；应该规导我们生活的那些独立目的，却被产出最大化的要求所遮蔽"②。这种从纯粹追求效果最大化的角度考虑问题的工具理性主义必然漠视人的情感和精神价值，助长我们生活的狭隘化和平庸化。

　　工具理性观念支配下的发展缺乏人文关怀。工具理性主义观念在对发展的理解上表现为片面追求物质财富的增长。片面追求经济增长和物质财富的丰富将不可避免地偏离发展的终极目的——人自身的发展，陷入为增长而增长的逻辑怪圈，本是手段的东西成了目的，目的本身却被忘却。让·鲍德里亚在《消费社会》中总结出为生产而生产的逻辑后果。为生产而生产的逻辑后果是任何生产出来的东西都因为存在这一事实而变得神圣了。在对财富的统计中积极的和消极的因素被混加在一起，"危害及对付危害的权宜之计，跟客观有益的财富生产一样，都得到了表现"③。这叫作以增长来医治增长，经济发展离不开技术进步，而技术进步往往是以新的麻烦代替旧的麻烦，也就是说技术进步并不能创造一个完善的世界，技术进步的每一阶段都会引起新的麻烦和问题。为了解决交通问题发明了汽车，而汽车的普及却带来环境污染以及安全事故频发等问题。"汽车拥堵的后果是引起了巨

---

① ［加］查尔斯·泰勒：《本真性的伦理》，程炼译，上海三联书店2012年版，第4页。
② ［加］查尔斯·泰勒：《本真性的伦理》，程炼译，上海三联书店2012年版，第6页。
③ ［法］让·鲍德里亚：《消费社会》，刘成富、全志钢译，南京大学出版社2014年版，第20页。

大的技术上、心理上和人力上的赤字",为了弥补这些赤字而不得不进行大量的开支;为了解决和应对噪声、排放、交通事故等问题进行的投入和开支全部被算入国内生产总值之中。也可以说,所有危害在这种逻辑下都变成了推动经济发展的"积极因素",因为对危害的治理带来了技术研发和投入,以及相关服务业,例如保险业和医疗康复的发展。把经济增长等同于发展的物本主义颠倒了手段与目的的关系,这将导致人们的思想认识陷入"怎样发展"的泥潭里,而始终无法涉及"发展的目的"这一终极问题,在这种情况下,各种令人焦虑的"发展综合征"不断涌现。

为生产而生产的另一个逻辑结果是打开了消费主义的大门。消费主义不同于一般的消费,一般消费是为了满足人的合理欲望——客观的生理心理需要而进行的消费,它是建立在财产必然用途之上的,以理性的消费观来看,超出基本的生存和发展需要的消费都可以被冠以浪费。而消费主义则是消费的异化,即把消费当作在社会等级序列中凸显自己的行为,手段成为目的。"生产和消费——它们出自同样一个对生产力进行扩大再生产并对其进行控制的巨大逻辑程式的。该体系的这一命令以其颠倒的形式——这正是其极端诡谲之处——渗入了人们的思想,进入了伦理和日常意识形态之中:这种形式表现为对需求、个体、享乐、丰盛等进行解放。这些关于开支、享乐、非计算('请现在购买,以后再付款')的主题取代了那些关于储蓄、劳动、遗产的'清教式'主题。"[①] 在消费主义逻辑下,浪费成为一种义务,浪费的功能就在于通过大众消费振兴经济,生产的东西不是根据其可能的使用时间而存在的,而是根据其死亡时间而存在的,"死亡的加速势必引起价格上涨速度的加快。仅仅这一点就足以对有关用途、需求等的整个经济学'理性的'公诉产生怀疑"。[②] 因此现代社会人们崇尚求新求异,新的就是好的,最新的就是最好的。这是"建立在技

---

① [法]让·鲍德里亚:《消费社会》,刘成富、全志钢译,南京大学出版社2014年版,第64页。
② [法]让·鲍德里亚:《消费社会》,刘成富、全志钢译,南京大学出版社2014年版,第26页。

术破坏或以时尚的幌子蓄意使之陈旧的基础之上的。广告耗费巨资实现了这一奇迹。其唯一的目的不是增加而是去除商品的使用价值，去除它的时间价值，使它屈从于时尚价值并加速更新"。借用马克思的话来说，就是"生产的不断变革，一切社会状况不停的动荡，永远的不安定和变动"，"一切新形成的关系等不到固定下来就陈旧了"。①

片面追求物质财富将不可避免地导致人的异化和物化，拜金主义和享乐主义使人成为自己创造的财富的奴隶，成为自己的感官欲望的奴隶。在市场经济活动中，企业和个人追求自身利益本无可厚非，但是一些人却把自身利益的实现建立在对他人利益的损害上。一些社会成员的人生观、价值观严重扭曲，贪图享乐、好逸恶劳，拜金主义、享乐主义价值观流行，一些社会成员只顾自身的名利，告别理想、蔑视崇高，致使一些低俗、媚俗、庸俗的文化在社会流行。片面追求物质财富，以物的尺度来衡量自己的人生价值，使人性变得贫瘠荒芜，失去了人之为人应有的价值和尊严，阻碍了人的自由而全面的发展。正如马克思所说，人是自然的、社会的、精神的存在物，人是由自然、社会和精神等因素组成的完整的统一体，人的发展就是"人以一种全面的方式，作为一个完整的人，占有自己的全面的本质"②。人不但具有物质上的需要，而且还有精神上的追求，如果离开了精神上的追求，人就变成行尸走肉。对于人为什么不能放弃理想信念，弗兰西斯·培根认为人之所以能够把自己与动物区别开来就在于人能够在精神上追求神圣和崇高，人是借助信仰来提升自己的价值的，而仅在肉体上是无法把人与动物区别开来的。

解决因片面追求经济增长带来的问题，就要赋予发展以人文主义精神关怀。人文主义精神是一种普遍的人类自我关怀，表现为对人的尊严、价值、命运的维护、追求和关切。茨维坦·托多罗夫把人文主义道德主张概括为三句话，即"我应当是我的行为的源头，你应当是我的行为的目标，他们所有人都属于同一物种意义的人类"。从人与

---

① 《马克思恩格斯选集》第1卷，人民出版社1995年版，第275页。
② 《马克思恩格斯全集》第42卷，人民出版社1979年版，第123页。

社会关系的来看，人文主义思想颂扬人的自由，但是它不同于无视人类个体的社会归属性的个人主义思想，人文主义者肯定作为人的构成成分的社会性，在人文主义者看来，没有社会，人便不成其为人。"肯定人的群居性是人的构成成分，肯定人类彼此需要，不仅是为了存活和繁殖，还是为了他们构成有意识和可沟通的生物"①。从人与人的关系来看，人文主义的公设就是以你为终极目的，这一公设反对把人当作工具来看待。在《新爱洛伊丝》中，卢梭借朱莉之口表达了这一人文主义思想："人是一种过于高贵的生物，他不应该仅仅为别人充当工具，人们不应该利用他去做他所适合的事情而不先问问他认为什么是合适于他的。"茨维坦·托多罗夫认为以你为终极目标是人文主义从人是合群的社会动物中必然推演出来的结论，从人的社会性出发，尊重他人是这种必然关系的结果，在社会中人们都追求得到他人对自己的尊重，使他人关注自己的命运是人类作为社会动物的构成性的需要。通过以你为终极目的这一公设，使对爱的赞美进入人文主义学说，爱某人不是因为其有特殊的品质——例如完美或地位尊贵，而是就其作为人本身就值得人尊重和爱；人文主义之所以赞美爱，是因为人是社会动物，"人类是不自足的，为了生存，他们需要他人；爱以各种形式来满足这种需要，化身为对这种需要的最强烈感受"。从人与自然的关系来看，人文主义反对对人的这种天真的看法，即认为人类是完全善良或无所不能的，从这种看法出发，人类必然会把自己看作自然的主人。在人文主义者看来，人性是不完美的，人不是无所不能的，人类既不是自然的主人，也不是自然的奴仆。从这三个方面来分析人文主义思想，我们不难看出，人文主义思想从人的社会性出发，把人看作发展的中心，强调以人为终极目的，尊重人，尤其是尊重人的具有普遍性类生命价值。"人文关怀是对人的生存境遇的关注和对符合人的自然本性与社会本性的生活意义的肯定，强调人的主体的自由、平等、权利和解放，属于主体哲学范畴。人文关怀通过物质

---

① ［法］茨维坦·托多罗夫：《不完美的花园——法兰西人文主义思想研究》，周莽译，北京大学出版社2015年版，第43页。

和精神上的介入,实现对人的关心、爱护、尊重,最终体现人的尊严和价值。"①

赋予发展以人文主义精神关怀,就是要把人的发展作为发展的根本目的。过去在经济建设过程中,一些地方和一些领域片面追求经济增长,以经济建设为中心被异化为以 GDP 论英雄,把发展片面地等同于经济增长,把人的需求归结为物质欲望的满足;一些企业片面追求经济效益,不注重员工身心健康和劳动安全,不注重环境保护,不能积极地承担起社会责任,造成大量的负的外部性。在这种情况下,人本身的发展没有得到应有的关注和重视。经济得到快速发展,涉及民生的社会事业发展却相对滞后;人们的物质生活水平不断提高,可是人们的精神世界却越来越贫瘠;市场经济发展步伐越来越快,可是与市场经济相适应的思想道德建设却没有跟上步伐,致使诚信缺失、道德冷漠、底线失守现象频繁发生,严重地扰乱了社会主义市场经济秩序,影响了社会的健康和谐发展。在党的十九大报告中,习近平总书记指出,中国特色社会主义进入新时代,我国社会主要矛盾已经转化为人民日益增长的美好生活需要和不平衡不充分的发展之间的矛盾。在新时代社会主要矛盾的表述中,从物质文化生活需要到美好生活需要的转化,体现了对人的全面发展的终极关怀。马克思说"人的根本就是人本身","人是人的最高本质"。② 从人的高度来看待人,促进人的自由而全面的发展,是马克思主义的基本观点,也是社会主义发展的根本目的。人的自由而全面的发展是马克思主义基本的价值诉求,马克思在《1844 年经济学哲学手稿》中指出,人的发展是"人以一种全面的方式,也就是说,作为一个完整的人,占有自己的全面的本质"。人的全面发展是与人的片面发展或者说单向度发展相对而言的,人的全面发展包括人的自然素质、社会素质和精神素质的全面提高,人的政治权利、经济权利、文化权利和其他社会权利的充

---

① 杨鑫铨:《人文关怀是培育社会主义核心价值观的内在要求》,《湖南日报》2016 年 4 月 9 日。
② 《马克思恩格斯选集》第 1 卷,人民出版社 1995 年版,第 9 页。

分实现。中国共产党历来十分重视人的全面发展，并把人的全面发展贯彻在治国理念的实践中去。改革开放的总设计师邓小平同志多次强调加强精神文明建设，提高人的精神文化素质的重要性，邓小平指出："不加强精神文明的建设，物质文明的建设也要受破坏，走弯路。""风气如果坏下去，经济搞成功又有什么意义？会在另一方面变质，反过来影响整个经济变质，发展下去会形成贪污、盗窃、贿赂横行的世界。"[1] 江泽民在庆祝中国共产党成立八十周年的讲话中指出："我们建设有中国特色的社会主义的各项事业，我们进行的一切工作，既要着眼于人民现实的物质文化生活需要，同时又要着眼于促进人民素质的提高，也就是要努力促进人的全面发展。"党的十六大以来以胡锦涛同志为总书记的党中央提出坚持以人为本，树立全面、协调、可持续的发展观，促进经济社会和人的全面发展，科学发展观把依靠人作为发展的根本前提，把提高人作为发展的根本途径，把尊重人作为发展的根本准则，把为了人作为发展的根本目的，始终把实现好、维护好、发展好最广大人民的根本利益作为党和国家一切工作的出发点和落脚点。习近平总书记在党的十九大报告中提出，新时代我们要通过解决发展不平衡不充分的问题，更好地推动人的全面发展。在中国特色社会主义新时代，"人民美好生活需要日益广泛，不仅对物质文化生活提出了更高要求，而且在民主、法治、公平、正义、安全、环境等方面的要求日益增长。……着力解决好发展不平衡不充分问题，大力提升发展质量和效益，更好满足人民在经济、政治、文化、社会、生态等方面日益增长的需要，更好推动人的全面发展、社会全面进步"[2]。

赋予发展以人文主义精神关怀就是保障人们有更多的获得感、幸福感和安全感。在三者逻辑关系中，幸福感是目的，获得感是基础，安全感是保障。

---

[1] 《邓小平文选》第3卷，人民出版社1993年版，第144、154页。
[2] 《决胜全面建成小康社会 夺取新时代中国特色社会主义伟大胜利——在中国共产党第十九次全国代表大会上的报告》，《人民日报》2017年10月19日第2版。

●●● 社会道德风尚的现代性阐释

　　幸福感来自人们对自我的肯定，即对自己的生命价值和尊严的肯定，只有在自己的生命活动中肯定自己的人，才能感到幸福、自在和精神的舒畅。人的肯定自己的生命活动是体现人的类本质——自由的有意识的活动——的创造性活动。"一般地说，人对自身的任何关系，只有通过人对其他人的关系才得到实现和表现。"① 在此意义上，创造性活动只有得到他人和社会的承认，人们才能肯定自己，肯定自己的生命价值和尊严。为此社会要为人尽其才和才尽其用创造自由平等的社会条件。所谓自由就是社会要充分尊重人们的创造和选择，在全社会营造勇于冒险、鼓励创新、宽容失败的氛围；所谓平等就是社会要维护公平正义，使人们在共享发展中获得成就感，从而激发起人们爱岗敬业、创新创造的责任感和热情。用习近平总书记的话来说，就是要使每个人都有人生出彩和梦想成真的机会。"我们的方向就是让每个人获得发展自我和奉献社会的机会，共同享有人生出彩的机会，共同享有梦想成真的机会，保证人民平等参与、平等发展权利，维护社会公平正义，使发展成果更多更公平惠及全体人民，朝着共同富裕方向稳步前进。"② 如果缺乏"发展自我和奉献社会的机会"，自己的努力得不到社会的承认和应有的回报，那么就体会不到做人的尊严。如果一个人长期被社会边缘化，并靠自己的努力无法得到改善，那么他就不敢有梦想，生活对他来说就是灰色调的，对未来就会充满悲观情绪，一部分人甚至会产生反社会的倾向。

　　使人们具有更多的获得感就必须坚持以人民为中心，贯彻共享发展理念。社会主义不是"穷"而是"富"，社会主义的富是"共富"，共同富裕是社会主义的本质要求，是中国式现代化的重要特征。实现共同富裕就是要坚持以人民为中心的发展思想，始终不移地贯彻共享发展理念。实现社会共享，实现人的全面发展，是马克思主义的奋斗目标，也是中国共产党的初心使命，要通过"创造更加公平正义的社

---

① 《马克思恩格斯选集》第 1 卷，人民出版社 1995 年版，第 48 页。
② 习近平：《在中法建交五十周年纪念大会上的讲话》，《人民日报》2014 年 3 月 29 日第 2 版。

会环境，保证人民平等参与、平等发展权利，实现好、维护好、发展好最广大人民根本利益"①。我国社会主义进入新时代，旧的社会主要矛盾——人民日益增长的物质文化生活需要同落后的社会生产之间的矛盾——已经解决，新时代社会主要矛盾是人民日益增长的美好生活需要同发展不平衡不充分之间的矛盾。随着主要矛盾的转换，矛盾的主要方面也发生了变化，即由落后的社会生产转变为发展不平衡不充分。如果说我们以前解决主要矛盾的方法是强调以经济建设为中心，通过快速发展经济把蛋糕做大，那么在新时代我们解决主要矛盾的方法就是坚持以人民为中心的价值取向，在实现经济高质量发展基础上把蛋糕分好，努力使全体人民在学有所教、劳有所得、病有所医、老有所养、住有所居上持续取得新进展。适应我国社会主要矛盾的变化，更好满足人民日益增长的美好生活需要，必须把促进全体人民共同富裕作为为人民谋幸福的着力点，不断夯实党长期执政的基础。

自古以来，人们习惯于用安居乐业来形容生活的幸福美好。安全是社会主义和谐社会的基本特征，是实现人们日益增长美好生活的需要。"安全感对于人们来说同样非常重要，安全感本身就是获得感和幸福感的特殊体现。在一个安全的环境氛围中，人们才能充分发挥自己的潜能，创造出更多的社会财富，体验到获得的快乐和幸福。"②

从人与人之间的关系来看，安全感来自人与人之间的和谐。现代社会是陌生人的社会，人与人之间主要是契约法律关系，缺乏血缘亲情纽带，从而导致人际关系冷漠。社会主义核心价值观大力倡导自由平等、诚信友善的价值观念，这对于消除人与人之间的隔阂，创造互尊互信的社会氛围具有重要意义。人与人之间只有互相尊重，诚信友善，才能消除彼此之间的隔阂与不信任，给人带来安全感。我们党和政府始终遵循以人民为中心的发展理念，强调共享发展，这对消除因收入差距拉大以及阶层的分化和固化而造成的社会隔阂，促进人际关

---

① 《习近平总书记系列重要讲话读本》，学习出版社、人民出版社2016年版，第78页。
② 马振清、刘隆：《获得感、幸福感、安全感的深层逻辑联系》，《国家治理》2017年第44期。

系的和谐,社会的安定有序发挥了重要作用。

从公民和政府的关系来看,安全感来自对政府的信赖。政府的权力是公权力,公权力必须为公。卢梭说"政府是人民的办事员",正如习近平总书记所说,公权力"姓公",公权力"为民"。在执政理念上,党和政府始终坚持立党为公,执政为民。把人民对美好生活的向往明确为党的奋斗目标,始终把人民拥护不拥护、赞成不赞成、高兴不高兴、答应不答应作为衡量一切工作得失的根本标准。在为民服务上,党和政府始终坚持把人民的利益放在第一位,把实现好、维护好、发展好最广大人民的根本利益作为一切工作的出发点和落脚点,把老百姓的事当作最大的事,使人民获得感、幸福感、安全感更加充实。在司法实践中,提出要努力让人民群众在每一个司法案件中都感受到公平正义,"让人民群众切实感受到公平正义就在身边"。

七 加强对大众文化的规范引导

文化是人类在改造自然和社会过程中所创造的物质财富和精神财富的总和,一般特指以观念形态存在的精神文化,包括思想道德、宗教信仰、文学艺术、教育科学等。大众文化是与精英文化相对而言的一种文化形式,它是大众社会的产物。

现代社会是大众社会。从传统社会到现代社会,就是一个从等级身份转向平权契约,从贵族专制转向大众民主的过程。如果说传统社会是一个以宗法血缘关系为基础的熟人社会,那么现代社会则是一个以利益关系维系的契约基础上的陌生人社会,人们的陌生感既来自接触的环境和人的陌生,也来自接触的方式——市场经济下的雇佣关系、利益关系、竞争关系缺乏直接性和人情味。有学者把大众社会中人与人之间的陌生感和距离感形容为"比邻若天涯"。乔·萨托利认为大众社会中的人民已经不是一个有机整体,而是一个失去了根的"无定型的集合体":"巨型国邦不会恢复亲密感,'孤独的人群'就仍可能继续伴随着我们。总之,我们生活中的基层团体的保护伞已经消失;适应迅速而不断变化的环境是一场紧张的竞赛,其中有着大量

第五章　培育文明健康的社会道德风尚的路径选择

在调整中失败的人，由此带来的空虚感养育了异化和失范。"① 这种由空虚带来的异化，在大众闲暇时间中的表现就是人们更热衷于消费和娱乐，对政治却越来越冷漠，这是人们的剩余精力在大众社会中不能得到创造性发挥和升华所带来的结果。卡尔·曼海姆认为，这是因为大众社会的庞大的工业体系使人变成了功能性的存在，在日益扩大与精细的社会分工面前，社会的稳定运行有赖于人们按照既定目标发挥自己在分工中所扮演的角色和功能。在工业体系中，"一系列行动以如此的方式被组织起来，以致它能够导致既定的目标，而在这一系列行动中每个要素又都获得了一个功能的位置和角色"。这架机器的有效运转不再取决于功能性存在者的判断力，当功能性存在者只是机械地完成任务，不需要在发挥自身创造性的条件下尽其所能，那么他也就不可能体验到工作的乐趣。在这种情况下，马克思所说的劳动的异化现象就会发生，工人只有在劳动之外才感到自在，他在不劳动时才觉得舒畅，这种对劳动的逃避使人们把剩余的精力在闲暇时间投入对消费和娱乐的追求之中。卡尔·雅斯贝尔斯认为，把个人变成单纯的功能将使人"目光短浅"和"追求平庸"，具有功能合理性的人的生活缺乏连续性，"这种生活的基础在于忘却。它对过去与现在的视野缩小到了如此地步，以致除了赤裸裸的当前以外，几乎没有任何东西留存在精神中。……在这种生活中的人都没有任何认真地想要成为他们自己的愿望。这样的人有一种优越性：似乎这个世界必定要交给平庸的人"②。

大众文化正是适应大众社会中人们对平庸的追求而产生的。不同于学界的具有内省和反思倾向的精英文化，大众文化是一种消费文化，消费文化是如同蛋糕和雪茄一样被生产出来并被人们消费掉的物品，"和当年的汽车一样，和绿地所代表的自然一样，注定了只是昙花一现的符号，因为不管有意无意，它都是在一个如今已经成为生产

---

① ［美］乔·萨托利：《民主新论》，冯克利、阎克文译，东方出版社1993年版，第29页。
② ［德］卡尔·雅斯贝斯：《时代的精神状况》，王德峰译，上海译文出版社2013年版，第24—25页。

的普遍范畴即循环和再循环范畴中被生产出来的"。① 在大众社会，文化生产屈从于不断更新的再循环，所有适应了新环境文化的人都应该做到跟上潮流，都要"忍受这种像时尚般永远动荡着的简单摆动的约束，它是对如下文化观念的彻底颠覆：1. 继承下来的著作、思想、传统等遗产；2. 考证和理论思考的持续方面——考证的超验性和符号的功能"②。由于丧失了意义实体，关系到文化产品意义的不再是其含义是否具有可延续性，而是其含义是否具有可循环性。当文化被当作消费品来看待，文化的生产必然会遵循商业运作模式：在盈利动机驱使下去控制和迎合大众的消费趣味。无论是控制还是迎合，都说明大众消费者失去了选择自由。卡尔·曼海姆认为，建立在工业化基础上的大众社会有助于大众的非理性情感和冲动的产生，因为从传统到现代，就是一个以理性精神祛除神魅的世俗化过程，但是随着工业化的发展，人的活动越来越变得具有功能合理性，而功能合理性对人的理性判断能力起着麻痹作用。③ 理性判断能力的丧失使大众易于接受建议和受到感染，舍勒因此而把大众民主称为"情绪民主"，在这种情况下，大众的心理需求就极容易被生产企业所控制，或通过先期的市场民意调查，或通过后续的广告宣传，无论哪种方式都离不开对消费者心理需求的颂扬。如果文化去迎合大众的趣味，那么它必然会因为放下高雅的身段，走出神圣的殿堂而沦为普通而平庸的东西，但它们要貌似不平凡："凡欲迎合他们趣味的人必须创造出实际上普通而平庸的东西来，但要貌似不平凡。他必须赞美或至少肯定某种东西普遍地合乎人性。凡越出他们的理解力的事物都不能与他们相容。"④ 大众文化的繁荣是与市场经济的商业运作模式分不开的。市场不同于计

---

① ［法］让·鲍德里亚：《消费社会》，刘成富、全志钢译，南京大学出版社2014年版，第88页。
② ［法］让·鲍德里亚：《消费社会》，刘成富、全志钢译，南京大学出版社2014年版，第88页。
③ ［德］卡尔·曼海姆：《重建时代的人与社会——现代社会结构研究》，张旅平译，译林出版社2011年版，第20页。
④ ［德］卡尔·雅斯贝斯：《时代的精神状况》，王德峰译，上海译文出版社2013年版，第12页。

划，计划是严肃的事情，是必须当作政治任务去完成的，主导权在计划的制订者这里；而市场则把选择权交给消费者，要想盈利就必须开拓市场，去争取消费者，如果没有票房和收视率或者票房和收视率低，没有达到预期，就意味着投资失败。资本逻辑支配文化市场的结果就是文化的创作极力迎合市场和受众，什么流行，大众喜欢什么，就一哄而上，跟风炒作现象十分普遍。这种基于商业运作的大众文化为了经济效益不是去引领大众，而是去迎合大众、取悦大众。大众的知识水平、欣赏水平和辨别能力存在很大差别，特别是那些涉世不深的年轻学生极容易被不良的思想文化所熏染和诱导，影响其积极健康发展。只有加强对大众文化发展的规范和引导，才能促进社会风气向积极健康方向发展。

　　加强对大众文化发展的规范和引导，要坚持文化建设和发展的社会导向，把社会效益放在第一位，以提高人的科学文化素质和思想道德素质为己任。人既有物质需要，又有精神需要，社会既要给人们提供物质生活资料，又要提供文化艺术类精神产品。在市场经济社会，物质生活资料的生产遵循资本的逻辑，所谓资本就是能够带来剩余价值的价值，资本逻辑要求带来价值增殖，服从生产者对自身利益的考虑，用亚当·斯密的话来说："我们的晚餐并非来自屠宰商、面包师和酿酒师的恩惠，而是来自他们对自身利益的关切。"为了盈利就必须满足市场需要，迎合大众消费需求。在市场经济条件下，功利主义无孔不入，精神财富的生产也不同程度受到资本逻辑的支配，这导致文化与世俗功利的界限越来越模糊。带有理性反思性质的严肃文化——精英文化——因其与现实经验和人们的世俗欲求保持距离而受到冷落，面对汹涌来袭的市场经济大潮，文化不再清高，知识、才能、技艺、称号等成为赚钱的工具，那些饱读诗书和身怀绝技的专家学者和艺术家放下身段和面子，纷纷走出象牙塔。在市场化改革过程中，为了调动人们的积极性，政府放权让利，把一些文化艺术行业推向市场。为了生存，它们不得不想尽一切办法去开拓市场，去迎合市场需求。如果按照资本逻辑——在不断循环中实现盈利增殖——生产精神文化产品，那么它们就可能会屈从于现实需要，迎合大众需求和世俗偏见，从而导致媚俗现象的激增。"媚俗的激增，是由工业备份、平民化导致的，在物品层次上，是由借自一切记录（过去的、新兴的、异国的、民间的、未来主义的）的截然不同的符号和'现成'符号的不断无序增加造成的；它在消费社会社会学现实中的基础，便是'大众文化'。"①

精神产品不同于物质产品，它不是为了满足人的生理需要，而是为了陶冶人的情操，提升人的精神境界，这不是一个简单的个人喜好和自主选择的问题，而是涉及社会的进步发展和民族未来问题。当今世界风云变幻，国与国之间的综合国力的竞争日趋激烈，在综合国力中，作为文化的软实力所发挥的作用日益突出。所谓文化软实力是指一国的文化在世界范围内的吸引力、感召力和影响力。有学者认为硬实力的本质内涵是威慑力，而软实力的本质内涵是亲和力，"所谓亲和力，是主体所具有的一种爱的力量，其要义在于以爱的方式赋予爱的对象生机和活力。它类似弗洛伊德所说的'爱欲本能'，其价值在于能够使爱欲对象变得生机勃勃、欣欣向荣"②。应当说亲和力包含在吸引力和感召力里面，是其应有之义。文化软实力是民族凝聚力和创造力的重要源泉，习近平总书记指出："提高国家文化软实力，关系'两个一百年'奋斗目标和中华民族伟大复兴中国梦的实现。"文化承担"以文化人"的历史使命和责任担当，文化发展应坚持正确的社会价值取向，积极传播正能量，不断激发人们向上向善的热情。文化以轻松愉快的方式表达和展现出来，是为了使受众更容易理解和接受，但前提是不能因此而破坏文化所蕴含的人文精神，影响其教育价值。文化给人带来的不应当是无灵魂的嬉笑和转瞬即逝的快乐，而应当像一首歌中所唱："笑中也有泪，乐中也有哀，几分庄严，几分诙谐，几分玩笑，几分那个感慨。"如果文化艺术只能给人带来转瞬即逝的快乐和调侃嬉戏，不能激发人的理性反思和深刻的生命体验，那

---

① ［法］让·鲍德里亚:《消费社会》，刘成富、全志钢译，南京大学出版社2014年版，第98页。
② 向玉乔、王旖萱:《软实力的本质内涵和价值维度》，《文化软实力》2019年4月15日。

么它就没有任何存在的意义和价值。正如汉娜·阿伦特所说，娱乐满足的是人与自然物质变换的生物性需要，不是人的精神性需要，被娱乐化的文化根本就不能称为文化，它也不能使人有文化；大众社会需要的是娱乐，而不是文化。为此，我们不能一味地使精神财富的生产屈从于现实，使其委身于资本运作，成为资本的奴隶，无限扩大其经济效益的合理性。

一方面要鼓励和保护高雅文化的发展。高雅文化与世俗的商业秩序相异化，高雅文化的思想性和前瞻性决定了它对大众的生活秩序采取的不是欣赏和美化的态度，而是反思和批判的态度。高雅文化"注重精神意义的价值追求，对全人类文明的发展和中国文化的建构都有着重要意义和深远影响，它是代表中国的'文化符号'，是民族精神的象征"[①]。我们不能以经济效益来衡量高雅文化的价值，不能以其受众的多少以及大众对其接受的程度作为衡量高雅文化发展的标准；一个民族的文化要想达到一定的厚度和高度，就要在远离世俗功利喧嚣的宁静中加以沉淀和涵养。当年老子西出函谷关写下震古烁今的《道德经》五千言，我们现在一篇普通的文章动辄就上万字，在那些为了评职、评奖和考核的功利目的需要而发表的论文中又能有多少思想精华。要防止资本对高雅文化自主发展空间的挤压和侵蚀，保持高雅文化与现实之间的审美距离。国家要加强对那些不具有商业娱乐功能的严肃文化的投入和扶持，使广大文化艺术创造者不用为了生计而奔波，能够安下心来创作那些弘扬社会主义核心价值观，具有时代进步意义的主旋律的作品。各大主流媒体要承担起应有的社会责任，不能简单地以收视率、点击率和回头率来论成败，更不能为了吸引人的眼球而哗众取宠，把娱乐大众进行到底。要多出精品，积极宣传那些能够振奋民族精神，凝聚中国力量，增强人民的民族自尊心和自信心的好思想好作品；弘扬那些能够启迪人生智慧，触动人的灵魂，引起人们思想共鸣，促使人们向上向善的东西。

另一方面要促进大众文化健康发展。大众文化对促进文化多元化

[①] 林怡：《精英文化与大众文化的科学定位》，《企业家天地》2009年第8期。

发展，丰富大众日常生活发挥着积极的作用。促进大众文化健康发展首先要赋予其人文精神和科学精神。赋予大众文化人文精神就是以人文精神消解大众文化以效益为中心的工具理性主义倾向，赋予大众文化科学精神就是以科学精神消解其对人的理性思维的麻痹和毒化。人文精神把最高价值赋予人本身，强调对人的终极关怀；人文精神恪守人是目的而不是手段的康德式的绝对命令，人文精神秉持以人为本的价值理念，关切人的精神存在价值，因此它"主要影响的是人类的灵魂世界、道德境界、心理情绪、思想品质等复杂的精神现象和精神力量"[1]。所谓科学精神就是理性精神，理性不同于理智，"理性是人以思想把握世界的能力"，"理性是人获得真理的工具"。"科学的理性精神首先是一种相信真理的存在，坚持追求真理的态度。在这种精神激励下，新的科学知识、思想和方法渐次被引入，一些缺乏客观实在性的概念被剔除，一代又一代的科学家从不断试错中建构起了今天的科学大厦。……其次，科学的理性精神中既有理论创造的勇气又有严谨实证的态度，即通常所说的'大胆假设，小心求证'。"[2] 其次，大众文化的发展既要有产业发展思维，又要承担起"以文化人"的社会责任，要把文化产业和文化事业结合起来。以严肃的态度对待文化产业的发展，文化产业不能只姓"钱"，一味地迎合市场和大众需求。走市场化路线的初衷是激发文化创造的活力，通过竞争创造百花齐放、百家争鸣的文化繁荣发展局面。物质产品在市场上竞争的是品质，大众文化在市场上竞争的应当是品味，内涵深刻，具有广泛的教育意义，令人回味无穷的文化艺术作品才具有竞争力，大众文化创造者应当在这方面下功夫，而不是乐此不疲地走在娱乐大众的道路上。之所以会出现这种背道而驰的现象，是因为无底线的赚钱欲望导致文化市场的无序发展。为此要加强市场监管，以整治"三俗"为重点，防止大众文化市场的自发和无序发展。再次，促进大众文化健康发展要促进大众文化主体意识的提升。与具有理性反思性的高雅文化不

---

[1] 董俊山：《倡导科学与人文精神的统一》，《北京日报》2011年3月7日。
[2] 刘大椿：《自然辩证法概论》，中国人民大学出版社2008年版，第18页。

同，娱乐化的大众文化是一种感性的文化，大众对这种感性文化的接受方式更多的是对感官刺激做出直接反应，而不是通过理性思考。换言之，感性的大众文化往往是比较肤浅、直观的，它不是为了使人更有文化和素养，而是为了满足人的当下的感官快乐，这种文化形式抗拒人的理性的审视，对沉溺于其中的大众的心理将不可避免地产生麻醉作用，从而削弱他们的理性思维能力，降低他们的文化审美水准。理性思维是人区别于动物的最本质特征，是人的主体性的集中表现。自由有意识的活动是人的类特性，人能把自身与外物区分开来，把自身和自身之外的事物当作思考的对象。如果说动物服从自然法则是一种本能反应，那么人服从自然法则则不是无思考、无反思的本能反应，而是一种意志行为，人可以选择拒绝。感性的大众文化麻痹人的理性反思和判断能力，弱化人的文化主体性，使大众成为被动无依的、随波逐流的"乌合之众"，成为自身造物的俘虏，感性的奴隶。加强对大众文化发展的规范和引导，促进大众文化健康发展，就要促进大众文化主体意识的提升，提高大众的审美水准、理性鉴别能力。拥有文化主体意识的人不是文化的被动接受者，而是文化积极主动的参与者和创造者。人不是无意识的被动的接受性存在，而是具有自我意识的能动性存在；人通过创造性活动使自身摆脱偶然性和被动性，证明自己是一个自由的能动性存在。马克思认为动物不能作出选择，只能按照它所属的那个物种的尺度来建造，而人则能够选择，懂得按照任何一个种的尺度进行生产，而且人可以自由地面对自己的产品。在马克思看来，不受肉体感受性控制的活动才是真正人的活动，在这个意义上讲，娱乐化的感性文化不但不能提高人的文化水准，反而会拉低人的文化水准。提高人的文化主体性意识要促进文化主体从"自在"转向"自为"，从"自在"转向"自为"是文化主体从不成熟走向成熟的标志。不同于缺乏自觉意识和明确的目标指向的自在性，"自为性是指达到一定的自觉性之后，人的思想境界和觉悟程度有了很大提高，这样，人的活动就有了明确的指南和目标，从而呈现出一种自觉性和能动性。……文化自为性使人类获得改造世界、超越自我的力量。在人的文化创造、文化自觉、文化优化过程中，人的世界变得丰富多彩，越来越符合人性的取向"[1]。

八 积极倡导文明健康生活方式

生活不同于生存，生存是为了使生物学意义上的人类或人类个体能够存续下去，即活着；而生活是通过生命活动来实现人的类本质，即活得有意义有价值。生存属于必然性领域，而生活属于自由领域，在必然性领域人们没有选择；在自由领域人们能够做出选择，从生存到生活是质的飞跃。

生存属于必然性领域，为了生存就必须满足人的肉体需要，这种需要带有强迫性，在必然性领域内所进行的活动是不自由的。马克思认为，为生存必需所驱迫的劳动是异化的劳动，异化劳动"把人的类生活变成维持人的肉体生存的手段"[2]。这种异化劳动无法使人在自己的生命活动中实现自我价值，获得自我肯定和自我认同，因为它违背人的类本质。

马克思指出，人是类存在物，人的类特性"就是自由的有意识的活动"，这种有意识的生命活动把人同动物区别开来。动物的生命活动是无意识的，它不能把自己同自己的生命活动区别开来，动物的活动是直接在肉体需要的支配下进行的，因此动物的生命活动是为了生存。但是动物不会有被强迫感，也不会感到自己不幸，因为它就是自己的生命活动，动物的活动满足的是它的"直接需要"。这种无意识和无反思的存在是"纯粹"的存在，它不需要有关于自己存在的意识和知识，它存在着，自己不能规定自己。而人的生命活动是有意识的，他能把自己同自己的生命活动区别开来，并把自己的生命活动变成自己意识的对象、反思的对象；他能把作为生物学意义上的我与作为理智力量的我区别开来，人虽然不能选择自己的出身和种族，但是能够选择自己成为什么样的人，正是在这种选择中使意义、价值这些概念进入人的生活。人的类特性使人成为寻求意义的存在，使人的生

---

[1] 苗伟：《论人的文化主体性》，《云南社会科学》2012年第4期。
[2] 《马克思恩格斯选集》第1卷，人民出版社1995年版，第47页。

活充满意义。

在生活中，人的类本质是通过生产实践活动实现的，马克思指出："生产生活就是类生活。"① 马克思把劳动看作人的"第一需要"，如果我们停留在劳动是为了生存、吃饱穿暖的意义上来理解这句话，那么就不能完整理解马克思这一理论命题，就像前面所说，为了肉体生存而被迫进行的劳动是不能使人肯定自己、感到幸福的，人们会因此而厌恶劳动。在马克思看来，劳动创造人，使古猿进化为人，但生物学意义上的人还不能称为人；劳动使自然人转化为社会人，劳动创造了使人成为人的社会关系和社会情感，人的本质在其现实性上是一切社会关系的总和。对于劳动对人的生存发展和改变世界的重要性，马克思给予了充分的论证。马克思在其历史唯物主义中指出，生产物质生活本身的劳动是人类历史的第一个活动；马克思在其政治经济学中指出，劳动创造价值，由此，马克思对劳动人民的历史主体地位和作用给予了高度评价，并对历史上剥削阶级的不劳而获的行径进行了深刻揭露和批判；马克思指出，与无产阶级比较而言，凭借资本剥削劳动的资产阶级虽然感到自己的强大，但是其徒有人的外观。今天看来，这是对不劳而获、好逸恶劳者的最大的讽刺，因为人的生命活动的本质就是劳动。马克思指出，我们的类本质——自由的有意识的活动——是靠人的实践活动得到证明，"通过实践创造对象世界，改造无机界，人证明自己是有意识的类存在物"②。

从劳动使人成为人的意义上讲，符合人的类本质的生活，是在劳动创造中获得做人的尊严和幸福的生活；我们倡导文明健康的生活方式，就要反对好逸恶劳和奢靡攀比之风。人们要尊重劳动、热爱劳动，在劳动中实现自己的类本质；在劳动和创造中、在拼搏和奋斗中获得做人的尊严和幸福的体验。我们劳动所创造的幸福应更多地体现在对国家和社会进步发展的付出和贡献中。真正劳动所创造的幸福绝不是贪图个人享乐，社会赋予人的劳动以意义，正如费希特所说：

---

① 《马克思恩格斯选集》第1卷，人民出版社1995年版，第46页。
② 《马克思恩格斯选集》第1卷，人民出版社1995年版，第46页。

"只有通过行动,只有通过在社会中的行动与为了社会的行动,而不是通过幻想,人们才能履行其职责。"[1] 谁只关心自己,谁就连自己也关心不了;幸福不是对名位、权势和财富的贪婪索取,它们不能给人带来尊严和幸福。人的需求有合理与不合理之分,合理的需求被马尔库塞称为"生命攸关的需要",例如口渴、睡眠和身体运动等,"对这些需要的满足,是实现包括粗俗需要和高尚需要在内的一切需要的先决条件"[2]。这样的需求是有限的,而不合理需求是无限的,即弗洛姆认为,由社会文化系统所塑造的极力凸显自己、超越他人的欲望不会因为一时的满足而消失,"即使能够满足他爱好权势和破坏一切的欲望,也无法改变他的恐惧和孤独感,压力始终存在"[3]。当这种欲望不能得到满足,人们就会感到不安和焦虑,就会感到痛苦。鲍德里亚认为,对差异的需求永远都不会得到满足,正所谓没有比较就没有伤害,"在我们这个区分性的社会中,每个社会关系都增添着个体的不足,因为任何拥有的东西都在与他人比较的时候被相对化了"[4]。当人甘为权势和钱财的奴隶,他也就丧失了自我,无法获得自我肯定和认同。因此自私贪婪的人并不是爱己过分的人,而是否定和怨恨自己的人,不能肯定自己的人,生活并不愉快,于是急于攫取生活上的满足。也就是说,自我的缺失所带来的内心的空虚和不安使人极力想通过对外在的财富和名望的攫取来得到弥补,这必然导致自我的观念越来越狭隘。自私"产生的原因是缺乏对自己的真正的爱,它给予这种缺乏以某种补偿"[5]。人由此而丧失自己的类本质,成为欲望的奴隶。

由此可见,人们在劳动创造中所实现的自我不是贪图报酬和享乐

---

[1] [德] 费希特:《伦理学体系》,梁志学、李理译,商务印书馆2010年版,第246页。
[2] [美] 赫伯特·马尔库塞:《单向度的人——发达工业社会意识形态研究》,刘继译,上海译文出版社2008年版,第6页。
[3] [美] 艾里希·弗洛姆:《自我的追寻》,孙石译,上海译文出版社2012年版,第160页。
[4] [法] 让·鲍德里亚:《消费社会》,刘成富、全志钢译,南京大学出版社2014年版,第49页。
[5] [美] 艾里希·弗洛姆:《健全的社会》,孙恺祥译,上海译文出版社2011年版,第25页。

的利己主义的自我,而是具有爱和理性精神的自我。从人作为普遍而自由的类存在来说,真正的自我既需要保留自身的独特性,也需要与他人保持一致。这种既满足与世界结合的需要,又保持自身完整性的创造性活动就是爱和理性。爱消解人与人之间的隔阂,促进社会的和谐。爱作为消除人与人之间隔阂的情感力量,不是对自我的否定和牺牲,而是把爱人与爱己有机统一起来。传统的道德规范把爱人与爱己割裂开来,即"爱人是美德,爱己是罪过"。由这样的道德禁令出发必然得出只有否定和贬抑自我的人才可能具有爱人的美德。弗洛姆认为,我们都是人类的一分子,爱人与爱己是不可分的,不会爱己的人,根本就不懂得爱人。"所有以爱待人的人,皆能以爱待己。"而人们之所以会把爱人与爱己分裂开来,是因为错误地把爱己等同于自私。自私的人撤回了对别人的爱,他"不关心别人的需要,也不尊重别人的尊严与完整性",但是自私的人并没有把撤回的爱转向自己;表面上看来自私的人非常爱自己,但实际上他们并不喜爱自己。不爱自己、不喜欢自我恰恰是自私的根源,自私是因缺乏自我认同所带来的焦虑感和不安全感的现实表征。安全感是建立在对自我认同和肯定基础之上的,而不安全感和焦虑感则来源于对自己的不自信,无论做什么事情都害怕得不到他人的认可和尊重,似乎只有得到他人的评价和认可才能体现出自己存在的价值和意义。如果不能通过肯定自我获得安全感,那么就竭力通过对外物的攫取来实现,在此意义上,可以说自私是对缺乏自爱的一种过分补偿;自私的人不知道自己真正需要什么,他们疯狂地追求外物以填补内心的空虚和不安。自近代开始以来,人们对自我的理解逐渐趋于狭隘化,"所谓自我,只是由个人的资产形成。这种自我观念的定义,不再解释为'我认为我自己是什么',而是解释为'我究竟有什么',或'我占有什么'"[①]。现代市场经济的发展,自我的观念"已由'我占有什么'转变为'我是你所需求的'",人生成为有利可图的事业,在人格市场上,人

[①] [美]艾里希·弗洛姆:《自我的追寻》,孙石译,上海译文出版社2012年版,第116—117页。

们待价而沽。

弗洛姆认为，爱所具有的创造性主要表现在它使被爱的人显现出人的特质，即通过关心、责任、尊重与了解使被爱的人得以成长及获得幸福。在创造性的爱中，对被爱的人的照顾和责任是以对被爱的人的尊重为前提的，爱不是为了把对方改造成我期望的样子，而是为了把他的特有潜能充分发挥出来，使其成为人，成为具有完整自我和独立人格的人。如果对被爱的人缺乏尊重和了解，爱便会变质而成为控制和占有，使被爱的人成为没有自我，没有独立人格的软弱无力并充满焦虑与不安的存在。根据尊重的原本含义，尊重一个人就是要客观地看待一个人，要按照他本来的面目看待他，使其不受自己的愿望与畏惧的影响。为此，我们可以说，我们要在人际交往中学会尊重人就要学会善于倾听，在人际交流中不要把自己的先入为主的偏见强加于人，如果按照胡塞尔的现象学的"加括弧"的悬搁理论，就是当我们摘下有色眼镜，不带偏见地看问题，事物的本有的面貌就会自发呈现出来。也就是在人际交往中相互之间的尊重会带来真挚和坦诚。

爱要求我们学会尊重和理解，而理性则要求我们学会客观公正地看问题。客观是相对于主观而言的，客观是不依赖于人的主观意志为转移而存在的，客观是指真实对待世界真正的样子，而不掺杂个人主观成见。"客观性这一概念本身就包含这样一种理念，即正在讨论的理由并不依赖于某一个体的特定观点，而是具有更普遍的有效性。"[1]只有客观地看问题才能做到公正，公正要求我们根据事情本身的是非曲直来独立作出判断和选择。客观公正与创造性和幸福之间的内在逻辑关系是：自由创造是幸福的源泉。客观公正要求我们在作出判断和选择时摆脱习俗偏见，保持完整的自我和独立的人格，不盲从轻信，不一窝蜂地随大溜。在这里的人格"指的是非常规的个体，或者不如说是既有着更大的常规而又能超越它的个体。……这一形象的'理想

---

[1] ［英］朱利安·巴吉尼：《理性思辨：如何在非理性世界里做一个理性思考者》，王尔笑译，中国人民大学出版社2020年版，第172页。

第五章　培育文明健康的社会道德风尚的路径选择

类型'乃是一个富有活力和能量、智慧和超脱能力、果断和主动性、创造力和谨慎的形象——就仿佛是一种被个人化了的成就"。① 在现代社会保持独立人格、客观公正地看问题显得尤为重要。

首先，在大众社会中，理性地生活有助于消解因非理性冲动所带来的对社会的危害。现代社会是大众社会，大众社会是由大量缺乏亲情纽带的并无实际相互关系的人构成，大众社会中的人被称为"群众人"。群众人在大众传媒作用下易于受到暗示，并表现出非理性的冲动。聚集一团的人易于接受建议和受感染，"作为一个大众社会，它有助于大量的非理性冲动和建议，并产生未升华的精神能量的积聚，而这每时每刻都有摧毁社会生活的整个精巧机器的危险"②。理性的生活要求我们保持理性平和的心态，学会独立地思考，不受他人意见和非理性情绪表达的左右和感染，能够客观公正地看问题。客观公正地看问题就是要从实际出发、实事求是，看问题要全面，要以发展和联系的观点看问题。不能以偏概全，不能就事论事，看到社会上出现不良的现象就将之扩大化，进而否定社会的发展进步，甚至发表一些不负责任的言论。理性地生活就是要学会以理性平和的心态看待自己和他人，我们追求美好生活，但是不能为了所谓面子而与他人搞攀比；我们追求成功，但是做事要踏踏实实，不能好高骛远和急功近利；我们追求发家致富，但是不能崇拜金钱，既要物质的殷实，也要追求精神上的富足。对社会上出现的分化现象要客观地看待，要以发展的眼光看问题，要一分为二地分析问题，不能因为发展过程中出现的一些问题而否定改革开放以来取得的发展进步的成就。

其次，在大众娱乐文化氛围下，理性地生活有助于克服因追求安逸享乐而带来的意志消沉和不思进取。现代文化发展中出现一种娱乐化倾向，随着技术的进步，人的心灵从劳动实践的创造领域移向空闲

---

① ［德］阿诺德·盖伦：《技术时代的人类心灵——工业社会的社会心理问题》，何兆武、何冰译，上海科技教育出版社2008年版，第146页。
② ［德］卡尔·曼海姆：《重建时代的人与社会——现代社会结构研究》，张旅平译，译林出版社2011年版，第22—23页。

时间的休闲娱乐领域,休闲——不等于空闲——时间的娱乐满足的是人的生物性感性需要,不是文化需要。如果离开了创新创造的文化氛围,那么技术进步——机器代替熟练工人——把人们从繁重的劳动中解放出来,不是激发人们全面发展自己才能的愿望,而是使人的生活变得索然无味,这促使人们把闲暇时间用在消遣娱乐上。大众文化抓住人的这种心理而把人们的兴趣引向感官享乐上,大众文化因其凸显娱乐化的功能很可能会使大众失去理性反思意识,造成意志的消沉和追求平庸的倾向。

理性的生活要求我们保持一种积极向上的生活态度。生活中可以有消遣娱乐,但是不能因此而放纵自己,要学会节制,懂得张弛有度,一味地沉迷于消遣娱乐会销蚀人的意志,使人滑向享乐主义的深渊。生活中可以追求舒适安逸,但是不能把它当作生活的全部内容,更不能把它当作人生的目的和意义。追求平凡不是追求平庸,平凡地生活不是使人失去严肃的生活态度,这种生活使人索然无味。理性的生活要求我们追求生命的充盈,我们不但要满足形而下的物质需求,而且还要有形而上的精神追求。笛卡尔的"我思故我在",这句话可以理解为人是有思想的动物,离开了思想,人不能称其为人;他能直面生活、反思生活,并赋予生活以意义。生活不止美酒和肉,还有诗和远方。

再次,在个人本位的现代社会,理性地生活有助于消解因相对主义而造成的认同危机,使人们在生活中进退有据。不同于传统的礼俗性身份社会,现代大众社会是契约社会,每个人都以独立的个人身份投身于社会。这种从身份到契约的运动,卢梭认为唤醒了个人利益却窒息了内心的人道,所谓人道就是人作为社会动物所应具有的共同生存的情操,这种情操使人们能够为一个普遍性的集体目标而发动起来。在此意义上,相互承认就成为人与人之间的基本关系。而个人本位的凸显窒息了这种情操,使个人的情感和好恶成为道德判断和选择的依据和标准。从而使社会陷入认同危机和无所适从的个人认同危机。而理性地生活在使人保持自身独立性的同时追求与他人的一致性,在这种一致性中使人们认同并遵守基于理性客观标准的普遍性的社会准则和道德规范，从而使人进退有据，避免在生活中陷入困惑和迷茫。康德告诉人们："理性的本质就在于制订普遍的、无条件的、具有内在一致性的原则。从而，合乎理性的道德所规定的原则能够也应该被所有人遵循。"

参考文献

《马克思恩格斯选集》第1—4卷,人民出版社1995年版。
《邓小平文选》第1卷,人民出版社1989年版。
《邓小平文选》第2卷,人民出版社1993年版。
《邓小平文选》第3卷,人民出版社1993年版。
《习近平总书记系列重要讲话读本》,学习出版社、人民出版社2016年版。
《习近平谈治国理政》,外文出版社2014年版。
《习近平谈治国理政》第2卷,外文出版社2017年版。
《习近平谈治国理政》第3卷,外文出版社2020年版。
孙立平:《现代化与社会转型》,北京大学出版社2005年版。
孙正聿:《崇高的位置》,人民出版社2010年版。
许纪霖、刘擎:《世俗时代与超越精神》,江苏人民出版社2008年版。
袁伟时:《文化与中国转型》,浙江大学出版社2012年版。
赵林、邓守成:《启蒙与世俗化——东西方现代化历程》,武汉大学出版社2008年版。
[德]阿诺德·盖伦:《技术时代的人类心灵——工业社会的社会心理问题》,何兆武、何冰译,上海科技教育出版社2008年版。
[德]海德格尔:《海德格尔存在哲学》,孙周兴等译,九州出版社2004年版。
[德]海德格尔:《路标》,孙周兴译,商务印书馆2000年版。
[德]海因里希·罗门:《自然法的观念史和哲学》,姚中秋译,上海

三联书店 2007 年版。

［德］ 黑格尔：《法哲学原理》，范扬、张企泰译，商务印书馆 1961 年版。

［德］ 胡塞尔：《欧洲科学的危机与超越论的现象学》，王炳文译，商务印书馆 2011 年版。

［德］ 海因里希·罗门：《自然法的观念史和哲学》，姚中秋译，上海三联书店 2007 年版。

［德］ 马克斯·霍克海默、西奥多·阿道尔诺：《启蒙辩证法》，渠敬东、曹卫东译，上海人民出版社 2006 年版。

［德］ 米歇尔·鲍曼：《道德的市场》，肖君译，中国社会科学出版社 2003 年版。

［德］ 卡尔·雅斯贝斯：《时代的精神状况》，王德峰译，上海译文出版社 2013 年版。

［法］ 茨维坦·托多罗夫：《启蒙的精神》，马利红译，华东师范大学出版社 2012 年版。

［法］ 茨维坦·托多罗夫：《不完美的花园——法兰西人文主义思想研究》，周莽译，北京大学出版社 2015 年版。

［法］ 卢梭：《爱弥儿——论教育》（下卷），李平沤译，商务印书馆 1978 年版。

［法］ 卢梭：《论人类不平等的起源》，高修娟译，上海三联书店 2009 年版。

［法］ 卢梭：《社会契约论》，何兆武译，商务印书馆 1980 年版。

［法］ 让·鲍德里亚：《消费社会》，刘成富、全志钢译，南京大学出版社 2014 年版。

［荷兰］ 斯宾诺莎：《伦理学》，贺麟译，商务印书馆 1983 年版。

［加］ 查尔斯·泰勒：《本真性的伦理》，程炼译，上海三联书店 2012 年版。

［美］ 阿拉斯代尔·麦金太尔：《伦理学简史》，龚群译，商务印书馆 2003 年版。

［美］ 艾里希·弗洛姆：《健全的社会》，孙恺祥译，上海译文出版社

2011年版。

［美］艾里希·弗洛姆：《逃避自由》，刘林海译，上海译文出版社2015年版。

［美］艾里希·弗洛姆：《自我的追寻》，孙石译，上海译文出版社2012年版。

［美］奥尔曼：《异化：马克思论资本主义社会中人的概念》，王贵贤译，北京师范大学出版社2011年版。

［美］保罗·蒂利希：《信仰的动力学》，成穷译，商务印书馆2019年版。

［美］保罗·沃尔夫：《哲学概论》，郭实渝等译，广西师范大学出版社2005年版。

［美］查尔斯·拉莫尔：《现代性的教训》，刘擎、应奇译，东方出版社2010年版。

［美］大卫·雷·格里芬：《后现代精神》，王成兵译，中央编译出版社2011年版。

［美］古尔德：《马克思的社会本体论：马克思社会实在理论中的个体和共同体》，王虎学译，北京师范大学出版社2009年版。

［美］汉娜·阿伦特：《过去与未来之间》，王寅丽、张立立译，译林出版社2011年版。

［美］汉娜·阿伦特：《人的境况》，王寅丽译，上海人民出版社2009年版。

［美］赫伯特·马尔库塞：《单向度的人——发达工业社会意识形态研究》，刘继译，上海译文出版社2008年版。

［美］理查德·布隆克：《质疑自由市场经济》，林季红译，江苏人民出版社2000年版。

［美］唐纳德·帕尔玛：《伦理学导论》，黄少婷译，上海社会科学院出版社2011年版。

［美］威廉·巴雷特：《非理性的人》，段德智译，上海译文出版社2012年版。

［美］维尔·杜兰特：《哲学的故事》，肖遥译，中国妇女出版社2004

年版。

［美］伊诺克·斯通普夫：《西方哲学史》，邓晓芒译，世界图书出版公司北京公司 2009 年版。

［西］奥尔特加·加塞特：《哲学是什么》，谢伯让、高慧涵译，电子工业出版社 2013 年版。

［意］艾伯特·马蒂内利：《全球现代化——重思现代性事业》，李国武译，商务印书馆 2010 年版。

［意］圣地亚哥·扎巴拉：《存在的遗骸：形上学之后的诠释学存在论》，吴闻仪、吴晓番、刘梁剑，华东师范大学出版社 2015 年版。

［英］埃德蒙·柏克：《自由与传统》，蒋庆、王瑞昌、王天成译，商务印书馆 2001 年版。

［英］安东尼·阿巴拉斯特：《西方自由主义的兴衰》，曹海军等译，吉林人民出版社 2004 年版。

［英］安东尼·吉登斯：《现代性的后果》，田禾译，林出版社 2011 年版。

［英］弗里德里希·奥古斯特·冯·哈耶克：《通往奴役之路》，王明毅、冯兴元等译，中国社会科学出版社 1997 年版。

［英］弗里德里希·奥古斯特·冯·哈耶克：《致命的自负》，冯克利、胡晋华等译，中国社会科学出版社 2000 年版。

［英］弗里德里希·奥古斯特·哈耶克：《自由宪章》，杨玉生、冯兴元、陈茅等译，中国社会科学出版社 1999 年版。

［英］杰拉德·德兰蒂：《现代性与后现代性——知识，权力与自我》，李瑞华译，商务印书馆 2012 年版。

［英］梅因：《古代法》，沈景一译，商务印书馆 1959 年版。

［英］约翰·格雷：《自由主义》，曹海军、刘训练译，吉林人民出版社 2005 年版。